DROIT

PROCÉDURE ET JURISPRUDENCE

ADMINISTRATIFS.

Imprimerie de Mme Poussin, rue Mignon, 2.

DROIT
PROCÉDURE ET JURISPRUDENCE
ADMINISTRATIFS

PAR

C.-A. LEMARQUIÈRE

Avocat aux Conseils du Roi et à la Cour de cassation.

PARIS

AU DÉPOT, RUE CHRSTINE, 10,

VIDECOQ,   LEDOYEN,
PLACE DU PANTHÉON, 6.   PALAIS-ROYAL, 31

1839

ABRÉVIATIONS.

Deux ouvrages que nous avons très-souvent occasion de citer sont :

1° La *Jurispridence du Conseil d'État,* par M. SIREY, formant 5 volumes in-4°, commençant en 1806 et finissant en 1821,

2° Le *Recueil des Arrêts du Conseil,* commencé en 1821 par M. MACAREL, et continué depuis par MM. DELOCHE, BEAUCOUSIN et LEBON,

Le premier est indiqué dans nos citations par la lettre S, et le deuxième par les lettres M ou D.

Les autres citations sont faites sans abréviation.

INTRODUCTION.

On se ferait une fausse idée de ce livre si, sur son titre, qui paraîtra peut-être ambitieux, on pensait que nous avons eu la prétention de donner dans un seul volume un traité approfondi du droit administratif et de ses compléments, la procédure et la jurisprudence administratives.

Nous avons eu un but beaucoup plus modeste.

Nous avons principalement voulu classer avec quelque méthode les matériaux et indiquer les sources, présenter en quelque sorte un tableau synoptique du droit administratif, assez étendu cependant pour que le lecteur puisse saisir facilement l'ensemble de la science et revenir sur les détails. Ce genre de travail nous paraît convenable à une époque comme la nôtre, où l'on veut apprendre vite. Les nombreuses notes et citations que nous donnons nous paraissent devoir faciliter l'étude plus complète que l'on voudrait faire de certaines questions administratives.

Nous avons cherché à faire connaître ce qui est et non ce qui pourrait être. Nous n'avons point émis de système d'amélioration ou de modification : ce sont des **faits recueillis dans la jurisprudence** et dans les textes que nous avons essayé de coordonner pour faire connaître la science. Si parfois nous hasardons notre opinion sur certains points qui peuvent être controversés, c'est avec la plus grande discrétion.

Si dans un livre de cette nature, qui est plutôt un essai qu'un traité, nous nous sommes abstenu des théories pour nous contenter d'indiquer des faits positifs, ce n'est pas que nous reconnaissions aux lois qui régissent la matière administrative cet ensemble, cette unité que l'on retrouve dans quelques parties de notre droit civil. Nous faisons des vœux bien sincères, et peut-être aurons-nous bientôt occasion de les développer, pour que l'on s'occupe sérieusement de la codification de nos cinquante mille lois, pour que l'on éloigne enfin tout ce qui est inutile ou abrogé. N'est-il pas déplorable d'être obligé, pour entendre certaines lois, d'étudier une foule de dispositions d'autres lois qui s'y réfèrent plus ou moins et qui sont indiquées dans la première sans y être rapportées textuellement?

Comment distinguer ce qui a été abrogé de ce qui est resté en vigueur? Une bien malheureuse ha-

bitude s'est introduite dans la rédaction de la loi :
c'est de la terminer presque toujours par cette formule banale : *Les dispositions des lois antérieures qui
ne sont pas contraires à la présente continueront d'être
exécutées selon leur forme et teneur.*

Or la difficulté est de découvrir dans cinquante
mille lois ce qui est ou n'est pas contraire à la dernière. De là ces procès extraordinaires dans lesquels
les grands corps judiciaires se trouvent être d'opinions diamétralement opposées. Telle Cour royale
juge que certaine disposition a été abrogée, telle
autre juge au contraire que cette disposition a été
maintenue. De là aussi l'ennui et le dégoût qui naissent en général de l'étude de la législation. Point de
suite, point de liaison, renvoi perpétuel à des textes
incohérents. C'est ainsi, il faut en convenir, que
sont rédigées la plupart des règles de nos droits et
de nos devoirs. On dirait que leurs rédacteurs n'ont
l'idée d'aucune science exacte et qu'il ne leur est
jamais venu dans la pensée que les lois devraient
être intelligibles pour tous; qu'il ne suffit pas qu'une
classe d'hommes spéciaux puissent, à l'aide d'un travail soutenu, en expliquer toutes les parties.

Voyez ce qui arrive à l'apparition d'une loi un
peu importante : une foule de juristes se croient
dans la nécessité de l'expliquer à leurs concitoyens
dans des dissertations plus ou moins longues; et,

ce qu'il y a de vraiment curieux dans ce conflit d'o-
pinions diverses sur des points qui devraient être
rédigés clairement et à la portée de tous, c'est que
chacun invoque l'intention présumée du législateur.
Mais où et comment la reconnaître cette intention?
Demandez à nos législateurs quelle a été leur
pensée en votant tel paragraphe, tel amendement :
vous obtiendrez autant de réponses différentes que
vous aurez adressé de questions. Peut-on, après
cela, soutenir sérieusement, comme on le fait si
souvent, que la véritable intention du législateur
est bien celle qu'on lui prête sur une question con-
troversée?

Il semble que l'art de faire des lois soit destiné
à rester stationnaire lorsque tout est en progrès.
N'y a-t-il pas quelques moyens d'éviter les inconvénients que nous venons de signaler? Par exemple,
si chaque loi d'intérêt général était une espèce de
code contenant toutes les dispositions sur la matière
sans aucun renvoi à d'autres lois déjà mutilées, si
la dernière abrogeait toutes les dispositions précé-
dentes, n'épargnerait-on pas aux justiciables de
nombreuses recherches dont le résultat n'est jamais sûr pour arriver à l'intelligence de la loi? Joi-
gnez à cette précaution une rédaction claire et logique, et vous aurez des règles qui pourront être
au moins lues et comprises par tout le monde. Dira-

t-on que le travail préparatoire d'un projet de la loi serait trop compliqué s'il devait contenir un traité complet sur la matière? On oublierait alors que ceux-là qui préparent les projets doivent nécessairement faire ce travail pour coordonner les nouvelles dispositions avec celles qui existent déjà. Mais, au surplus, si ce moyen rendait la science plus accessible à tous les esprits et prévenait quelques-uns de ces procès scandaleux qui affligent la morale publique, ne faudrait-il pas se hâter de l'employer? Ces idées que nous émettons ici ne sont pas nouvelles, et déjà plusieurs fois on a senti le besoin de refondre les dispositions éparses dans le *Bulletin des lois*. Aussi une ordonnance du 20 août 1824 avait nommé une commission pour s'occuper de ce travail.

L'art. 2 est ainsi conçu :

« La commission de révision préparera successi-
« vement, suivant l'ordre des matières, des projets
« d'ordonnances portant abrogation explicite et
« définitive de celles de ces décisions qu'elle jugera
« ne pas devoir être maintenues.

« Elle préparera également, et dans le même
« ordre, des projets d'ordonnances destinées à rem-
« placer celles dont les dispositions auront été re-
« connues utiles et qui devront être conservées. »

Depuis quinze années que cette commission a été

institué s'est-elle réunie? a-t-elle commencé quelques travaux? c'est ce que nous ne pouvons affirmer; mais ce qu'il y a de positif, c'est que depuis lors plusieurs milliers de lois et ordonnances sont venues grossir et compliquer la matière législative, c'est que l'existence d'un nouveau gouvernement a nécessité de nouvelles dispositions qu'il serait temps enfin d'accorder avec celles des gouvernements précédents. Il faut espérer que l'on s'occupera d'un sujet aussi important lorsque nous ne vivrons plus de provisoire comme aujourd'hui.

Si le mal que nous déplorons est grand chez nous, combien la confusion est-elle plus grande encore chez nos voisins! Les Anglais, ce peuple si positif, si logicien, dont la langue philosophique est si convenable à la rédaction des lois, entasse depuis des siècles dispositions sur dispositions dans un style barbare que le goût et l'époque repoussent également. Chez eux comme chez nous de nombreuses réclamations se sont élevées sans fruit contre une méthode aussi absurde. La *Revue britannique,* dans un de ses derniers numéros, s'exprime ainsi :

« Le mal le plus grave c'est l'obstination du par-
« lement à cumuler loi sur loi sans songer à une
« réforme sérieuse. La multitude d'actes, leur dis-
« cordance, les minuties presque imperceptibles
« dont il s'occupe sont une vraie calamité pour le

« pays. Il n'y a pas au monde de système législatif
« qu'il soit plus urgent de revoir que le système
« britannique. Depuis son commencement, et il a
« commencé à la conquête des Normands, ces faits,
« usages et coutumes, masses indigestes de mœurs
« et d'opinions sans suite et sans rapport, occupent
« la partie principale de notre code, incompatible
« par cela même avec les progrès de la civilisation.
« La féodalité, morte depuis l'établissement des
« communes en Europe, plane encore comme une
« ombre sur la législation actuelle des Anglais.
« Quand on n'entend partout que le langage mathé-
« matique des intérêts, les lois britanniques parlent
« encore le jargon de la métaphysique des écoles.
« Si l'on osait aujourd'hui plaider quelques-uns des
« usages qui devraient avoir force de loi devant les
« tribunaux comme étant la loi même, la nature et
« le bon sens pourraient s'en révolter.

   « C'est à ce manque de révision périodique des
« lois, sans laquelle la plus belle constitution vieil-
« lira toujours avant le temps, c'est à cette absence
« de mouvement qui laisse les meilleures théories
« en arrière des besoins progressifs de la société
« qu'il faut attribuer aussi l'introduction des men-
« songes ridicules qu'on a décorés du nom de *fictions*
« *légales,* etc. . . . .

     . . . .

« Il est nécessaire que la réforme soit générale
« et que son action réparatrice maintienne la loi
« dans son état perpétuel de toute-puissance. Au
« lieu de galvaniser un cadavre ou de couvrir de
« chair morte les os vermoulus d'un squelette, il
« vaut mieux posséder la force et la fraîcheur d'un
« être vivant. »

L'auteur de cet article rappelle l'opinion de Montesquieu sur la composition matérielle des lois :

— Le style en doit être *concis*. Les lois des douze-tables sont un modèle de précision ; les enfants les apprenaient par cœur (*Ut carmen necessarium*, dit Cicéron). Les Novelles de Justinien sont si diffuses qu'il fallut les abréger. Montesquieu ajoute : Le style des lois doit être *simple ;* l'expression directe s'entend toujours mieux que l'expression *réfléchie.* Il est essentiel que les paroles des lois *réveillent chez tous les hommes les mêmes idées.*

Nous pourrions multiplier les citations pour prouver la nécessité d'une réforme dans notre système de législation ; mais ceci nous conduirait trop loin , et nous revenons à notre matière pour rappeler en quelques pages l'histoire de l'administration en France.

Avant la révolution de 1789 le Roi faisait les lois, cassait les jugements, évoquait à volonté les affaires pendantes devant leurs juges naturels. Les travaux

de l'administration étaient divisés en cinq départements : 1° le conseil des affaires étrangères ; 2° le
conseil des dépêches, dans lequel on examinait le
contentieux administratif des provinces ; 3° le conseil des finances ; 4° le conseil du commerce ; 5° le
conseil privé, ou conseil des parties, relatif aux affaires judiciaires. Il existait en outre un grand conseil du Roi s'occupant plus spécialement des matières liées à l'administration et à la justice.

Le règlement du 1ᵉʳ juin 1738 traça la procédure
devant le conseil privé ou des parties. C'est encore
ce règlement que l'on suit devant la Cour de cassation (*voyez* la loi des 27 novembre - 1ᵉʳ décembre
1790).

Un règlement du 9 août 1789 opéra une réforme
dans la constitution des cinq conseils, et la loi du
20 août 1790 supprima les arrêts de propre mouvement et les évocations au conseil, mais elle ré-
serva au monarque la faculté de faire des proclamations (ordonnances) pour assurer l'exécution des
lois.

L'indépendance réciproque du pouvoir judiciaire
et du pouvoir administratif fut déterminée par la loi
du 24 août 1790 sur l'organisation judiciaire ; celle
du 16 septembre suivant (titre xiv, art. 10) supprima les tribunaux spéciaux chargés jusque-là de
décider les questions dans lesquelles les intérêts

privés se trouvaient en contact avec l'administration,
et les affaires du conseil privé, dit *des parties,* furent
renvoyées devant le tribunal de cassation, institué
par la loi ci-dessus. — Une loi des 27 avril-25 mai
1791 créa un conseil d'État, composé seulement du
Roi et des ministres, sans conseillers d'État ni maîtres des requêtes. Toutes les affaires pendantes aux
conseils des finances, des dépêches, etc., qui n'é-
taient pas de la compétence du tribunal de cassation furent renvoyées aux tribunaux ordinaires par
la loi des 27 avril-6 juillet 1791. Dès-lors ces tribunaux furent saisis d'un grand nombre d'affaires
administratives, ce qui amena la confusion et fit
désirer la création de tribunaux administratifs.

La Constitution des 3-14 septembre 1791 ayant
attribué à l'Assemblée législative un dernier degré
de juridiction procura un grand développement
à l'autorité de cette assemblée, tout en la mettant
dans la nécessité de répondre à une foule de péti-
tions qui avaient pour objet la réformation des décisions judiciaires. Bientôt les ministres eux-mêmes
eurent la faculté de juger les contestations administratives (*voyez* la loi du 21 fructidor an III); ils eurent même la faculté d'interpréter les lois, sous
l'approbation du Directoire. De nombreux conflits
durent être élevés en vertu de la loi du 27 fructidor
an III, tant à raison des personnes que de la ma-

tière. La Constitution du 22 frimaire an viii créa
un conseil d'État à côté du ministère, qui ne con-
serva qu'une action administrative. Le conseil
d'État, partie intégrante du nouveau gouvernement
(*voyez* réglement du 5 nivôse an viii), devint juge
d'appel en matière administrative, et la loi du
28 pluviôse an viii institua la justice administrative
d'une manière plus régulière. Cette loi divise l'administration générale en administration active et
administration contentieuse, et attribue la première
au préfet, et la seconde au conseil de préfecture ;
puis elle indique la compétence de ces deux organes
de l'administration. Des lois postérieures ayant pour
but de réglementer les divers objets d'intérêt public ont considérablement grossi le code administratif. Les contestations ont dû se multiplier soit
quant aux questions d'attribution et de compétence,
soit quant à l'application de la loi par voie d'interprétation aux questions dont l'administration active
ou contentieuse se trouve compétemment saisie, et
c'est le conseil d'État qui, en définitive, est le juge
suprème en matière administrative.

Voici au surplus les lois, décrets et ordonnances
rendus spécialement sur le conseil d'État : Constitution du 22 frimaire an viii, règlement du 5 nivôse et arrêté du 7 fructidor de la même année, sé-
natus-consultes des 18 thermidor an x et 28 floréal

an xii, décrets des 11 juin et 22 juillet 1806, ordonnances royales des 29 juin 1814 , 23 août,
19 septembre et 13 novembre 1815, 19 avril 1817,
16 juillet 1820 , 26 août 1824, 18 janvier 1826,
5 novembre 1828, 12 août 1830, 2 février, 12 mars,
2 avril , 13 mai et 9 septembre 1831 , 24 avril
1832.

Depuis quelques années on nous fait espérer une
loi sur l'organisation et les attributions du conseil
d'État, ayant pour but de fondre les dispositions
éparses que nous venons d'indiquer. Plusieurs projets à partir de 1830 ont été présentés aux Chambres, et l'un d'eux a été même, l'année dernière,
l'objet d'un nouveau rapport; mais d'autres travaux législatifs ont empêché d'y donner suite, et il
est à craindre que la session actuelle, déjà si avancée aujourd'hui (3 juin 1839), ne se termine sans
qu'on ait pu s'occuper encore d'une loi si impa-
tiemment attendue. Ce retard nous détermine à publier nos cahiers, préparés depuis longtemps et que
nous avions différé de mettre au jour dans l'espoir
de pouvoir y joindre un commentaire sur la nouvelle loi relative au conseil d'État.

Nous avons divisé notre travail en trois parties :
dans la première nous énumérons les principes
généraux du droit administratif, nous faisons connaître les organes de l'administration et leurs attri-

butions; dans la deuxième, nous indiquons les règles de la procédure à l'égard des différentes autorités administratives; et enfin, dans la troisième partie, nous rapportons la jurisprudence sur les principales questions usuelles.

Ce livre ayant pour but unique de faciliter l'étude de la science administrative, nous devons terminer cette introduction en indiquant les principaux ouvrages publiés sur le même sujet.

Jurisprudence du Conseil d'État, par M. SIREY, 5 vol. in-4°, donnant les décisions du conseil d'État en matière contentieuse depuis 1806 jusqu'en 1821.

Recueil des Arrêts du Conseil, faisant suite au précédent ouvrage, commencé en 1821 par M. MACAREL, et continué par MM. DELOCHE, BEAUCOUSIN et LEBON, 1 vol. in-8° chaque année.

Institutes du Droit administratif, par M. DE GÉRANDO, 5 vol. in-8°.

Questions de Droit administratif, par M. DE CORMENIN, 3 vol. in-8°. Cet ouvrage, dont la réputation est si populaire, est un chef-d'œuvre de logique et de précision.

Dictionnaire des Travaux publics, par M. TARBÉ DE VAUXCLAIRS, 1 vol. in-4°.

Cours de Droit administratif appliqué aux travaux publics, par M. COTELLE, 2 vol. in-8°.

Droit public et administratif français, par M. Bou-
CHENÉ-LEFER, 4 vol. in-8°.

Jurisprudence administrative, par M. THÉODORE CHE-
VALIER, 2 vol. in-8°.

Code administratif, par FLEURIGEON, 6 vol. in-8°.

Code des Municipalités, par M. GILLON, 3 vol.
in-12.

Éléments de Droit administratif, par M. FOUCART,
2 vol. in-8°.

Dictionnaire du Droit public et administratif, par
M. HUART DE LA MARRE, 2 vol. in-8°.

Éléments de Jurisprudence administrative, par M. MA-
CAREL, 2 vol. in-8°.

Des Tribunaux administratifs, par le même, 1 vol.
in-8°.

Du Conseil d'État selon la Charte, par M. SIREY,
1818, 1 vol in-4°.

Du Système administratif en France, par M. LEMER-
CIER.

Des Empiétements du Conseil d'État sur les tribunaux,
par M. GILBERT DES VOISINS, 1824, 1 vol. in-8°.

*Essai sur les Limites qui séparent le pouvoir législatif
du pouvoir réglementaire*, par M. ISAMBERT, 1825.

*De l'Organisation et des Attributions des conseils gé-
néraux de département et des conseils d'arrondissement*,
par M. DUMESNIL, 1 vol. in-8°.

Un projet de loi sur la compétence du conseil

d'État et exposé du gouvernement à la Chambre des pairs, 15 mai 1833. *Voyez* aussi dans *le Moniteur* les rapports qui ont été faits sur ce projet dans presque toutes les sessions.

DROIT ADMINISTRATIF

ET

JURISPRUDENCE DU CONSEIL D'ÉTAT.

LIVRE IER.

Dans ce premier livre nous nous proposons de donner des notions sur l'administration en général, sur le double point de vue actif et contentieux de son opération, sur ses organes et leurs attributions.

La compétence surtout est un important objet d'examen. Nous n'osons dire pourtant que nous l'avons traité à fond : un volume ne suffirait pas à une pareille tâche. Et d'ailleurs ce n'est point un traité que nous faisons: nous n'avons que l'intention, bien ou mal justifiée, d'ouvrir une route à l'intelligence du droit administratif, d'en faciliter l'étude, et d'éclairer le sol qu'il s'agit d'explorer.

CHAPITRE IER.

DE L'ADMINISTRATION.

L'administration est l'exercice du pouvoir gouvernemental. Elle appartient au Roi, chef de l'État [1].

Le Roi, appuyé de l'autorité consultative du conseil d'État et de la responsabilité des ministres, fait *directement* tous les actes de haute administration; il ne fait qu'*indirectement* les actes d'administration générale, délégués à des fonctionnaires publics. Les titres et la compétence de ces fonctionnaires ne dépendent pas de la volonté du chef de l'État : il ne peut, lorsqu'ils ne sont pas électifs, que les nommer et les révoquer; mais ils tiennent leur autorité de la loi même.

L'administration est *active* quand elle poursuit l'exécution de la loi ou prescrit une mesure d'utilité publique, elle est *contentieuse* quand elle juge les questions d'intérêt privé qui se lient à son action. Ce double caractère de l'administration mérite un examen particulier.

§ 1er.

Administration active.

Comme on vient de l'énoncer, elle se divise en deux branches : exécution de la loi, utilité publique.

Pour l'exécution de la loi le Roi fait des ordonnances, et parfois les ministres prennent des déci-

----

[1] **Charte** constitutionnelle, art. 13.

sions et adressent des circulaires aux agents de l'administration.

Quant à l'utilité publique, elle est déterminée par l'ensemble de la législation; mais elle se meut dans un cercle élastique que l'intérêt général étend ou circonscrit. C'est sous ce point de vue surtout que se manifeste l'administration proprement dite. Éclairée par la science, dirigée par l'économie politique, elle opère tout le bien que son intelligence peut concevoir selon les temps, et que son habileté peut réaliser selon les lieux.

L'utilité publique peut frapper la *propriété*, commander à la législature l'expropriation [1]; elle peut n'atteindre que la *jouissance*, prescrire le mode d'*user* toutes les fois que de là dépendent l'ordre, la sécurité, la salubrité publiques.

Dans le premier cas la haute administration seule décide la question d'utilité; personne, le propriétaire même de l'immeuble, n'est admissible à la discuter; la partie lésée par la mesure administrative n'a droit qu'à une indemnité [2]. Dans le second cas la haute administration et les fonctionnaires investis d'une compétence déléguée jugent les questions d'u-

[1] Quand il s'agit de marais, lais et relais de la mer, il n'est pas besoin d'une loi préalable : le pouvoir administratif seul peut aliéner par un simple acte de *concession* (*voyez* la loi du 16 septembre 1807, art. 41. et, quant aux formalités à observer, l'ordonnance du 23 septembre 1825). Ces biens, étant aliénables, sont donc prescriptibles. C'est l'opinion de M. **Proudhon**.

[2] S., I, 511; II, 142.—L'administration dépouille un particulier d'un établissement de bains lorsqu'elle veut en faire un établissement public (S., I, 408). De même, lorsque l'administration a décidé qu'une chose est inutile ou nuisible, par exemple, une digue sur une rivière navigable, nul individu n'aurait qualité pour s'opposer à sa démolition, en invoquant même l'intérêt de la navigation (S., V, 68).

tilité, sauf à la partie intéressée à user de la faculté d'attaquer la décision du fonctionnaire inférieur devant l'autorité supérieure. Dans tous les cas l'administration ne statue que par voie de disposition générale et réglementaire, tandis que l'autorité judiciaire ne statue au contraire que sur des intérêts privés et d'après des titres particuliers [1].

L'administration fait des règlements, qui sont des actes de magistrature : elle ne peut faire ni abroger des lois, qui sont des actes de souveraineté [2]. Ce principe, du reste, doit être sainement entendu. Le pouvoir législatif, usurpant l'autorité du pouvoir exécutif, ne peut législater une matière qui, par sa nature, ne peut être que réglementée; il ne peut imprimer le caractère de loi à un acte qui appartient essentiellement à l'administration. L'intérêt public, source de la raison gouvernementale, autorise l'administration à fonctionner suivant les besoins du moment, sans qu'au préalable ce règlement-loi soit abrogé. Ainsi, bien que l'assemblée nationale, par un décret du 14 août 1793, ait défendu d'établir de nouveaux marchés, ce décret, en raison de la matière,

---

[1] Code civil, art. 5.

[2] PORTALIS, *Discours préliminaire sur le Code civil.* — Une ordonnance ne peut enlever aux tribunaux la connaissance des questions qui sont de leur compétence légale (D., II, 2ᵉ série, 127). Dans l'espèce il s'agissait d'une contestation entre l'administration d'un mont-de-piété et la compagnie des commissaires-priseurs, au sujet de répétitions relatives à la prisée des objets vendus; contestation qui, aux termes de la loi du 16 pluviose an XII et du décret du 24 messidor suivant, ressortit aux tribunaux. L'ordonnance du 10 décembre 1826, en créant le mont-de-piété de Strasbourg, renvoyait les contestations de cette nature devant l'administration : elle abrogeait donc des lois par un acte administratif, ce que le conseil d'État repousse.

n'était qu'un acte réglementaire, il ne pouvait lier l'administration postérieure [1]. A plus forte raison l'administration elle-même ne peut-elle se lier par un règlement. Aussi, bien qu'elle ait limité le nombre des imprimeurs dans une localité, on ne peut lui objecter qu'elle transgresse son propre règlement lorsque le nombre déterminé ne lui paraît pas suffisant [2]. Du reste, des droits reconnus et garantis par les lois ne peuvent être ravis par une ordonnance ou tout autre acte de l'administration [3].

Le *règlement*, à la différence du jugement, qui ne peut profiter ou nuire qu'aux parties en procès, a la nature du *præceptum commune*, caractère distinctif de la loi même [4]. C'est aux lumières de l'administrateur de mesurer l'étendue de son pouvoir, et à la sagacité de son jugement d'apprécier les mesures générales que l'utilité publique réclame.

Il y a de simples règlements qui émanent d'une magistrature locale; il y a des règlements d'administration publique qui émanent de la haute administration, ou qui ne font que confirmer de simples règlements dont l'application est d'un intérêt général. Du reste, une ordonnance rendue par des considérations d'ordre public, si elle souffre quelque doute dans son application, ne peut être entendue en ce sens qu'elle serait nuisible à des tiers intéressés [5].

[1] D., IV, 2e série, 43.
[2] *Ib.*, 193.
[3] S., III, 52.
[4] Proudhon, *Traité du Domaine public*, t. I, p. 125.
[5] S., I, 253.

Comme l'administration peut faire de nouveaux règlements, elle peut aussi abolir ou modifier les anciens.

Qu'un règlement, par exemple, fait autrefois pour l'arrosage des propriétés et la distribution des eaux, devienne, par quelque variation de localité, contraire à l'utilité publique : alors l'administration active intervient et le réforme [1]. La construction d'un moulin mobile sur un fleuve est-elle autorisée, l'emplacement de son attache déterminé : n'importe, cet emplacement n'est pas moins subordonné aux variations qui s'opèrent dans le cours du fleuve et à l'intérêt combiné de la navigation, des propriétaires riverains et du propriétaire de l'usine [2] ; les parties intéressées ne peuvent invoquer ni possession ni droit acquis [3].

Les particuliers mêmes, s'ils ont à se plaindre des anciens usages et règlements, peuvent en provoquer le changement ou la modification ; et, s'ils agissent comme propriétaires d'usines, ils doivent, pour atteindre leur but, se conformer aux disposi-

---

[1] D., II, 600.

[2] S., I, 263.

[3] Il ne faut point exagérer ce principe. Lorsqu'un règlement général d'administration supérieure constitue des droits au profit de tiers, ceux-ci peuvent s'en prévaloir, surtout contre des arrêtés préfectoraux et des décisions ministérielles. C'est ainsi que le conseil d'État a jugé que le décret du 27 juillet 1808, qui fixe l'alignement du canal Saint-Martin, n'a pu être abrogé ni modifié par des ordonnances subséquentes, au détriment des propriétaires riverains (D., II, 2e série, 341). Mais, lorsque le règlement n'est relatif qu'à une comptabilité, le comptable ne peut invoquer un droit acquis à rendre son compte d'après le mode prescrit par l'ancien règlement (ib., 368).

tions des art. 33 et 34 de la loi du 16 septembre 1807 [1].

En aucun cas les moyens d'équité et de localité ne peuvent prévaloir contre les usages et les règlements existants [2], particulièrement en matière de curage de canaux et rivières non navigables et d'entretien des digues. L'art. 1er de la loi du 14 floréal an XI en maintient l'exécution, et l'art. 2 prescrit les moyens d'en obtenir la modification ou la réforme.

Un règlement administratif ne peut être opposé à un particulier qu'autant qu'il a été promulgué ou qu'il lui a été notifié [3]. Aussi, lorsqu'en exécution d'un nouveau règlement, le précédent état de choses constitue une contravention; par exemple, lorsque des arbres anciennement plantés deviennent, par l'effet du nouveau règlement, nuisibles à un chemin de hallage, alors le propriétaire doit être mis formellement en demeure de les abattre; jusque-là il ne peut y avoir contravention de sa part [4].

Maintenant, pour mettre tout à fait en relief le caractère de l'administration *active*, nous allons la considérer un instant dans ses rapports avec l'administration *contentieuse* et avec l'autorité judiciaire.

Un préfet prend, dans l'intérêt public, un arrêté d'alignement : c'est un acte de compétence préfectorale; la partie qui s'en plaint peut le déférer à l'au-

---

[1] S., V, 520.

[2] S., III, 14.

[3] *Ib.*, 346. — Il suffit de l'insertion au *Bulletin des lois*, quand il s'agit d'une ordonnance qui range une ville au nombre des places de guerre de première classe, pour que les servitudes imposées à la propriété, dans l'intérêt de la défense de l'État, deviennent obligatoires (D., II, 2e série, 406).

[4] S., II, 172.

torité administrative supérieure, au ministre. Elle
ne pourrait l'attaquer devant le conseil d'État par la
voie contentieuse [1], car il n'y a là qu'un acte de l'administration active seulement. — Autre exemple. Un
préfet ordonne la réparation d'un canal, le curage
d'une rivière non navigable : il est arbitre légal de
l'utilité de la mesure [2]; on ne peut recourir qu'au
ministre de l'intérieur, non au conseil d'État. Mais
les frais de ces travaux deviennent l'objet d'un rôle
de contributions spéciales, rôle qu'il appartient
également au préfet de dresser : un des propriétaires riverains, par cela même contribuable, peut
élever une contestation; il considère cette taxe
comme vexatoire, ou mal répartie seulement, il
peut la considérer aussi comme illégale : dans l'un
et l'autre cas ce n'est plus d'utilité publique qu'il
s'agit; ce sont des intérêts privés liés à l'action administrative qu'il faut apprécier : il y a donc litige,
qu'il faut instruire et juger [3]. Si l'on n'attaque que
le mode de répartition de cette taxe, c'est une question contentieuse de la compétence du conseil de
préfecture [4]; si l'on prétendait que cette taxe est illégale et non autorisée par la loi, il faudrait, conformément aux lois de finances, se pourvoir devant
les tribunaux, soit par une plainte en concussion,
soit par l'action en répétition [5].

L'étude des lois administratives et la connais-

[1] D., II, 2ᵉ série, 7.

[2] S., III, 230.

[3] S., III, 240.

[4] Loi du 14 floréal an xi, art. 4.

[5] D., II, 2ᵉ série, 45.

sance de la compétence de l'administrateur sont, comme on le voit, de la plus haute importance. La législation, à cet égard, n'est pas sans lacunes et sans difficultés : la ligne qui sépare l'administration active du contentieux administratif n'est pas toujours bien marquée, la distinction est parfois d'une extrême finesse. Cependant elle ne doit jamais être négligée : toute erreur sur ce point peut être fatale. En effet, les actes de pure administration ne sont point attaquables par la voie contentieuse, et réciproquement ; et pourtant, si l'on se trompe sur la nature de l'affaire, on ne conserve pas, durant la poursuite du recours exercé devant l'administration active, les délais de rigueur réservés à l'exercice du recours en matière contentieuse [1]. Un arrêt du conseil, par exemple, porte que l'on jouira d'un terrain communal par feux, ou *pro modo jugerum* : quel est le caractère de cette décision ? est-ce une décision sur un objet contentieux ? n'est-ce qu'un acte administratif réglant un mode de jouissance ? On a décidé que c'était une décision contentieuse ; que, dès-lors, si elle était par défaut, elle était susceptible d'opposition ; qu'enfin cette opposition devait, à peine de nullité, être formée dans le délai de droit [2]. Lorsque l'on défère au fonctionnaire supérieur un acte administratif du fonctionnaire inférieur, le recours n'est pas exposé à de rigoureuses déchéances.

Du rapport de l'administration active à l'adminis-

[1] S., II, 437.
[2] S., I, 15.

tration contentieuse, voyons plus intimement le rapport de la première à l'autorité judiciaire.

Un acte administratif, un acte qui émane de l'administration active n'est point une décision de justice; il ne touche directement à aucun droit privé; ce droit reste intact et peut être porté devant les tribunaux. Un acte administratif, par exemple, dispose d'une portion de propriété, d'un droit de servitude; l'intérêt public l'exige, et la haute administration est juge de la question [1] : le propriétaire lésé peut se pourvoir contre cet acte, fût-il homologué par le gouvernement [2]; et l'administration, qui revient sur ses actes lorsqu'elle reconnaît qu'ils sont nuisibles ou contraires à la loi, réforme, rapporte même sa décision [3]. Mais il peut arriver aussi que l'exigence de l'utilité publique soit impérieuse et rende la décision irrévocable : dans ce cas le propriétaire du terrain ou de la servitude a droit à une indemnité, qu'il n'appartient qu'aux tribunaux d'apprécier [4]. — Autre exemple. Un préfet ordonne le curage d'une rivière, et dresse le rôle des frais à la charge des propriétaires riverains. L'un d'eux prétend qu'il n'est pas tenu de contribuer à ces frais, et, à l'appui de ces prétentions, il invoque un titre, la prescription, un usage constant : de là litige sur des intérêts privés étrangers à l'administration; question de droit civil dès-lors, qu'il n'appartient qu'aux tribunaux de résoudre [5].

[1] Charte constitutionnelle, art. 9.
[2] S., III, 239.
[3] S., I, 127.
[4] S., IV, 353; V, 89 et 344.
[5] S., II, 380.

Il reste à faire observer que certains actes dits *d'économie* et *d'administration intérieure* n'ont pas, à proprement parler, le caractère d'actes de l'administration active. Ainsi lorsqu'un haut fonctionnaire, un directeur génréal, un ministre adresse des instructions à ses agents, les dispositions qu'il prescrit, les mesures qu'il commande par ces actes ne font aucun obstacle aux droits que des tiers peuvent exercer devant les tribunaux [1]. C'est pourquoi ces actes ne sont pas attaquables devant l'administration par les tiers qu'ils atteignent. Il en est de même des actes de tutelle administrative. Que le conseil de préfecture, par exemple, accorde ou refuse à une commune l'autorisation de plaider : la commune seule a qualité, s'il y a refus, pour se pourvoir devant le conseil d'État. La partie adverse ne peut demander la réforme de la décision du conseil de préfecture [2]; des tiers ne peuvent exciper des droits et des facultés tutélaires de l'administration lorsque leur action n'a pas d'autre fondement que leur intérêt personnel [3].

Ce que l'on nomme *fait de régie* n'est pas non plus un acte administratif. Un bail, un accensement faits par les agents de l'autorité, et pour l'administration, sont des faits de régie : toutes les questions qui s'élèvent sur l'exécution des clauses et la résiliation de ces actes ressortissent aux tribunaux civils [4],

---

[1] D., II, 2e série, 389. — Dans l'espèce, le ministre avait pris une décision qui défendait la délivrance des bois réclamés pour l'affouage d'une usine.

[2] S., III, 203.

[3] S., II, 339.

[4] S., I, 21 ; II, 469.

lors même que ces baux auraient été passés par l'administration [1].

Du reste, il paraît admis par la jurisprudence du conseil d'État que le fermier d'un octroi peut être soumis, quant à l'exercice, l'exécution et la résiliation du bail, à la juridiction administrative, par une clause du cahier des charges [2]. La juridiction des tribunaux peut-elle être restreinte au profit de l'administration par conventions privées? En général il n'en peut être ainsi; mais un bail, en matière d'octroi, n'a pas le caractère des baux qui transmettent la jouissance d'un droit réel : il ne transmet que l'exercice et la jouissance d'une *action administrative*.

§ II.

De l'administration contentieuse.

Cette administration, comme nous l'avons énoncé d'abord, juge les intérêts privés qui se lient à son action. On peut conclure de là que la voie contentieuse est ouverte toutes les fois que l'intérêt privé est atteint par une décision émanant d'une autorité qui ressortit au conseil d'État. S'ensuit-il aussi qu'un fonctionnaire public puisse se pourvoir contre l'ordonnance qui le révoque? Quelques-uns l'ont pensé : le conseil d'État n'a pas adopté cette opinion [3]. Cette exception particulière au principe général nous paraît fondée. L'intérêt privé, dans le sens administratif, s'entend d'un intérêt positif et matériel,

---

[1] D., IV, 2e série, 248.

[2] S., IV, 364.

[3] D., III, 2e série, 701.

et non facultatif quant à l'administration. D'un autre côté, l'administration contentieuse fait aux contestations de sa compétence l'application des lois et des règlements : dès-lors, attaquer ses décisions c'est prendre l'engagement de prouver qu'elle a méconnu cette règle. Le conseil d'État, tribunal suprême administratif, est si rigoureux sur ce point qu'il rejette l'appel d'une décision ministérielle par le motif seulement que l'appelant n'invoque aucune loi, aucun règlement que cette décision aurait violés [1].

La juridiction administrative n'est compétente que lorsque l'intérêt public est engagé ; elle est incompétente quand il n'y a collision qu'entre des intérêts privés, lors même que ces intérêts émaneraient de faits ou d'actes d'origine administrative. — Principe général : lorsqu'il s'agit de déterminer les effets et les conséquences de la loi sous le rapport des contestations auxquelles ils donnent lieu entre particuliers, c'est aux tribunaux de prononcer [2].

Ainsi les contestations qui peuvent s'élever, quant à l'usage des eaux, entre deux propriétaires d'usines, sur un cours d'eau ni navigable ni flottable, sont du ressort des tribunaux [3] ; mais si le cours d'eau était navigable et flottable, bien que la difficulté ne s'élevât qu'entre simples particuliers, la juridiction administrative serait compétente ; l'administration contentieuse serait alors saisie par l'intérêt public de la navigation [4].

---

[1] M., II, 34.
[2] Voyez décret du 4 juin 1809.
[3] D., IV, 2e série, 526.
[4] D. III, 2e série, 68.

La juridiction administrative, comme la juridiction civile, ne statue que sur des cas particuliers; l'une ne peut pas plus que l'autre rapporter ni modifier ses propres décisions; l'administrateur seul peut rapporter et modifier ses propres arrêtés. Cette règle est fondée en principe. Le juge a d'autres devoirs que l'administrateur : le premier prononce sur des *droits*, le second sur des *intérêts;* l'un ne doit appliquer que des régles fixes; l'autre ne doit considérer que les motifs de l'utilité publique, d'une incessante variabilité [1].

La maxime *non bis in idem* s'applique aussi aux décisions de l'administration [2]. — Les demandes en révision de compte ne sont point admises; mais, comme en matière civile, les erreurs matérielles, les omissions et doubles emplois peuvent être rectifiés [3].

Quant à l'autorité de la chose jugée, elle n'a pas, en matière administrative, le même *absolu* qu'en matière civile : de nouvelles circonstances peuvent faire remettre en litige et juger différemment la même question. Ainsi on a pu juger en 1825 qu'un établissement de bains n'est pas de nature, par son exploitation, à dégrader habituellement ou temporairement un chemin vicinal, et que dès-lors cet établissement ne pouvait, aux termes de la loi du 28 juillet 1824, être tenu de contribuer aux réparations d'entretien de ce chemin; mais on a pu juger et on a jugé le contraire en 1831 parce que, l'établissement s'étant développé, les transports et voi-

---

[1] *Voyez* décret du 20 juin 1809.
[2] S., II, 385.
[3] S., II, 529.

tures ont pu causer des dégradations au chemin dont il s'agit [1].

La justice administrative peut-elle être prorogée par les parties intéressées? Il nous semble qu'il faut distinguer. La partie qui traite avec l'administration peut se soumettre à la juridiction administrative, dans le cas même d'une contestation qui pourrait être du ressort des tribunaux. Aussi a-t-il été jugé qu'un entrepreneur pour le transport de tabac, s'il s'est soumis à la justice du conseil d'administration, ne peut plus, sur une demande en garantie, demander son renvoi devant les tribunaux [2]. Mais, au contraire, si la partie qui traite avec l'administration convenait avec elle que les contestations qui surviendraient sur une matière de nature administrative seraient portées devant les tribunaux, une pareille convention ne recevrait aucune exécution. Aussi le conseil d'État a-t-il jugé qu'en matière de travaux publics le conseil de préfecture est seul compétent pour prononcer sur les contestations, nonobstant toute disposition contraire insérée même dans le cahier des charges [3].

Nous ferons remarquer, au surplus, qu'il nous semble que la jurisprudence administrative a consacré le principe que les parties ne peuvent, par des conventions privées, déroger à l'ordre des juridictions, et qu'elles ne pourraient même se soumettre à la juridiction administrative relativement

[1] D., IV, 2ᵉ série, 353.

[2] S., III, 535.

[3] D., IV, 2ᵉ série, 695. — Dans l'espèce, les contestations devaient, suivant le cahier des charges, être portées devant le sous-préfet. Dans une

à des contestations qui, par leur nature, appartiennent à la juridiction civile [1]. Ainsi un entrepreneur de travaux publics, ayant fait un sous-traité,
stipula que le sous-traitant serait justiciable de
l'administration; mais l'administration, appelée à
statuer, se déclara incompétente et renvoya devant
les tribunaux, attendu que le sous-traité était un
acte particulier qui lui était étranger [2]. De même
le conseil d'État a jugé que l'autorité judiciaire était
incompétente pour prononcer sur les contestations
qui s'élèvent entre les contribuables et les porteurs
de contraintes, lors même que toutes les parties se
soumettraient à sa juridiction [3].

Tâchons maintenant de tracer la ligne qui sépare la compétence judiciaire de la compétence
administrative. Remarquons d'abord que l'autorité
judiciaire et l'administration sont complétement
indépendantes l'une de l'autre; que celle-ci n'est
point un démembrement de celle-là, une juridiction
exceptionnelle; que toutes les deux ont été créées
par l'assemblée législative, qui a donné à chacune
d'elles une sphère d'action à part [4].

Posons d'abord quelques règles relativement à la
compétence de l'autorité judiciaire en contact avec
l'autorité administrative.

Elle est appelée à prononcer :

autre espèce, elles devaient être soumises à des arbitres, et la clause fut
réputée non écrite (D., XI, 28).

[1] D., III, 2e série, 569.
[2] D., II, 2e série, 173.
[3] S., II, 187.
[4] Voyez la loi des 16-25 août 1790, tit. ii, art. 13, et la loi du 16 fructidor an iii.

1° Sur les questions de propriété et de droits réels, quelle que soit la qualité des demandeurs et des défendeurs [1];

2° Sur les questions relatives à la vindicte publique et à la liberté [2];

3° Sur les questions relatives à l'état des personnes, à leurs qualités, âge, capacité civile et politique, extranéité et nationalité [3];

4° Sur les questions de droit civil, telles que la possession, la prescription, la forme et la validité des actes;

5° Sur les questions d'application, de titres et de règlements;

6° Sur les questions d'existence et d'application d'usages et de coutumes locales.

La compétence de l'administration contentieuse est déterminée par de nombreuses lois, qui feront la base des chapitres suivants.

Lorsque les tribunaux sont saisis d'une contestation de nature administrative, l'administration peut et doit élever un conflit [4]. Cependant les questions de compétence administrative ne sont pas toujours tellement d'ordre public que tout ce qui se fait au contraire soit essentiellement nul. **Aussi** lorsqu'un receveur général, plaidant une question de privilége, a consenti, au lieu d'invoquer l'art. 4 de la loi du 12 novembre 1808, à plaider devant les

[1] *Voyez* décret du 16 octobre 1813.

[2] *Voyez* la loi du 16 septembre 1807, art. 27, et décret du 16 décembre 1811, art. 114.

[3] La capacité de député et la régularité des opérations de collège électoral sont jugées par la Chambre (loi du 19 avril 1831, art. 61).

[4] *Voyez* le 3e livre de cet ouvrage, au mot *conflit*.

tribunaux, leur incompétence est couverte : le conflit ne peut plus être élevé [1]. De même, lorsqu'une
question de prise maritime a été jugée par un tribunal de commerce, et que le jugement est passé
en force de chose jugée, elle ne peut plus être portée devant le conseil d'État, auquel elle était attribuée [2].

Bien plus encore, on ne serait pas recevable à se
pourvoir directement devant le conseil d'État contre
une décision de l'autorité judiciaire : on ne peut
que recourir au tribunal supérieur [3]; le conseil
d'État ne peut être saisi que par l'effet d'un conflit,
qu'il n'appartient qu'à l'administration d'élever; et
l'administration elle-même, n'ayant que la faculté
d'élever le conflit [4], ne peut sous aucun prétexte
annuler les décisions judiciaires, ni les interpréter,
ni même en suspendre l'exécution [5].

Cependant, si un arrêt de la Cour de cassation
consacrait des principes d'ordre public contraires
à ceux de l'administration supérieure, le prince, en
conseil d'État, annulerait d'office l'arrêt de la Cour
suprème et renverrait les parties devant l'autorité
compétente [6].

D'un autre côté, les tribunaux ne peuvent sous
aucun prétexte réformer un acte administratif, ni

[1] S., III, 413.
[2] *Ibid.*, 509.
[3] S., III, 144.
[4] S., II, 319.
[5] *Ibid.*, 492.
[6] Décret du 24 juin 1808. — *Voyez* Sirey, *Recueil des lois et arrêts*,
t. XVI, part. ii, p. 259. — Cela doit s'entendre du cas où la Cour de
cassation consacrerait un principe inconstitutionnel.

même en suspendre l'effet [1] ; ils doivent s'abstenir jusqu'à ce que la décision administrative ait été annulée par l'autorité supérieure [2]. Réciproquement, l'administration ne peut réformer le jugement d'un tribunal ; elle doit s'abstenir aussi jusqu'à ce que l'autorité supérieure ait prononcé [3].

Lorsqu'une Cour d'appel infirme, comme incompétemment rendu, un jugement de première instance, le conseil d'État, s'il pense au contraire que la question est de nature administrative, se borne à déclarer sa propre incompétence et à renvoyer devant la Cour de cassation [4].

JURISPRUDENCE.

§ Ier.

Compétence judiciaire.

Propriété. Toutes les fois que, dans une contestation administrative, un particulier élève une question de propriété ; s'il réclame comme sien, par exemple, le terrain que l'on affecte d'un chemin vicinal, l'administration doit le renvoyer devant les tribunaux, et ne peut provisoirement ordonner la démoli-

[1] Il est résulté de la rigueur de ce principe qu'un tribunal a été dépouillé de la connaissance d'une affaire en matière électorale, par cela même qu'un conseil de préfecture avait prononcé nonobstant l'art. 52 de la loi du 21 mars 1831, qui renvoie aux tribunaux d'arrondissements les questions d'incapacité (D., II, 2e série, 54). La partie intéressée, au lieu de s'adresser au tribunal, aurait dû préalablement attaquer et faire annuler l'arrêté du conseil de préfecture.

[2] S., III, 455.

[3] S., I, 227.

[4] S., IV, 41.

tion des constructions (S., II, 288). Ce principe
s'applique aux cas mêmes où les titres émanent de
l'administration, et où il ne s'agit pas de les interpréter, d'en déterminer le sens et les effets, mais
seulement de les appliquer (I, 539). Peu importe
que la question de propriété naisse entre un particulier et une commune, ou même l'État (I, 109 et
155; III, 189) : toutes les mesures conservatoires
et d'administration pendant le litige appartiennent
également à l'autorité qui doit statuer au fond (I, 125).
La question de savoir si les habitants d'une commune
sont fondés à réclamer, contre l'acquéreur d'un domaine national, l'exercice d'un droit de pâturage,
et si un terrain possédé à titre de *communal* est ou
non domaine national, est une question de propriété (I, 337). Il en est de même de la question
de savoir si des biens indivis sont patrimoniaux ou
communaux (II, 409). Le propriétaire qui se plaint
d'une atteinte portée à sa propriété au moyen de
travaux publics ordonnés par un maire doit préalablement déférer l'arrêté du maire au préfet, et
s'adresser ensuite aux tribunaux (V, 18 et 21). Les
propriétés particulières ne peuvent être atteintes
dans l'intérêt des places de guerre qu'en vertu des
lois des 10 juillet 1791, 8 mars 1810 et 17 juillet
1819, et tout autant que le gouvernement en a consacré la mesure (V, 423) [1].

---

[1] Est également attribuée aux tribunaux la connaissance des contestations en matière de propriété littéraire qui s'éleveraient entre particuliers
sur l'exécution du décret du 7 germinal an XIII, qui porte que l'impres-
sion et la réimpression des livres d'église ou de prières ne pourra se faire
que d'après la permission des évêques diocésains (S., I, 292).

Possession. Les questions de possession annale se portent toujours devant le juge de paix, lors même qu'il s'agirait d'une place publique et des arbres qui y sont plantés (S., I, 177, 236; II, 282).

L'administration ne peut jamais prescrire d'intenter l'action pétitoire plutôt que l'action possessoire, et réciproquement; et, s'il y a lieu, le juge de paix peut statuer sur la question de dommages-intérêts et en liquider le montant [1], quoique en principe général les créanciers de l'État ne puissent être liquidés que par l'autorité administrative (S., II, 499).

Servitudes. Les tribunaux connaissent des questions de servitudes, soit que l'acquéreur d'un domaine national prétende exercer un droit de passage sur l'immeuble *patrimonial* de son voisin, et ce en vertu même de son acquisition (S., I, 76), soit qu'un particulier le réclame contre des hospices (*ibid.*, 207), soit qu'il s'agisse de savoir si la propriété d'un particulier doit souffrir l'écoulement des eaux d'une rue qui la borde (IV, 27).

Baux. Les questions qui s'élèvent sur les clauses d'un bail administratif sont du ressort des tribunaux (S., II, 469). Il en est de même des questions de résiliation pour cause d'exécution des conventions (II, 382). La règle générale d'attribution aux tribunaux s'applique même au cas où il s'agit d'un immeuble affecté à un service public (*ibid.*, 357).

---

[1] Il est bien entendu que, pour intenter cette action contre l'administration, il faut se conformer aux préliminaires administratifs prescrits par la loi du 5 novembre 1790, tit. III, art. 15, et par celle du 28 pluviôse an VIII, quant au mémoire à présenter et à l'autorisation à obtenir.

Restitution des fruits. De la compétence des tribunaux quant au mode de liquidation (S., II, 140, 293; III, 168).

Les tribunaux connaissent aussi des questions d'usage et de pacage, même dans les bois de l'État (D., II, 2° série, 57), de prescription (S., I, 259; II, 82; III, 431), de compte et de liquidation de succession, (III, 455), de novation de titre (D., III, 2° série, 12); et, en général, d'application des principes du droit civil. Ainsi, par exemple, l'administration réclame d'un adjudicataire un supplément de prix pour cause de sur-mesure : si la difficulté ne peut être vidée par l'interprétation de l'acte d'adjudication, il y a nécessité de recourir aux règles du droit civil, et dès-lors la contestation est dévolue aux tribunaux (S., II, 405).

Ils connaissent enfin des questions de forme et de validité d'actes, telles que saisie-arrêt (S., I, 281), opposition à une contrainte administrative (*ibid.*, 548), commandement préliminaire à une saisie en matière de contribution (S., IV, 267); de priviléges entre créanciers privés et la régie (S., I, 482), d'inscriptions hypothécaires (III, 281), de radiation d'inscription (*ibid.*, 233), d'emprisonnement (V, 503), de consignation, bien qu'il s'agisse de sommes dues à un comptable de l'administration (II, 283), de validité de consignation faite en vertu de jugement (III, 22).

Les questions de domicile (D., IV, 2° série, 75), d'état, de qualité et de nationalité de personnes (*ibid.*, 80 et 84) ressortissent des tribunaux.

§ II.

Compétence administrative.

Propriété. La compétence est administrative quand la question s'élève relativement,

1° A la vente des biens nationaux (loi du 28 pluviose an VIII),

2° A une contestation entre une commune et l'État (arrêté du 6 nivôse an II, S., I, 238),

3° Entre une commune et une branche de l'administration à l'égard d'une propriété concédée par le décret du 9 avril 1811 (S., IV, 31).

Restitution de fruits. L'administration, lorsqu'elle annule ou résilie une adjudication, peut ordonner une restitution de fruits; mais elle ne peut connaître du mode de liquider : c'est, comme on l'a vu précédemment, une question judiciaire. De plus, si le titre d'acquisition était vicié d'excès de pouvoir, l'administration ne pourrait statuer ni sur l'une ni sur l'autre questions; car, on le conçoit, n'y ayant plus d'acte légal, il n'y aurait plus rien d'administratif dans la contestation; tout serait judiciaire (S., III, 293).

Les propriétés que l'État ou un établissement public possède par indivis avec des particuliers ne peuvent être vendues par licitation; elles doivent être adjugées en la forme admisnistrative (S., III, 301).

Prescription. La question de prescription pour se libérer envers l'État est du ressort de l'administration. Ainsi, lorsque le débiteur d'une rente invoque la prescription de cinq ans à l'égard des arrérages,

l'exception est opposable devant l'administration
(S., II, 12). Elle est de même opposable en matière
de contravention; mais, principe à constater, celui
qui contrevient à la loi ou aux règlements par des
travaux qu'en sa qualité d'agent du gouvernement
il était de son devoir d'empêcher ou de faire supprimer n'est pas recevable à opposer cette prescription (M., II, 97).

L'administration statue sur une question d'offres
réelles dont la validité repose sur des actes administratifs. Un préfet, par exemple, délivre à un
conducteur des ponts-et-chaussées un mandat sur
un entrepreneur de flottage : celui-ci, ne croyant
pas devoir toute la somme y portée, fait des offres
réelles, que l'on refuse comme insuffisantes. Alors il
s'agit d'etablir un compte entre l'administration et
son agent : l'administration seule peut apprécier les
titres de libération qui émanent d'elle. Le tribunal
saisi de la demande en validité ne peut donc retenir
la cause en attendant la décision du ministre sur le
mérite du mandat ; il doit, sans réserve, se déclarer
incompétent (S., III, 246).

L'administration n'est pas compétente pour décider si un notaire doit ou non remettre l'expédition
d'un acte à un particulier qui a contracté avec l'administration (S., III, 153).

Observation. Toutes les questions de délimitation
du royaume ou d'une fraction administrative sont du
ressort de l'administration [1].

---

[1] PROUDHON, *Traité du Domaine public*, t. I, p. 113.

CHAPITRE II.

PRINCIPES DU DROIT ADMINISTRATIF.

Les principes généraux du droit administratif, comme tous les vrais principes de droit, sont fondés sur la raison, sur la justice et sur l'utilité publique. Aussi les tribunaux administratifs empruntent-ils au droit civil, à l'équité, à la sécurité publique l'esprit général de leurs décisions lorsque les textes de la loi ne sont pas formels; mais réciproquement aussi le droit administratif, en s'appropriant les principes de droit civil, leur prête souvent le reflet des nuances qui lui sont propres.

En général, se basant sur le droit civil, le conseil d'État juge qu'en matière administrative un contrat n'est point résolu de plein droit [1]; que les effets et la validité d'une transaction [2], que la restitution d'un dépôt en général [3] et d'un dépôt judiciaire fait entre les mains mêmes d'un receveur municipal [4], que la responsabilité qui naît des quasi délits, etc. [5], doivent être appréciés d'après les règles

[1] S., II, 173.

[2] S., I, 172; V, 178.

[3] S., III, 128.

[4] S., I, 224.

[5] S., IV, 89. — L'art. 4 de la loi du 28 pluviôse an VIII porte que le conseil de préfecture prononcera sur les réclamations des particuliers qui se plaindront de torts et dommages procédant du *fait personnel* des entrepreneurs de travaux publics; mais, ce mot *fait personnel* ne fait point obstacle à l'application de l'art. 1384 du Code civil. *Voyez* PROUDHON, *Traité du Domaine public*, t. I, page 487.

du droit civil. Il juge même que l'action en restitution d'un dépôt, dirigée contre un particulier qui
exerce des fonctions administratives, est de sa nature judiciaire; que dès-lors toute autorisation du
conseil d'État est inutile pour poursuivre, fût-il allégué que le dépôt a été fait à l'occasion de fonctions
administratives [1]. Il applique aussi aux cautions les
bénéfices d'ordre, de division et de discussion [2].

L'*équité* trouve également sa place. Le conseil
d'État a jugé que lorsqu'une compagnie s'oblige à
transporter certains objets dont la quantité n'est
pas exactement déterminée, et lors même que le
cahier des charges porte que cette quantité pourra
varier selon les circonstances, si, de fait, la quantité transportée excède tellement celle que le marché
avait approximativement indiquée, il y a lieu d'accorder une indemnité [3].

Le principe d'équité a été appliqué même à la
procédure. Ainsi la partie qui ne fait qu'une production clandestine et qui ne signifie pas ses titres
n'obtient qu'un jugement par défaut, auquel son
adversaire, lors même qu'il aurait fourni des défenses, peut former opposition [4].

La *sécurité* sociale est également protégée. La
longue possession et les droits acquis, qui sont la
base de cette sécurité, exercent une juste influence
sur les décisions de l'administration.

La *longue possession* a souvent fait maintenir des

[1] S., III, 228.
[2] S., I, 484.
[3] S., IV, 199.
[4] S., II, 217.

actes nuls en eux-mêmes ; elle a couvert des vices de forme en matière de partage de biens communaux [1] ; elle a légitimé des titres irréguliers lorsqu'ils étaient devenus la base de contrats réguliers en vertu desquels les possesseurs avaient joui de bonne foi [2] ; elle a justifié la propriété d'un adjudicataire sur un objet qui n'était pas compris dans son adjudication [3] ; elle a servi, par voie d'interprétation, à déterminer quelles portions de terrain ont fait partie d'une adjudication [4] ; elle a même consacré des concessions faites sans autorisation, pour exciter le patriotisme [5].

Remarquons, du reste, que la longue possession ne peut jamais libérer de l'exercice des droits de l'administration. Ainsi, en matière de règlement d'eau, par exemple, l'administration peut toujours, quelle que soit la possession invoquée, prescrire les mesures propres à faire cesser le dommage public [6].

Les *droits acquis* ont joui d'une égale faveur. C'est ainsi que le débiteur du prix d'un immeuble vendu par une corporation religieuse antérieurement à la suppression des ordres ne peut être poursuivi par une simple contrainte administrative depuis la mainmise de la nation ; il ne peut être actionné qu'en vertu de son contrat et par les voies d'exécution seulement qu'il autorise. L'État, en succédant à la corporation, ne peut exercer que les droits et ac-

[1] S., V, 170
[2] S., I, 73.
[3] S., III, 134.
[4] S., IV, 156.
[5] S., II, 315.
[6] D., II, 2e série, 396.

tions qu'elle eût pu exercer elle-même [1]. De même encore l'État, en restituant à des individus ou à des corporations les biens dont il s'était emparé, n'a entendu restituer que ceux qui n'étaient pas aliénés : il n'a pas entendu donner à ces individus ou corporations le droit de contester la validité de l'aliénation des biens qu'il avait faite pendant sa possession [2]. De même enfin la loi du 11 avril 1831 sur les pensions militaires, et qui n'admet pas le temps de service passé dans l'émigration, en dehors des armées nationales, n'est point applicable aux employés civils mis à la retraite sous l'empire des lois de la Restauration, qui leur assuraient une pension [3].

Tels sont les principes fondamentaux de la jurisprudence administrative quant aux questions qui ne peuvent être résolues par des textes positifs.

Mais, lorsqu'il existe une loi directe ou collatérale sur la matière, l'administration en fait une application dont il importe d'observer le caractère.

1° L'administration pose en principe que *tout article* non formellement abrogé d'une loi qu'on a modifiée ultérieurement continue d'être obligatoire, ou au moins d'être le texte d'une jurisprudence qu'il est raisonnable d'appliquer dans les cas non prévus par la loi nouvelle [4].

---

[1] S., I, 500

[2] *Ibid.*, 493.

[3] D., II, 2e série, 468.

[4] Décision du ministre des finances du 7 novembre 1817 sur le transit. —Aussi le conseil d'État juge-t-il que le suffrage électoral ne peut être authentiquement constaté que quand le bulletin est écrit au sein de l'assemblée, ainsi que le prescrivent les lois des 3 février et 28 mai 1790, dont

2° Dès qu'il existe une loi directe et positive, l'administration en fait en général l'application avec une rationalité rigoureuse. Ainsi, par exemple, un bien patrimonial est mis en vente comme bien national; le propriétaire, au lieu de former à l'adjudication l'opposition prescrite par la loi, se borne à une simple réclamation près de l'administration : l'immeuble est adjugé. Demande en nullité est formée; et cette demande, le conseil d'État décide que ni les tribunaux ni l'administration ne sont compétents pour la juger [1]. La vente de la chose d'autrui, interdite par l'art. 1599 du Code civil et résolue par l'art. 731 du Code de procédure, est donc administrativement admise. Seulement le propriétaire, s'emparant du principe dont nous venons de parler, invoque l'art. 94 de la constitution du 22 frimaire an VIII, qui lui accorde une indemnité. Mais son opposition à l'adjudication a pu être régulièrement formée : alors la loi du 6 floréal an IV porte que l'administration statuera dans les dix jours. L'administration ne statue pas; le bien est adjugé : contestation entre le propriétaire et l'adjudicataire sur le mérite de l'opposition. Mais d'abord quelle sera l'autorité compétente? L'opposition du propriétaire est un acte de forme, de procédure : est-elle conforme à la loi? Cette question d'application

la loi du 21 mars 1831 ne renouvelle ni n'abroge les dispositions sur ce point (D. , II , 2e série, 483). On peut citer aussi l'application journalière de l'art. 75 de la constitution du 22 frimaire an VIII sur la mise en jugement des agents du pouvoir. Les arrêts du conseil fourmillent de citations d'articles de lois qui se sont succédées sur la même matière.

[1] S., II, 67.

est renvoyée par l'administration aux tribunaux civils [1].

3° Une question doit quelquefois être résolue par
l'application d'une *loi collatérale*. Un officier, par
exemple, réclamant une pension en 1834, se plaint
d'avoir été destitué arbitrairement en 1811. Il invoque la loi du 12 septembre 1791, qui porte que
les officiers injustement privés de leur état seront
replacés aux rang et grade qui leur appartenaient.
Le ministre lui oppose la loi du 11 avril 1831 comme
abrogative de la loi de 1791. L'officier réplique
avec raison que la loi de 1831 ne peut avoir d'effet
rétroactif. Le conseil d'État trouve la solution du
problème dans une loi collatérale : il décide qu'aux
termes de l'art. 41 de la constitution du 22 frimaire
an VIII, le chef de l'État avait pu destituer un officier
en 1811 ; que l'officier n'avait pas qualité pour réclamer contre un décret de haute administration ;
et qu'ayant été rétabli purement et simplement en
1814, il ne pouvait prétendre à sa solde pendant
l'intervalle de sa destitution à sa réintégration [2].

L'administration distingue soigneusement aussi
les titres et qualités dans lesquels la même personne
a pu agir. Ainsi un préposé aux recettes, dont les
fonctions ont été supprimées par la loi du 27 ventôse an VIII et remplacées par celles de receveur particulier, n'est pas tenu, en passant d'une fonction
à l'autre, de faire face à son déficit dans celle-là
par le cautionnement qu'il a versé pour celle-ci [3].

---

[1] S., III, 63.
[2] D., IV, 2ᵉ série, 230.
[3] S., I, 513.

L'application surtout des lois de déchéance contre les créanciers de l'État justifie le jugement que nous portions, il n'y a qu'un instant, sur la rigueur jurisprudentielle de l'administration. Nous en citerons quelques exemples.

Dejoie père est créancier de 44,000 francs sur un tiers ; Dejoie fils émigre. L'État, par une confusion de personnes, s'empare de cette créance comme bien d'émigré, et 14,000 francs sont versés dans la caisse du domaine. Dejoie père meurt, et Dejoie fils, alors amnistié, réclame cette dernière somme en qualité d'héritier de son père, qui n'avait point émigré. Par divers jugements, et par un arrêt du 8 avril 1812, le domaine est condamné à la restitution de la somme qu'il avait reçue. Dejoie s'adresse donc au ministre des finances ; mais ce ministre, sans s'arrêter à la compétence, répond que la restitution était subordonnée aux règles générales établies pour la liquidation de la dette publique ; qu'aux termes d'un arrêté du gouvernement du 23 vendémiaire an ix, d'une loi du 30 ventôse suivant et de deux arrêtés du 29 germinal même année, toutes les créances sur l'État antérieures au 1ᵉʳ vendémiaire an ix avaient dû être soumises à la liquidation générale de la dette publique ; que le conseil chargé de cette opération avait été supprimé par la loi du 15 janvier 1810 ; qu'étant supprimé, il ne pouvait plus liquider ; que le conseil d'État avait déjà déclaré, par un arrêt du 17 octobre 1814, que l'administration des domaines n'est chargée d'aucune liquidation, et qu'ainsi elle ne peut être contrainte à aucune restitution. Il n'y avait qu'un mot à répondre : c'est que tout était liquidé. Cependant, l'affaire portée au conseil d'État le 4 mai 1815, le comité du contentieux se déclare incompétent pour faire cette liquidation [1]. Il nous semble qu'il n'y avait point là de question de compétence, que toute la difficulté était de savoir si le *principe de la restitution* était applicable.

Autre exemple. Combe, sur les poursuites mêmes de l'administration, avait obtenu en 1812 un arrêt de Cour royale qui le constituait créancier de l'État. Le ministre des finances répondit également que la créance n'était ni ne pouvait être liquidée. Combe répliqua que la déchéance prononcée par la loi du 15 janvier 1810 ne pouvait lui être applicable; qu'il était de principe qu'une loi de déchéance ne pouvait atteindre que des droits acquis; que si, lui Combe, porteur de titres, avait négligé de les produire et de demander une liquidation avant l'échéance du délai fixé par la loi, il serait sans doute aujourd'hui sans droit pour réclamer, mais qu'à l'époque où la loi de 1810 avait été rendue il n'avait pas encore de titre de créance et qu'il n'avait qu'un droit à exercer; qu'il n'était donc pas en demeure de *produire ses titres*, ainsi que le portait la loi; qu'il ne dépendait même pas de lui de produire, attendu que c'était le gouvernement même qui avait soumis la contestation aux tribunaux; qu'ainsi la Cour royale étant saisie de l'affaire, lui Combe n'était même plus maître de s'adresser à l'administration; que ce n'était d'ailleurs que depuis l'ar-

[1] S., III, 107.

rêt de cette Cour royale, qui renvoyait les parties,
pour le surplus de leur demande, devant l'autorité
administrative, que lui Combe avait pu s'adresser à
l'administration pour obtenir paiement ; qu'on ne
pouvait donc soutenir qu'une loi rendue deux ans
auparavant frappât de déchéance une créance qui
n'existait pas au moment de sa promulgation ; qu'enfin les droits de lui Combe étant postérieurs à cette
loi, elle ne leur était point applicable. Quel que fût
le poids de ces raisons, le conseil d'État proclama
de nouveau l'incompétence de son comité du contentieux pour liquider les dettes de l'État [1]. C'était
encore, il nous paraît, tourner la question au
lieu de la résoudre. Il ne s'agissait pas, selon
nous, de liquidation ; il s'agissait de savoir si les
moyens allégués par le ministre des finances ren-
traient dans le texte ou dans l'esprit de la loi ; et,
comme c'était une question entre un particulier et
l'administration, que dès-lors elle était contentieuse
de sa nature, nous croyons que le comité du contentieux pouvait statuer compétemment. Il y avait
un motif meilleur que celui de l'incompétence à
donner pour repousser la demande de Combe. Il est
de principe, en effet, que les jugements des tribunaux sont *déclaratifs* seulement et non *constitutifs*
des droits pour lesquels ils prononcent des condamnations [2] : il résulte de là que les créances contre
l'État remontent à l'époque même de la cause de la

---

[1] S., III, 123.

[2] Avis du comité de finances du 26 janvier 1821, approuvé par le ministre le 24 février suivant. Cette législation a peu de caractère légal, mais
le principe qu'elle consacre est juste.

dette. Aussi est-ce d'après ce principe qu'une troisième espèce a été plus récemment jugée par le conseil d'Etat [1]. Dans toutes ces espèces le principe de l'équité dont nous venons de parler a été méconnu. On ne peut dire pourtant qu'il ait été violé ; seulement il a fléchi devant la rigueur d'un principe de droit positif que la rationalité de la jurisprudence administrative a dû respecter.

JURISPRUDENCE.

Obligations. L'obligé *personnellement* au paiement d'une somme, bien qu'il ait déclaré qu'il empruntait pour un hospice, est justiciable des tribunaux civils (S., I, 53). Les mêmes tribunaux sont compétents pour connaître des poursuites dirigées contre des administrateurs municipaux au paiement d'une somme empruntée en leur *propre nom,* bien qu'ils en aient fait l'emploi au profit de la commune (S., I, 536). Il en serait de même si les administrateurs avaient agi tant en leur nom personnel que comme administrateurs (S., II, 69). La reconnaissance que la commune ferait postérieurement de la dette ne changerait pas la juridiction civile (S., I, 253 et 377). La même juridiction serait compétente si c'était un fonctionnaire qui s'obligeât *personnellement,* lors même qu'il ferait insérer dans l'obligation que c'est pour cause administrative (S., III, 478). Les agents du gouvernement doivent faire mention expresse qu'ils traitent en son nom et pour son compte (S., V, 156). N'est pas obligé personnel-

[1] D., II, 226.

lement celui-là seulement qui, en souscrivant un effet négociable, l'a causé pour *fournitures* ou pour service public (S., IV, 96 et 355).

La question de savoir si un maire est obligé personnellement ou administrativement lorsqu'il s'agit de réquisition est administrative (S., III , 479). Une obligation souscrite par le maire et par les membres du conseil municipal, pour fournitures faites à la commune, est administrative seulement si les contractants déclarent ne s'obliger qu'en leur qualité d'administrateurs (S., IV, 447).

Compensation. Les principes de la compensation ne sont point applicables au Trésor (S., IV, 149). Il n'y a pas lieu non plus à compenser les dettes et créances qu'un particulier peut avoir à payer à un ministère et à réclamer d'un autre (S., V, 283); mais lorsque le particulier est en même temps créancier et débiteur de la même caisse ministérielle, il y a compensation (S., I, 350). Le cautionnement d'un receveur des domaines, qui était devenu créance sur l'État, ne peut être liquidé qu'en inscription sur le grand-livre; il ne peut être compensé avec des recettes liquides (S., III , 67).

Délégation. Lorsqu'un fournisseur a payé son marchand de fournitures en délégation sur le gouvernement, si le porteur de l'obligation actionne le fournisseur parce que le gouvernement n'a pas payé, et si ce fournisseur soutient qu'il est libéré parce que la délégation a été acceptée par le gouvernement, le fait d'acceptation doit être d'abord décidé par l'administration, et dès-lors le tribunal doit renvoyer et surseoir au fond (S., III, 374).

Subrogation. La contestation qui naît d'une subrogation consentie par l'administration à un particulier payant un rente qui affectait un immeuble dont il était copropriétaire est du ressort des tribunaux lorsque l'État n'est point appelé en garantie (S., I, 308).

Confusion. L'extinction des créances par confusion n'est opposable que par le gouvernement. Ainsi une rente due par un émigré à une fabrique et transportée par le gouvernement à un bureau de bienfaisance n'est pas éteinte, bien qu'il y ait eu un instant où l'État se trouvait tout à la fois créancier et débiteur de la rente (S., II, 33).

Dépôt. Un dépôt judiciaire fait dans une caisse publique est une créance sur l'État; elle peut être frappée de déchéance comme antérieure à l'an v (M., 1, 553).

Mandat. Lorsqu'un débiteur du gouvernement par acte administratif n'a été obligé que par un mandataire, la question élevée sur l'effet ou l'exécution du mandat est dévolue aux tribunaux (S., I, 158).

Cautionnement. La caution d'un receveur général n'est pas déchargée lorsqu'il est reconnu que le cautionnement qu'il a payé n'a été effectué qu'avec les deniers de sa caisse (S., I, 273). La réduction autorisée par le ministre et faite par le préfet du cautionnement d'un receveur général ne porte que sur la somme; elle ne peut décharger l'une des cautions pour le tout et l'autre pour partie seulement (I, 375). L'autorité administrative n'est pas compétente pour déclarer si le Trésor est ou non recevable en son action contre la caution lorsque, par son fait, il l'a privée de son recours utile contre le débiteur principal, ni pour juger s'il doit diviser son action entre plusieurs cautions : elle doit surseoir jusqu'à ce qu'il ait été statué par les tribunaux (M., V, 537).

Société. Nulle association ne peut être reconnue qu'autant qu'elle a été clairement établie (S., I, 337). La question de savoir à qui appartient la portion d'intérêt qu'avaient les associés à des travaux publics, lorsqu'ils sont décédés ou qu'ils ont renoncé à l'entreprise, est du ressort des tribunaux (S., I, 401). Les amendements ajoutés par le gouvernement aux statuts délibérés par une société sont obligatoires comme les statuts mêmes (S., IV, 58).

Quasi-contrats ou *responsabilité*. Un entrepreneur de travaux publics est personnellement responsable des dommages-intérêts envers le propriétaire qui a été lésé par le défaut d'intelligence de ses agents, sauf son recours contre ceux-ci (S., II, 48). La responsabilité de l'architecte à l'égard des travaux faits sans autorisation ne tombe que sur ses honoraires : il ne lui est point dû pour l'excédant de travaux (S., III, 409). Les receveurs particuliers et généraux sont responsables des débets des percepteurs des contributions, quelques poursuites qu'ils aient faites, si elles ont commencé tardivement (S., I, 398 et 468). Un receveur de droits d'enregistrement qui a perçu un droit fixe au lieu d'un droit proportionnel est réputé avoir fait une remise du droit : la responsabilité qui le frappe est soumise à la décision du ministre des finances, sauf recours au conseil d'État [1] (S., III, 507).

Déchéances [2]. Les déchéances prononcées par la loi du 25 mars 1817 pour les dettes arriérées des divers ministères ne sont point applicables aux dépôts et consignations nécessaires effectués postérieurement aux lois des 24 frimaire an VI et 9 frimaire an III (D., II, 2ᵉ série, 620). (Une décision antérieure avait jugé le contraire.) Du reste, le conseil d'État n'a point admis le principe que les dépôts sont imprescriptibles et ne peuvent jamais être assimilés aux créances. (*Voyez* la note sur l'arrêt précédemment cité.)

[1] Avis du conseil d'État des 9 et 20 juillet 1808. Cet avis est relatif à tous les comptables du Trésor.

[2] Il y a une loi de déchéance du 25 mars 1817, une autre du 17 août 1822 qui porte, art. 5 : « Les rentes et créances de toute nature provenant des anciennes liquidations de l'arriéré des divers ministères dont l'inscription ou le paiement n'a pas été réclamé avant le 1ᵉʳ avril 1823 sont éteintes et définitivement amorties au profit de l'État. » *Voyez* l'ordonnance du 25 septembre 1822.

CHAPITRE III.

DES ORGANES DE L'ADMINISTRATION.

Les organes de l'administration sont généraux ou spéciaux. Les organes généraux sont :

1° Le conseil d'État [1],

2° Le ministère,

3° Le préfet,

4° Le conseil général,

5° Le conseil de préfecture,

6° Le sous-préfet,

7° Le conseil d'arrondissement,

8° Le maire,

9° Le conseil municipal.

Les organes spéciaux sont permanents, temporaires ou accidentels.

Permanents : 1° La Cour des comptes,
           2° L'Université.

Temporaires : 1° Les tribunaux de prises maritimes,
           2° Les commissions de liquidation,
           3° Les conseils de révision.

Accidentels : 1° Les commissions de travaux publics,
           2° Les commissions coloniales et consulaires relatives au jugement de prises maritimes.

---

[1] Le Roi ne fonctionne que par les organes que nous indiquons.

Les administrations collectives, telles que les hospices, les fabriques, etc., et les conseils techniques, tels que ceux pour l'entretien des routes, les ponts-et-chaussées, les conseils d'administration de l'armée, de la marine, etc., n'étant que des branches collatérales et auxiliaires de l'administration générale, nous croyons devoir renvoyer au 3ᵉ livre de cet ouvrage les notions que nous pouvons en donner. Nous parlerons dans un appendice à notre 1ᵉʳ livre du régime des colonies.

Quant à présent nous avons à dessiner largement les principes généraux de la compétence des organes de l'administration en général.

D'abord il est évident que les divers organes dont nous venons de parler se partagent l'exercice de l'administration tant active que contentieuse ; il n'est pas moins évident que le conseil général, le conseil d'arrondissement et le conseil municipal n'exercent que des fonctions d'administration active seulement. En second lieu, le ministre, le préfet et le maire paraissent exercer de plus des fonctions d'administration contentieuse sur une échelle moins étendue, il est vrai, que le conseil d'État et le conseil de préfecture, mais qui semblent parfois, du reste, un premier échelon de l'un et de l'autre.

Cependant si, au lieu de nous arrêter à quelques analogies, nous approfondissons les principes fondamentaux de la compétence administrative au point de vue contentieux, nous apercevrons bientôt que le conseil de préfecture est essentiellement l'organe de l'administration contentieuse, que lui seul a le pouvoir réel de dire droit, et que, hors de ce tribunal de droit commun administratif ressortissant par appel au conseil d'État, il n'y a que des juridictions exceptionnelles, ou, pour mieux dire, provisoires et incomplètes.

Ceci posé, nous ne croyons pas, avec M. Proudhon, que les tribunaux administratifs ne sont que des tribunaux d'exception [1]. Ces tribunaux se restreignent, il est vrai, à la connaissance de certaines affaires; mais la compétence des tribunaux civils n'est-elle pas également circonscrite dans un cercle d'attributions qu'elle ne peut franchir?

Il n'y a qu'à lire encore la loi de 1790, que nous avons déjà citée, pour reconnaître les limites respectives des deux autorités judiciaires et administratives. Sans doute la sphère judiciaire est la plus vaste, la variété de ses espèces plus vague et plus indéfinissable, on ne saurait le contester; mais, quant au genre, l'administratif et le judiciaire sont tout à fait différents; c'est à la même institution politique qu'ils doivent l'un et l'autre une création distincte et une existence indépendante. Aussi, comme le tribunal civil, le tribunal administratif ne doit prononcer que sur des cas particuliers, et ne peut statuer par voie de dispositions générales et réglementaires.

Les tribunaux administratifs sont institués pour le bien de l'administration, c'est-à-dire en vue de l'intérêt général; ils rendent une justice plus rapide,

---

[1] *Traité du Domaine public*, t. I, p. 139.

plus efficace et moins coûteuse [1]. Une pareille destination répond suffisamment à ceux qui prétendent que la justice des tribunaux ordinaires suppléerait parfaitement à la justice des tribunaux administratifs. Admettre qu'il en fût ainsi, ce serait méconnaître cette vérité fondamentale, que l'administration, veillant aux intérêts généraux, c'est-à-dire la sécurité, la salubrité et l'utilité publiques, doit avoir une marche large, simple et rapide ; tandis que les tribunaux civils, chargés d'apprécier des intérêts privés qui n'exercent aucune influence sur l'ordre public, doivent au contraire procéder avec cette scrutation lente et cet accomplissement de formes qui conduisent à la découverte de la vérité et à la maturité du jugement.

De la différence même du caractère de ces deux juridictions il résulte :

1° Que les tribunaux administratifs peuvent et doivent, d'*office*, proclamer leur propre incompétence, et faire à la contestation dont ils sont saisis l'application de tous les moyens de droit que les parties oublient ou négligent ; on ne peut leur appliquer la maxime qui interdit de juger *ultra petita* [2] ;

2° Que la procédure devant ces tribunaux doit être simple, sans formalités rigoureuses, présentable sous la forme de mémoire par la partie elle-même, et non par l'intermédiaire d'un officier ministériel [3] ;

[1] Voyez les motifs de la loi du 29 floréal an x.

[2] C'est ainsi que procède le conseil d'État (D., II, 2ᵉ série, 572). Il doit en être de même de tous les tribunaux administratifs.

[3] La connaissance des lois a ses difficultés ; la plume et la parole d'un officier ministériel instruit devraient être admises.

3° Que les décisions, même en premier ressort, sont exécutoires par provision, sauf appel et sans y préjudicier [1].

Nous regrettons, du reste, avec M. Proudhon, que les conseils de préfecture ne soient pas généralement composés d'hommes instruits et de légistes distingués [2]. Nous voudrions aussi que l'on étendît à ces conseils l'application de l'ordonnance du 2 février 1831, relative à la publicité des audiences du conseil d'État. L'étude des lois et la connaissance des affaires et de la jurisprudence administratives y gagneraient nécessairement; les avocats, admis aux plaidoiries, joindraient à l'intelligence du droit civil celle du droit administratif, branche si importante de la science du jurisconsulte, et les décisions des tribunaux de premier ressort ne seraient pas si fréquemment portées devant le tribunal supérieur, au grand détriment de la fortune et de la tranquillité des plaideurs.

Les tribunaux administratifs ne peuvent statuer que dans l'intérêt *matériel* de la société; ils ne peuvent infliger de *peines corporelles*. Ils ont le droit, il est vrai, de condamner à l'amende au profit du Trésor, d'ordonner même la réparation du dommage causé à la *chose publique;* mais ils ne peuvent con-

---

[1] Nous verrons plus loin que le conseil d'État peut, s'il n'y a péril en la demeure, accorder un sursis pendant l'appel.

[2] M. Proudhon remarque que le législateur, par les lois des 8 mars 1810 et 7 juillet 1833, a reconnu et consacré un principe de suspicion légale dans les conseils de préfecture en renvoyant aux tribunaux la prononciation des expropriations forcées pour cause d'utilité publique, et en abrogeant par là le système fondé sur les lois du 28 pluviôse an viii et du 16 septembre 1807. (*Traité du Domaine public*, t. I, p. 154).

naître des voies de fait ni des actions intentées par
des particuliers qui réclament des réparations civiles [1]. Ainsi, un particulier se plaint qu'un entrepreneur de travaux publics lui a causé un dommage
par son fait personnel; il ajoute qu'il en a même été
maltraité : il se constitue donc partie civile, et réclame des dommages-intérêts tant à cause du dommage fait à sa propriété que des voies de fait exercées
sur sa personne. Le conseil de préfecture statue sur
le dommage réel, et renvoie devant les tribunaux
l'action purement personnelle en voies de fait et en
réparation du tort qu'elles ont causé.

Nous ferons observer ici que, suivant un arrêt de
la Cour de cassation du 13 juin 1811 (*Repert. de
Merlin,* au mot *Voirie,* n° 6), lorsqu'il y a contravention matérielle aux réglements de voirie, comme
pour dépôt de fumiers ou autres objets dans une
rue qui fait partie d'une grande route, tout ce qui
résulte de cette circonstance c'est qu'elle peut être
poursuivie soit pardevant le conseil de préfecture,
soit pardevant le tribunal de police, puisque l'un et
l'autre sont également institués pour en connaître;
seulement celui des deux tribunaux qui aurait été
le premier saisi devra seul statuer sur le fond de la
cause, selon la maxime *non bis in idem.*

La prescription, qui, aux termes de l'art. 640
du Code d'instruction criminelle, frappe l'action publique en matière de contravention, est également
opposable devant le conseil de préfecture saisi d'une
contravention de sa compétence. Supposons, par

---

[1] *Voyez* loi du 29 floréal an x, art. 114.

exemple, qu'un particulier ait construit une maison au bord d'une grande route et qu'il y ait eu dans son fait anticipation sur le sol public, mais qu'on ait négligé pendant plus d'un an d'en dresser procès-verbal et de le traduire au conseil de préfecture : dans ce cas on peut opposer la prescription. Mais, ne pouvant plus statuer sur la contravention, le conseil de préfecture pourra-t-il encore ordonner la démolition de l'édifice? Non, il ne peut ordonner la démolition qu'autant qu'il connaît et qu'il juge qu'il y a contravention ; mais dès que l'exception de prescription l'a dessaisi de la connaissance de celle-ci, il n'est plus compétent pour statuer sur celle-là. Cependant l'usurpation ne peut être consommée au préjudice du domaine public ; on ne peut lui opposer de prescription [1] : l'extinction de la peine, dont l'application appartient à l'administration contentieuse, n'éteint pas l'action que l'administration active exerce quand l'utilité publique l'exige, et dès-lors le préfet, organe de cette action, peut ordonner la démolition des ouvrages dont il s'agit.

[1] GARNIER pense que la prescription est opposable au domaine public comme à un particulier. ISAMBERT soutient, au contraire, que le domaine public est imprescriptible. PROUDHON admet, avec raison, la prescription à partir du jour seulement où le domaine public abandonne sa propriété comme n'étant plus d'utilité générale.

CHAPITRE IV.

DU CONSEIL D'ÉTAT.

Le conseil d'État est tout à la fois l'organe le plus
élevé de l'administration active et le tribunal suprême de l'administration. Sous ce double point de
vue, les attributions générales de ce conseil se divi-
sent en quatre branches spéciales, qui sont :

1° Un exercice de fonctions purement consultatives;

2° Une coopération à la haute tutelle administrative;

3° Le jugement, direct ou sur appel, en matière
de contentieux;

4° La décision des questions en matière gouvernementale.

§ Ier.

Fonctions consultatives.

Le conseil d'État est consulté par le Roi, et ses
comités par les ministres, sur tout projet de loi et
d'ordonnance portant règlement d'administration
publique [1]. — Il intervient dans certains actes de
haute administration, et prépare les ordonnances
qui ont pour objet la cession à l'État ou à une commune et la revente des maisons et bâtiments dont
il est nécessaire de faire démolir et d'enlever une

[1] Lois des 27 avril et 25 mai 1791, constitution du 22 frimaire an VIII,
arrêté du 5 nivôse suivant, ordonnances royales des 19 avril 1827 et 5 novembre 1828.

portion pour cause d'utilité publique [1]. Il règle les plans généraux des alignements pour l'ouverture et l'élargissement des rues dans les villes [2]. — Il autorise l'acquisition et la revente par l'administration des terrains cédés par un propriétaire qui, à l'occasion des alignements arrêtés, pouvant avoir la faculté de s'avancer sur la voie publique, refuse d'acquérir le terrain qu'on pourrait lui vendre et préfère céder sa propriété [3]; — de même les concessions de dessèchement de marais, les règlements qui fixent le genre et l'étendue des contributions nécessaires pour subvenir à l'entretien et à la garde des travaux de dessèchement, ainsi que la création d'une administration composée de propriétaires pour faire exécuter les travaux [4]. — Il connaît également des concessions pour l'exploitation, ainsi que des autorisations pour la vente ou pour le partage des mines; de même de la remise à titre d'encouragement ou de dédommagement de tout ou partie de la redevance proportionnelle des mines [5]. — Il connaît encore des abonnements pour la redevance proportionnelle sur les mines lorsque l'évaluation du revenu net donne une redevance au-dessus de 3,000 francs [6]. — Il est de même consulté sur le règlement de la proportion dans laquelle les maîtres de forge, en cas de concurrence, devront avoir droit à l'exploitation des minières ou à l'achat du minerai dans un même

[1] Loi du 16 septembre 1807.
[2] *Ibid.*, art. 52.
[3] *Ibid.*, art. 53.
[4] *Ibid.*, art. 5 et 26.
[5] Loi du 21 avril 1810, art. 5, 6, 7, 28 et 38.
[6] Décret du 6 mai 1811, art. 34.

fond : ce règlement doit être fait par le préfet, sauf recours au conseil d'État [1]; — sur la permission pour la formation des manufactures et ateliers insalubres de première classe; — sur la suppression de ces établissements antérieurs au décret, en cas de graves inconvénients [2]; — sur l'exposition dans les salles d'audience des portraits des magistrats qui se sont illustrés [3]; — sur l'établissement d'un conseil de prud'hommes dans les villes de fabriques où il est jugé convenable [4]; — sur la décision des contestations relatives au droit d'assistance à l'assemblée qui doit élire les membres des conseils de prud'hommes [5]; — sur la réforme des règlements universitaires et les décisions interprétatives de la loi qui peuvent être sollicitées par le conseil royal de l'instruction publique [6]; — sur la solution, par recours, des décisions du ministre des finances, quant à la question de savoir si par sa population une ville ou un bourg doit être sujet aux droits d'entrée ou s'il doit être rangé dans telle ou telle autre des classes déterminées par la loi du 25 novembre 1808 [7]; — et sur l'approbation du tarif des droits de pilotage dressé pour chaque port, et des règlements particuliers appropriés aux localités, relativement aux dispositions auxquelles les pilotes et les capitaines doivent être assujétis [8].

[1] Loi du 21 avril 1810, art. 64.
[2] Décret du 15 octobre 1810, art. 2 et 12.
[3] Décret du 6 juillet 1810, art. 78.
[4] Loi du 18 mars 1806, art. 34.
[5] Décrets des 20 juin et 27 septembre 1807.
[6] Décret du 17 mars 1808, art. 83.
[7] Décret du 21 décembre 1808, art. 8.
[8] Décret du 12 décembre 1806, art. 41.

§ II.

Fonction de haute tutelle administrative.

Le Roi, en conseil d'État, lorsqu'il s'agit des communes, des établissements publics et de certains établissements financiers et industriels, autorise les échanges d'immeubles avec l'État [1]; — la concession des lais et relais de la mer, des attérissements et alluvions des fleuves, rivières et torrents appartenant à l'État [2]; — les pensions sur les fonds généraux de l'État [3]; — la rectification des erreurs commises sur le grand-livre de la dette publique quant aux noms, prénoms et dates de naissances des créanciers de l'État [4]; — les autorisations nécessaires pour l'établissement des haras [5]; — l'emploi ou le placement à faire par les communes, hospices ou fabriques, des capitaux provenant de remboursement excédant 2,000 fr. [6]; — les baux à longues années des biens ruraux appartenant aux communes, hospices, établissements d'instruction publique [7]; — les acquisitions à faire par les départements, arrondissements et communes [8]; — l'acceptation des dispositions entre-

[1] Ordonnance royale du 12 décembre 1827.

[2] Loi du 16 septembre 1807, art. 41, et ordonnance du 23 septembre 1825.

[3] Ordonnance du 20 juin 1817.

[4] Arrêté du 27 frimaire an IX.

[5] Loi du 21 avril 1806.

[6] Décret du 16 juillet 1806.—Le placement en rentes sur l'État n'a pas besoin d'être autorisé (avis du conseil d'État du 21 décembre 1808 et décret du 16 juillet 1810).

[7] Arrêté du 7 germinal an IX.

[8] Décret du 15 avril 1811.

vifs ou testamentaires au profit de tout établissement
public et de toute association religieuse reconnue
par la loi [1]; — les transactions des communes
qui, après avoir été faites sur la délibération du
conseil municipal, sur la consultation de trois jurisconsultes, l'avis du conseil de préfecture et l'autorisation du préfet, doivent être homologuées en conseil d'État [2]; — les pensions sur les revenus des communes [3]; — les acquisitions de terrains nécessaires
aux communes pour l'établissement de nouveaux ci-
metières [4]; — le changement de mode de jouissance
des biens communaux partagés en vertu de la loi du
10 mai 1793 [5]; — l'aliénation des biens communaux
usurpés, aliénation qui ne peut être valablement
consommée qu'avec toutes les formalités prescrites
pour les propriétés communales [6]; —l'établissement à
Paris, sur le bord de la rivière, de fontaines, pompes
à bras et autres machines à distribuer l'eau [7]; — les
règlements ou l'établissement et l'organisation des
monts-de-piété [8]; — l'exécution des délibérations des
conseils ou commissions des établissements charitables concernant les budgets annuels, les projets de

[1] Code civil, art. 910. — *Voyez* aussi loi du 2 janvier, ordonnance
du 2 avril 1817, et décrets de janvier, mars, avril, mai, juin et juillet
1807.

[2] Arrêté du 21 frimaire an xii.

[3] Décret du 4 juin 1809.

[4] Décret du 12 juin 1804.

[5] Décret du 9 brumaire an xiii et avis du conseil d'État du 29 mai 1803.
— Les délibérations des conseils municipaux sur cette matière sont toujours portées directement au conseil de préfecture, mais elles sont soumises
de droit au conseil d'État.

[6] Ordonnance du 23 juin 1819.

[7] Décret du 2 février 1812.

[8] Décret du 24 messidor an xii, art. 7 et 14.

travaux autres que de simple entretien ; — les changements dans le mode de gestion des biens, les transactions, les procès à intenter ou à soutenir, les
emprunts, les placements de fonds, les acquisitions,
ventes et échanges d'immeubles, les comptes rendus soit par l'administration, soit par les receveurs; —
les acceptations de legs ou donations, et les pensions à accorder à d'anciens employés [1]; — la main-
levée des oppositions, et le consentement à la radiation ou réduction des inscriptions hypothécaires
prises au profit des hospices [2]; — l'exécution provisoire de la répartition des contributions locales à
imposer aux habitants, en cas d'insuffisance des revenus communaux, pour la célébration du culte,
lorsque la dépense excède la proportion déterminée
par la loi, et de même pour les travaux faits aux édifices du culte [3]; — l'érection de chapelles et oratoires
particuliers ou domestiques, à la ville ou à la cam-
pagne [4]; — l'établissement et l'approbation des statuts
de sociétés anonymes [5], — des tontines [6], — des
sociétés d'assurance [7]; — la coupe des bois de fu-
taies formant un majorat, lorsque leur étendue ne
permet pas l'aménagement [8]; — la manière de pourvoir aux travaux ou aux réparations considérables à
faire au fonds du majorat, en cas d'insuffisance des

[1] Ordonnance du 31 octobre 1821, art. 8 et 11.
[2] Décret du 11 thermidor an XII.
[3] Loi du 14 février 1810, art. 1 et 3.
[4] Décret du 22 décembre 1812, loi du 18 germinal an X.
[5] Code de commerce, art. 37.
[6] Avis du conseil d'État du 1er avril 1809.
[7] Décret du 15 octobre 1809.
[8] Décret du 4 mai 1809.

autres revenus du titulaire [1]; — les pensions sur les fonds de retenue [2].

Le ministre des finances rend compte au Roi, en conseil d'État, du montant des frais de régie des octrois des villes ayant plus de 20,000 francs de revenu, si ces octrois sont en régie, et des conditions, des baux, s'ils sont en ferme ou régie intéressée [3]. — Le conseil d'État connaît, sur le rapport du même ministre, des infractions aux lois et règlements qui régissent la Banque, et des contestations relatives à sa police et administration intérieure. Il prononce *définitivement* entre la Banque et les membres de son conseil général, ses agents ou employés, toute condamnation civile, y compris les dommages-intérêts, et même soit la destitution, soit la suspension des fonctions [4].

Le conseil d'État enfin, sur le recours dirigé contre les arrêtés des conseils de préfecture, autorise à plaider, s'il y a lieu, les communes [5], les sections de commune [6], les fabriques [7] et les hospices [8].

§ III.

Fonctions contentieuses.

Le conseil d'État fonctionne tout à la fois comme

[1] Décret du 1er mars 1808.
[2] Décret du 4 juillet 1806, ordonnance du 23 septembre 1814, art. 20.
[3] Décret du 21 brumaire an XIII.
[4] Loi du 22 avril 1806, art. 21.
[5] Loi du 28 ventôse an VIII.
[6] Arrêté du 24 germinal an II. — *Voyez* loi du 18 juillet 1837.
[7] Décret du 30 décembre 1809.
[8] Arrêté du 7 messidor an IX.

tribunal du premier et dernier ressort et comme tribunal d'appel.

Tribunal de premier et dernier ressort, il statue *directement* :

1° Sur la réclamation élevée contre les ordonnances royales lorsque ces ordonnances , n'étant pas des actes de haute administration seulement, lèsent seulement un intérêt privé, et dès-lors provoquent une réclamation personnelle qui prend le caractère de contentieux administratif [1];

2° Sur les contestations, comme on vient de le dire , qui existent entre la Banque et son personnel;

3° Sur toutes les contestations ou demandes relatives soit aux marchés avec les ministres , avec l'intendant de la maison du Roi , ou en leur nom , soit aux travaux ou fournitures faites pour le service de leurs départements respectifs, pour le service du Roi ou de ses maisons [2].

Tribunal d'appel, le conseil d'État connaît du recours contre les décisions des ministres, des préfets, des conseils de préfecture notamment, et des diverses commissions ou juridictions administratives exceptionnelles.

Remarquons du reste, à l'égard des ministres et des préfets, que leurs décisions sont inattaquables, comme on l'a déjà dit, lorsque ces fonctionnaires les ont prises en matière d'administration active et dans le cercle de leur compétence. Mais s'ils agis-

---

[1] Lois des 27 avril et 25 mai 1791, art. 15 et 17; constitution du 22 frimaire an viii, art. 52; arrêté du 5 nivôse suivant, art. 11.

[2] Décret du 11 juin 1806, art. 14.

sent hors de cette limite, il y a incompétence et *excès de pouvoir*, et dès-lors on peut attaquer leur décision au conseil d'État.

Ce conseil remplit les fonctions de Cour de cassation relativement aux arrêts de la Cour des comptes, et de Cour de révision relativement aux ordonnances royales et arrêts du conseil, contre lesquels il n'y a plus de recours légal [1].

§ IV.

Fonctions gouvernementales.

Le conseil d'État, organe suprème de l'administration, résout toutes les hautes questions auxquelles s'applique le droit public.

A ce titre lui appartiennent :

1° Le règlement des compétences entre l'autorité judiciaire et l'autorité administrative [2];

2° Le règlement des compétences des divers organes de l'administration active et contentieuse ;

3° La haute police administrative ;

4° L'exercice de la protection et de la surveillance générale sur les établissements religieux ;

5° Les jugements des prises maritimes;

6° Les naturalisations.

Nous pourrions ajouter à ces fonctions gouvernementales, à ces raisons d'État, celles qui autorisent les ministres, chacun dans leur département, à déférer, dans *l'intérêt de la loi,* les arrêtés des con-

---

[1] Règlement du 22 juillet 1806, art. 40.

[2] Nous en parlerons plus amplement dans notre 3e livre, en traitant du conflit.

scils de préfecture et des autres tribunaux administratifs qui en auraient fait une fausse application ou
qui l'auraient violée.

Il nous reste à donner quelques explications.

En matière de haute police administrative, le Roi,
en conseil d'État, accorde ou refuse l'autorisation
nécessaire pour la mise en jugement des fonctionnaires et agents du gouvernement. Quelques-uns de
ces agents peuvent être poursuivis sur la permission de
leurs chefs immédiats [1] ; et, quand cette permission
est refusée, on peut se pourvoir au conseil d'État.
— Le Roi, s'il le veut, fait examiner aussi la conduite d'un fonctionnaire inculpé : celui-ci peut être
entendu s'il le demande; il peut se défendre par
écrit, mais il ne peut imprimer de mémoire [2].

En matière religieuse, toute partie intéressée, et
le préfet d'office, peuvent recourir au conseil d'État
s'il est porté atteinte à l'exercice public [du culte et
à la liberté légale de ses ministres [3]. — Aucune
bulle, bref, etc., de la cour de Rome, lors même
qu'ils ne concernent qu'un particulier, ne peuvent
être imprimés, publiés, exécutés qu'avec l'autorisation du gouvernement [4]. Les décrets des synodes
étrangers, même ceux des conciles généraux, ne
peuvent être publiés en France qu'après examen.
Aucune partie du territoire ne peut être érigée en
cure, aucune aggrégation religieuse ne peut s'éta-

[1] *Voyez*, au 3e livre, ce que nous disons de la mise en jugement.
[2] *Voyez* décret du 11 juin 1806, et ordonnances des 29 juin 1814 et
20 septembre 1815.
[3] Loi du 18 germinal an x.
[4] *Ibid.*

blir sans l'autorisation du gouvernement [1]. Il en est de même de toute demande d'oratoires particuliers pour les hospices, prisons, écoles, et même pour un simple individu [2]. Il y a recours au conseil d'État dans les cas d'abus de la part des supérieurs et autres personnes ecclésiastiques [3]. Autorisation est nécessaire pour la publication et l'exécution des règlements projetés par les évêques, et pour l'acceptation des fondations, donations, legs faits aux cathédrales ou associations religieuses [4].

Des mesures analogues ont été prises relativement aux divers cultes chrétiens [5].

Il ne peut être établi de synagogues israélites qu'après autorisation donnée sur le rapport du ministre de l'intérieur [6].

En matière de naturalisation, le Roi, en conseil d'État, admet à la jouissance des droits de citoyen français l'étranger qui a rendu des services importants ou qui apporte en France des talents, une invention, une industrie utiles [7]. Il accorde des lettres de déclaration de naturalité dans les cas prévus par la loi [8].

Enfin il autorise les changements de nom [9].

JURISPRUDENCE.

Le conseil d'État, sur la demande de la partie intéressée, décide quel est celui des deux ministres qu'une affaire concerne lorsqu'il y a doute sur

[1] Décret du 22 juin 1804 et loi du 24 mai 1825. — [2] Décret du 22 décembre 1812. — [3] Loi du 18 germinal an x. — [4] Décret du 30 décembre 1809. — [5] *Voyez* loi du 18 germinal an x. — [6] Décret du 17 mars 1808. — [7] Acte du 26 vendémiaire an xi. — [8] Loi du 14 octobre 1814. — [9] Loi du 11 germinal an xi.

leurs attributions respectives et que les ministres saisis ont refusé d'en connaître (S., IV, 143). Il décide s'il y a conflit entre les deux ministres (*ib.*, 256).

Lorsque la décision attaquée est annulée pour cause d'incompétence et que la connaissance de la contestation appartient à une autorité ressortissant au conseil d'État, ce conseil doit, si la cause est en état, évoquer l'affaire et statuer au fond (D., II, 52 et 83). — Il n'a point à confirmer ou censurer des arrêtés de préfet et de conseil de préfecture, en matière de propriété, lorsque ces arrêtés ne sont pas attaqués (S., III, 218).

Le conseil d'État ordonne le sursis à l'exécution de la décision attaquée lorsque de cette exécution pourrait résulter un préjudice considérable pour le réclamant si elle était annulée (D., II, 580).

Les demandes nouvelles ne sont pas plus recevables devant le conseil d'État, juge en appel, qu'elles ne le sont en Cour royale (S., IV, 227).

Le Roi, en conseil d'État, interprète et détermine le sens et les effets d'un décret de la Convention nationale et d'un arrêté consulaire (M., V, 42). — Il déclare non avenu un arrêt de la Cour de cassation consacrant des principes d'ordre public contraires à ceux du gouvernement, et cette décision intervient sans qu'il ait été élevé de conflit (S., I, 175).

Une récusation spéciale aux membres d'un comité du conseil consulté sur une affaire particulière et contentieuse par un ministre appelé à rendre une décision [1] ne peut s'appliquer au conseil d'État dé-

---

[1] C'est le cas prévu par l'art. 3 de l'ordonnance du 12 mars 1831.

libérant en assemblée générale sur des questions soumises à son examen dans un intérêt public et sous la réserve de tous les droits privés (D., II, 2ᵉ série, 263).

Changement de nom. Les noms de famille sont une propriété; ceux qui les portent ont droit à s'opposer à ce que des tiers s'en emparent (S., III, 193, 202 et 265). On ne peut être autorisé à prendre le nom d'une commune si le maire s'y oppose en vertu d'une délibération du conseil municipal (,V, 513). Lorsqu'un individu usurpe un nom sans remplir les formalités légales [1], les tribunaux civils sont compétents pour en prononcer la suppression. (Arrêt de la 3ᵉ chambre de la Cour d'appel de Paris du 7 germinal an XII. — S., t. IV, part. II, p. 120).

Naturalisation. La déclaration de domicile faite conformément à la Constitution du 22 frimaire an VIII ne suffit pas pour obtenir des lettres de naturalisation; il faut encore l'autorisation de résider en France (D., IV., 2ᵉ série, 228).

Pension. Un fonctionnaire qui n'a pas le temps de service exigé ne peut demander une pension de re-

---

[1] Suivant la loi du 11 germinal an XI, la demande motivée est adressée au ministre de la justice, et le Roi prononce; s'il admet la demande, il rend une ordonnance qui n'a son exécution qu'après une année à compter du jour de son insertion au *Bulletin des lois*. Le droit n'est acquis aux impétrants qu'après ce délai (S., V, 134). Pendant l'année, toute personne intéressée peut présenter une requête au ministre de la justice pour obtenir la révocation de l'ordonnance (III, 381); et si l'opposition est fondée, il y a révocation, quoiqu'il ait été délivré un certificat de non opposition (IV, 416). Une décision du ministre qui refuse l'autorisation d'ajouter à tel nom celui d'un tiers n'est pas attaquable par la voie contentieuse (D., II, 2ᵉ série, 6). Une lettre de refus ne peut fonder un droit acquis au profit des tiers (M., VII, 374).

traite ni compter des services salariés seulement par l'autorité communale, ni alléguer des infirmités qu'il n'a pas contractées pendant l'exercice de ses fonctions publiques (D., II, 2ᵉ série, 536). L'arrêté du 15 floréal an XI déclare éteintes les pensions dont les arrérages n'ont pas été réclamés pendant trois ans. Cet arrêté s'applique à toutes les pensions à la charge de l'État, quelles que soient leur nature et leur origine (D., III, 2ᵉ série, 629). Les pensions des anciens donataires sont soumises à la même prescription (S., IV, 2ᵉ série, 203). La loi du 26 juillet 1821, en accordant la réversibilité au profit des enfants des donataires des pensions accordées pour indemnité de la perte d'une dotation, n'a pas entendu parler des enfants adoptifs (S., I, 2ᵉ série, 394). Un magistrat ne peut cumuler une rente accordée à titre de pension avec son traitement d'activité s'il n'est pas compris dans les exceptions nominatives de la loi du 15 mai 1848 (*ib.*, 479).

Lorsque le réclamant avait un droit acquis à la pension au moment où il a quitté l'administration, ses services ultérieurs dans d'autres administrations n'ont pu le lui faire perdre pour n'avoir pas d'abord réclamé (S., IV, 2ᵉ série, 467).

Les pensions de professeurs de déclamation au Conservatoire sont régies par l'ordonnance du 1ᵉʳ novembre 1814, relative à l'Académie royale de musique (*ib.*, 188).

Il n'y a pas de loi qui interdise le cumul d'une pension de retraite sur la caisse des retenues des employés de la ville de Paris avec un traitement d'activité sur les fonds du Trésor (*ib.*, 242). La pension d'un employé municipal devant être à la charge de la ville, cette pension ne peut lui être accordée lorsqu'elle n'est établie par aucun règlement particulier en faveur des employés municipaux (*ib.*, 501).

Les employés des finances notoirement devenus infirmes dans l'exercice de leurs fonctions peuvent obtenir exceptionnellement une pension sur la proposition de leur administration (*ib.*, 823); mais les justifications sont à leur charge (*ib.*, 370).

Dans la liquidation des pensions dues sur les fonds de retenue aux employés des administrations ressortissant du ministère de l'intérieur, les services militaires doivent être comptés comme tous les autres services rétribués par l'État (*ib.*, 200). Cette règle s'applique aux employés des administrations départementales et municipales (*ib.*, 399).

L'officier destitué, rétabli ensuite purement et simplement et sans aucun rappel de solde, ne peut demander qu'il lui soit tenu compte de sa solde pendant le temps qui a suivi sa destitution jusqu'à sa réintégration, ni que ce temps soit considéré comme service effectif pour le calcul de sa pension (*ib.*, 230).

La pension des anciens officiers de marine se règle sur le grade dont l'officier est titulaire (*ib.*, 848). L'art. 1ᵉʳ de la loi du 30 mars 1831 n'est point applicable à l'officier réformé postérieurement au 31 décembre 1817 (*ib.*, 572); et lorsque le réclamant avait des droits acquis, d'après la législation existante, on ne peut lui appliquer une nouvelle ordonnance (D., III, 2ᵉ série, 43 et 847).

Le droit de réversibilité de la veuve doit être réglé d'après la législation qui a servi de base à la liquidation de la pension de son mari (D., IV, 2ᵉ série, 166 et 681). La veuve d'un officier ne peut avoir droit à la pension lorsque son mariage est postérieur à la cessation du service (*ib.*, 271). La veuve d'un fonctionnaire qui a touché pendant plusieurs années, sans réclamation, les arrérages de sa pension de retraite ne peut contester les bases de sa liquidation (*ib.*, 733). La veuve qui a laissé écouler plus de trois années à compter du jour du décès de son mari sans réclamer la réversion de la pension dont il jouissait ne peut réclamer les arrérages antérieurs au premier jour du trimestre qui a suivi la concession de la pension de cette veuve (*ib.*, 589). Lorsque l'employé n'a pas réclamé en temps utile contre la fixation de sa pension et que cette pension se trouve irrévocablement fixée, sa veuve, qui a droit au tiers, n'est pas fondée à réclamer contre la liquidation (D., I., 2ᵉ série, 178). Pour que la veuve d'un employé obtienne une partie de la pension de son mari, il n'est pas nécessaire qu'il ait eu trente ans de service (S., V., 275).

La lettre d'un directeur général qui ne se réfère à aucune décision ministérielle spéciale ne peut être opposée comme décision définitive, contre laquelle la veuve aurait dû se pourvoir dans le délai (D., IV., 2ᵉ série, 502). Aux termes de l'ordonnance du 12 janvier 1825, les veuves des employés qui ont été pensionnés ne peuvent prétendre à la réversion qu'autant que la pension aurait été liquidée pour trente ans révolus de service (*ib.*, 850). La veuve d'un employé ne peut prétendre à la réversion d'une partie de la pension de son mari qu'autant qu'elle prouve qu'elle était mariée avant l'époque de la liquidation de la pension (*ib.*, 783).

L'employé qui invoque l'ordonnance du 25 novembre 1814 (art 9), portant qu'une pension peut être accordée pour accident et infirmités, n'a qu'un droit subordonné à l'arbitrage de l'administration; il n'est pas recevable à se pourvoir en la forme contentieuse (S., V, 571).

Le conseil d'État est juge d'appel des décisions rendues par les ministres en matière de pensions de retraite dues aux employés des ministères (*ib.*, 55).

CHAPITRE V.

DU MINISTRE.

Les ministres sont les agents immédiats du Roi, et ce chef de l'administration ne fonctionne, en quelque sorte, que sous leur impulsion. Ils sont les auteurs responsables des mesures administratives, dont il n'est que l'éditeur inviolable. Les actes de l'administration, c'est-à-dire *les ordonnances royales* et *les décisions ministérielles*, émanent donc essentiellement des attributions d'un ministre ou du ministère, et dès-lors nous devons en parler ici.

Les ordonnances royales sont :

1° Des règlements d'administration publique,

2° Des règlements *rendus dans la forme* des règlements d'administration publique.

I. Matière des règlements d'administration publique, administration générale [1]; — organisation de l'ordre judiciaire et accessoires [2]; — organisation de la force publique; — industrie et commerce [3]; — organisation des écoles et facultés [4]; — aggrégations religieuses [5]; — régime des prisons; — recouvrement des contributions indirectes [6]; — mesures

[1] Loi du 20 août 1790.

[2] Lois des 24 août 1790, 20 avril 1810, 18 mars 1806; Codes de procédure et de commerce.

[3] Loi du 23 germinal an xi.

[4] Lois des 21 germinal, 19 ventôse an xi et 22 ventôse an xii.

[5] Décret du 3 messidor an xii et loi du 24 mai 1825.

[6] Loi du 24 avril 1806.

relatives à l'exécution des lois sur les boissons [1]; — monnaies [2]; — régime des cours d'eau [3]; — roulage [4].

II. Matière des ordonnances rendues dans la forme des règlements d'administration publique, naturalisation des étrangers [5]; — autorisation de changer de nom [6]; — organisation de la Légion-d'Honneur [7]; — haras [8]; — cultes [9]; — réparation des églises [10]; — autorisation pour l'acceptation des fondations, donations ou legs faits aux églises [11]; — tarif des droits de navigation [12]; — tarif des bacs [13]; — approbation des droits de pesage, mesurage et jaugeage publics [14]; — établissement des ponts et tarif de la taxe à percevoir [15]; — taxes des lettres [16]; — déclaration d'utilité publique pour cause d'expropriation [17]; — concession de mines et de desséchement [18]; — permission d'établir des fourneaux, usines, etc. [19]; — formation de sociétés anonymes [20]; — autorisation d'exporter et d'importer [21]; — homologations de transactions entre des communes et des particuliers sur des droits de propriété [22]; — emploi de capitaux remboursés aux hospices, communes, fabriques, établissements publics [23]; — *id.*,

---

[1] Loi du 8 octobre 1824. — [2] Loi du 7 germinal an xi. — [3] Loi du 4 floréal an xi. — [4] Loi du 29 floréal an x. — [5] Sénatus-consulte du 26 vendémiaire an xi, loi du 14 octobre 1814. — [6] Loi du 21 germinal an xi. — [7] Loi du 29 floréal an x. — [8] Loi du 21 avril 1806. — [9] Loi du 18 germinal an x. — [10] Loi du 14 février 1810. — [11] Décret du 30 décembre 1809. — [12] Loi du 29 floréal an x. — [13] Budget du 14 floréal an x. — [14] Arrêté du 29 floréal an x. — [15] Loi du 17 juillet 1819. — [16] Loi du 14 floréal an xi. — [17] Loi du 16 septembre 1807. — [18] *Ibid.* — [19] Loi du 21 avril 1810. — [20] Code de commerce. — [21] Loi du 29 floréal an x. — [22] Arrêté du 22 frimaire an 12. — [23] Avis du conseil d'État du 21 décembre 1808.

quand il s'agit de plus de 2,000 francs [1]; — baux
à longues années de biens leur appartenant [2]; —
concession de pensions au compte des communes [3];
— acquisitions faites pour les départements, arrondissements, communes, même quand les fonds auraient été accordés au budget [4]; — autorisation
d'établir à Paris des fontaines, pompes, etc. [5]; —
demandes d'un nouveau mode de jouissance des
biens communaux [6]; — concession à bail pour plus
de neuf ans, des biens laissés en jouissance commune [7]; — homologation de projets dressés par
les hospices pour fixer la proportion de la jouissance à rendre aux fondateurs de lits dans ces établissements charitables [8]; — règlements relatifs aux
monts-de-piété [9]; — autorisation de toute association de la nature des tontines [10], — de sociétés d'as-
surances [11], — de comptoir d'escompte de la Banque [12]; — fixation des droits dus aux agents de change
et aux courtiers [13]; — homologation de tout statut
relatif au commerce de la boucherie dans Paris [14];
— permission nécessaire à la formation des ateliers
et manufactures insalubres de première classe [15]; —
rectification des erreurs de noms, de prénoms,
dates de naissances des créanciers de l'État sur le

[1] Décret du 16 juillet 1810. — [2] Arrêté du 7 germinal an ix. —
[3] Décret du 4 juin 1809. — [4] Décret du 5 avril 1811. — [5] Décret
du 2 février 1812. — [6] Avis du conseil d'État du 29 mai 1808. —
[7] Ordonnance du 7 octobre 1818. — [8] Arrêté du 23 fructidor an xi. —
[9] Décret du 24 messidor an xii. — [10] Avis du conseil d'État du 1er avril
1809. — [11] Avis du conseil d'État du 15 octobre 1809. — [12] Décret du
18 mai 1803. — [13] Quarante-cinq arrêtés du 17 messidor an ix au 27 ventôse an x. — [14] Arrêté du 8 vendémiaire an xi. — [15] Décret du 15 octobre 1810.

grand-livre de la dette publique ou sur celui de la dette viagère [1].

Les *décisions ministérielles* interviennent en matière d'administration active et en matière d'administration contentieuse. Dans le premier cas, elles ne peuvent être attaquées par la voie contentieuse au conseil d'État. Ainsi, lorsqu'un ministre prononce une destitution, règle l'ordre des travaux de son département, refuse d'allouer une indemnité ou prescrit une mesure d'exécution, la partie intéressée n'a d'autre recours que la demande en révision devant le même ministre ou la voie de supplique au Roi.

En matière contentieuse, au contraire, le recours au conseil d'État est admis contre les décisions ministérielles. Ainsi, lorsqu'un ministre a prononcé sur une matière de sa compétence; par exemple : 1° sur les difficultés qui s'élèvent à l'occasion des marchés de fournitures et de travaux publics; 2° sur les matières de liquidation qui lui sont attribuées par les lois; 3° sur les questions de comptabilité, de décompte du prix des ventes de biens nationaux, de déchéances de pensions; 4° sur les réclamations de pensions militaires; 5° sur la fixation définitive de la population d'une localité, conformément à la loi du 25 novembre 1808 sur les boissons. — Dans tous ces cas, les décisions ministérielles, rendues même sous la forme de *lettres,* peuvent être attaquées devant le conseil d'État, parce que ces décisions auraient, après due signification, la force et les effets des jugements.

---

[1] Arrêté du 27 frimaire an xi.

Mais les ministres ont-ils une juridiction contentieuse?

Un ministre du Roi n'a pas de juridiction proprement dite : il est administrateur et ordonnateur
dans son département, soit qu'il ordonne le paiement d'une créance réclamée, soit qu'il refuse de
l'ordonnancer; il ne rend pas de jugement [1].

Les plus graves autorités ne sont pas d'accord sur
ce point. Selon M. de Cormenin, les ministres connaissent en première instance, sauf appel au conseil
d'État, de toutes les contestations énoncées dans
l'art. 14 du décret du 11 juin 1806 [2]. M. Macarel
répond à cela que ce décret ne dit pas que le conseil d'État connaîtra, *sur appel,* de ces contestations,
quoiqu'il puisse en être saisi par voie de recours;
qu'il est contre les règles de l'équité et du droit
commun que les ministres puissent être aussi évidemment juges et parties dans leur propre cause. Il
en conclut que tout ce qui se passe devant le ministre
n'est qu'une tentative de conciliation [3], et que l'action contentieuse ne commence qu'après le refus
du ministre d'accueillir la demande en paiement. La
dernière conséquence de ce principe, admise du
reste par M. Macarel, c'est que l'on ne serait pas
déchu de tout recours s'il n'était formé dans les
trois mois de la signification de la décision ministérielle. La jurisprudence est contraire à cette opinion [4].

---

[1] Expressions d'un ministre citées par M. MACAREL, *Des Tribunaux administratifs*, p. 534.

[2] *Questions de Droit administratif,* t. II, p. 467, 2e édition.

[3] *Des Tribunaux administratifs*, p. 533.

[4] *Voyez* l'avis du conseil d'État du 20 juillet 1808, qui rend le ministre

Les décisions ministérielles n'ont souvent d'autre objet que de donner des instructions ou de commander des actes de simple gestion.

Quand elles ne sont que des *instructions*, elles sont inattaquables et elles laissent intact le fonds du droit [1]; quand elles commandent un acte de gestion, elles ont le caractère d'une mesure administrative seulement. Ainsi le ministre des finances rend, sur la demande de l'administration domaniale, une décision par laquelle il prononce que des ajudicataires de coupe de bois paieront un excédant de mesure reconnue [2] : voilà un acte *d'administration d'économie*; il refuse de reconnaître un droit de propriété au profit d'une commune sur des biens qui sont dans la main du gouvernement [3] : voilà un acte *de régie domaniale*.

Toutes ces instructions, tous ces actes, de même que les décisions que ce ministre rend en matières de douanes [4] et de contributions indirectes [5], n'enlèvent pas à la partie intéressée le droit de porter son action devant les tribunaux. Mais, par cela même aussi, ces mesures administratives sont inattaquables devant le conseil d'État [6].

---

des finances juge de toutes les questions de comptabilité des préposés de l'administration.

[1] S., III, 165, 338 et 343.

[2] S., V, 36.

[3] S., V, 259.

[4] S., IV, 88.

[5] Décret du 17 janvier 1814.

[6] Cependant le conseil d'État a rejeté la demande en confirmation d'un arrêté de l'administration des domaines annulé par une décision du ministre des finances, et il l'a rejetée par le motif que le recours aurait dû être dirigé contre cette décision (S., V, 471). Quand donc une décision de ce

Le ministre est l'organe de *la justice gracieuse*, de cette royale juridiction qui accorde une faveur personnelle, une faveur équitable que le droit positif ne saurait justifier. Réclame-t-on un changement de nom, la suppression de celui qu'un tiers a indûment obtenu [1], un objet confisqué [2], une pension alimentaire comme veuve de fonctionnaire [3], le paicment de fournitures faites à l'armée française par un étranger [4]?

Dans tous ces cas et autres analogues, il faut s'adresser au ministre compétent, et les ordonnances royales qui interviennent ne peuvent être attaquées au conseil d'État [5].

L'autorité ministérielle a des limites qui lui sont propres. Le ministre de l'intérieur, par exemple, est compétent pour ordonner la suppression d'ouvrages exécutés contrairement à des ordonnances royales qui fixent l'état d'une usine; mais, en même temps, il ne saurait prendre des mesures qui modifiassent ces ordonnances [6].

Nul ministre ne peut, en matière de tutelle administrative, exercer les actions des départements, des communes, des établissements publics; il ne peut même les autoriser à plaider, acquérir, aliéner. De même, en matière contentieuse, un ministre ne peut

ministre est-elle une simple instruction? Probablement quand elle n'est qu'une disposition générale. Dans l'espèce, il s'agissait d'un litige particulier.

[1] S., III, 381.
[2] S., III, 486.
[3] S., V, 394.
[4] S., V, 428.
[5] S., III, 343; D., II; III, 226 et 701.
[6] D., IV, 2ᵉ série, 275.

usurper les fonctions des conseils de préfecture et des commissions spéciales. Il ne peut même réformer ses propres décisions dès qu'elles ont acquis des droits à des tiers [1].

JURISPRUDENCE.

§ Ier.

Ordonnances d'administration publique et de haute administration.

Ces ordonnances ne peuvent être attaquées au conseil d'État, section du contentieux (S., I, 199). De là l'ordonnance qui établit un imprimeur dans une localité est inattaquable (D. IV, 2ᵉ série, 193). Un décret de confiscation par suite du système continental est un acte de haute administration, et par cela même inattaquable par la voie contentieuse (*ib.*, 50). Les actes de haute administration qui ont le caractère de *contrat* ou de *jugement* plutôt que de mesure administrative sont irrévocables (S., V, 470); de même, quand ils ont le caractère de *dons personnels*, de remise de biens faite comme libéralité (*ib.*, 499); de même les décisions gouvernementales [2] (S., IV, 43).

Une ordonnance royale qui autorise à construire une digue sur une rivière non navigable peut être frappée d'opposition par un tiers et annulée au conseil d'État (S., III, 259). Une ordonnance concernant des usines sur les cours d'eau qui ne sont ni

[1] *Voyez* M. DE GERANDO, *Inst. du Droit administratif*, t. I, p. 136.
[2] Ces décisions sont réputées contradictoires avec le demandeur (S., III, 162 et 236); ce dernier ne peut que s'adresser au Roi dans la forme de l'art. 40 du règlement du 22 juillet 1806 (S., IV, 43).

navigables ni flottables n'est qu'un règlement de police rendu, sauf les droits des tiers ; ce qui, dès-lors, ne fait point obstacle à ce qu'il soit statué par les tribunaux sur les questions de propriété et de servitude élevées par les parties intéressées (D., IV, 2° série, 606). Si elle porte concession de marais à dessécher, elle est *spéciale*, non d'administration publique ; elle est passible de tierce-opposition (S., V, 266).

Une ordonnance royale intervenue sur une question contentieuse d'après une instruction faite en première instance devant le ministre des finances peut être déférée dans le délai de droit au conseil d'État par la voie d'opposition, comme l'eût été une décision rendue par le ministre sur la même question [1] (M., IX, 505). Au contraire, on ne peut attaquer une ordonnance quand elle intervient, en matière d'administration active, après les formalités requises ; par exemple, quand elle autorise un atelier insalubre de première classe (M., VI, 669). Lorsqu'une ordonnance a été rendue entre un particulier et un département défendu par le ministre, elle peut être frappée d'opposition par le préfet, car le département n'est pas représenté par le ministre (D., IV, 2° série, 417).

La *révision* n'est point admissible, en vertu de l'ar-

---

[1] Selon la note de *l'Arrétiste*, cette règle n'est pas généralement admise dans toutes les matières, et il cite l'ordonnance relative aux hospices de Louviers. Ces deux espèces sont fort différentes. Dans l'espèce des hospices de Louviers, l'ordonnance avait été rendue *contradictoirement* ; le recours ne fut point admis. Dans l'espèce que nous indiquons, au contraire, l'ordonnance avait été rendue en l'*absence* de la partie intéressée ; le recours fut admis.

ticle 40 du règlement du 22 juillet 1806, contre une ordonnance royale rendue par la voie contentieuse (M., V, 251).

L'interprétation appartient au conseil d'État et non aux tribunaux civils (M., X, 444).

§ II.

Décisions ministérielles.

I. *Administratif.* Une décision autorisant le domaine à disposer d'un terrain délaissé par un fleuve est une mesure d'administration publique et domaniale ; elle n'est exécutable qu'autant que la propriété n'est pas contestée (S., I, 209). Lorsque deux particuliers se prétendent entrepreneurs d'un établissement à la disposition du ministre, celui-ci peut déterminer quel est celui des deux qu'il entend reconnaître, et ordonner l'expulsion de l'autre, sauf son recours devant les tribunaux quant à l'intérêt social (S., III, 78). Un ministre n'a pas qualité pour décider la question de comptabilité d'un de ses agents comptables ; la commission d'examen qu'il nomme n'a de même aucun caractère de justice administrative : toute l'opération n'est qu'un règlement d'économie intérieure opérant présomption propre à autoriser des mesures conservatoires (S., V, 261). Le ministre des finances peut se refuser à l'exécution de tout jugement dont les dispositions sont contraires à la législation de la dette publique (S., II, 174). Un ministre ne peut réformer les décisions des conseils de préfecture '

' Une lettre ministérielle contenant des observations sur la délibération (*ibid.*, 3). La décision du ministre des finances, en matière de fiscalité, n'est qu'un *avis;* il ne peut être attaqué; il suffit aux parties lésées de se pourvoir devant les tribunaux par voie d'opposition aux contraintes (S., I, 64; III, 16). Il en est de même des décisions du ministre du commerce quant à la perception des droits de douane (III, 255).

Recours. La partie lésée par une décision ministérielle purement administrative ne peut s'adresser qu'au ministre qui l'a rendue (M., VI, 514).

L'interprétation d'une pareille décision n'appartient pas au préfet (*ibid*).

II. *Contentieux.* Le ministre de l'intérieur juge en première instance toute demande relative à la liquidation des comptes d'un entrepreneur de pont et la demande de ce dernier pour annulation d'adjudication et indemnité (S., IV, 17). Le ministre des finances, en matière de liquidation de dette publique, doit statuer sur la décision de la commission avant qu'elle soit déférée au conseil d'État (*ibid.*, 38). Il statue aussi sur la responsabilité d'un receveur général (III, 24), et sur l'indemnité due à ce receveur lorsqu'il n'est qu'intérimaire, vu qu'aucun règlement ne lui alloue les émoluments de la recette (IV, 26). Il prend tous arrêtés nécessaires et exécutoires par provision contre les comptables, entrepreneurs, fournisseurs, commissionnaires ou agents quelconque en débet (D., III, 2ᵉ série, 159). Il statue aussi sur les réclamations des créanciers de l'ancienne liste civile, sauf recours au conseil d'É-

du conseil général de département n'est pas une décision susceptible de recours (D., II, 2ᵉ série, 323).

tat (D., IV, 2ᵉ série, 607, 793). Le ministre de la
guerre juge aussi en premier ressort quelle est l'é-
tendue de la responsabilité d'un garde-magasin (S.,
III, 80); il connaît de la dette d'un entrepreneur
général (*ibid.*, 250), et du déficit de l'employé aux
vivres qui n'a pas pris de mesure pour fournir au
gouvernement le moyen d'exercer un recours utile
contre les dilapidateurs (*ibid.*, 17). Ce ministre est
de même compétent pour connaître en premier ressort de la contestation relative au dommage résultant de la prohibition de bâtir (loi du 17 juillet
1819) dans le rayon des servitudes militaires (D.,
II, 2ᵉ série, 311).

Une décision rendue par le Roi sur le rapport
d'un ministre et sur la délibération du conseil des
ministres est de sa nature une décision de justice
ministérielle. Le recours doit être exercé dans le
délai de droit, à peine de déchéance (S., V, 206).

Recours. Des traités ou des actes diplomatiques
ne peuvent donner lieu à un recours par la voie contentieuse à raison des droits que l'on prétendrait
avoir été négligés ou abandonnés par les traités au
préjudice des fournisseurs français (D., IV, 2ᵉ série,
812). Les décisions contentieuses des ministres sont
susceptibles de recours, dans le délai de droit [1], à
compter du jour où la partie lésée a eu connaissance
non contestée de la décision (S., V, 187). Il suffit
d'une simple notification administrative (*ibid,* 474),
d'un simple accusé de réception dans une lettre
écrite au ministre (M., IX, 498). Les ministres
n'ont pas besoin d'employer le ministère des huis-

---

[1] *Voyez* ci-après, liv. ii, *De la Procédure.*

siers (D., II, 2° série, 289). Cependant une décision du ministre de la guerre approbative de la décision du comité de révision n'est pas suffisamment notifiée par une publication collective au son du tambour (D., IV, 2ᵉ série, 105).

On ne peut attaquer une décision ministérielle qui n'est pas définitive (D., IV, 2ᵉ série, 317). Une lettre par laquelle un ministre déclare se référer à une première décision ne forme pas une décision nouvelle qui puisse donner lieu à un recours et empêcher la déchéance quant à la première (S., V, 451 et 474). Le ministre doit prouver qu'il y a une première décision régulièrement signifiée (M., IX, 171). Lorsque la décision attaquée ne constitue qu'une mesure d'exécution de la décision précédente, elle n'est pas susceptible de recours (M., VII, 444); — de même si elle est rendue sur la même demande et par les mêmes motifs que les décisions antérieures (*ibid*, 445).

Nota. Le ministre de l'intérieur peut se pourvoir, dans l'intérêt des droits de l'administration, contre les décisions des conseils de préfecture (M., V, 849). Les ministres sont recevables à former tierce-opposition à un arrêté du conseil de préfecture dans lequel ils n'ont été partie et qui lèse les intérêts dont la défense leur est confiée (S., V, 561). Lorsqu'un ministre se pourvoit au conseil d'État contre un arrêté rendu par un conseil de préfecture entre lui ministre et un entrepreneur de travaux publics, celui-ci ne peut opposer comme un acquiesment du ministre la signification de l'arrêté faite à la requête du préfet (D., II, 2ᵉ série, 597). La loi du 27 avril 1838, relative à l'asséchement et à l'exploitation des mines, donne certaines attributions au ministre.

CHAPITRE VI.

DU PRÉFET.

Le préfet est l'agent de tous les ministres. Il est seul chargé par la loi du 28 pluviôse an viii de l'administration du département. Agent primaire de la haute administration, il prononce seul, sauf recours au ministre de l'intérieur et au conseil d'État, comité de l'intérieur, sur toutes les matières qui ne sont pas contentieuses. Il agit seul ou en conseil de préfecture; mais, dans ce dernier cas, le conseil de préfecture n'a que voix consultative. Il manifeste son action par des actes qui portent le nom d'*arrêtés*.

§ Ier.

Compétence du préfet seul.

Il surveille : 1° le bon entretien des routes et l'exécution des travaux à faire aux ponts, chaussées, rivières navigables [1]; — 2° les maisons de justice et les prisons [2]; — 3° les établissements d'instruction publique [3]; — 4° l'exécution des obligations imposées aux juges de paix, maires et commissaires de police pour la recherche des marchandises soustraites aux douanes quand il n'y a pas de bureaux [4];

[1] Décrets du 13 fructidor an xiii et 16 décembre 1811. Code d'instruction criminelle. — [2] Loi du 11 floréal an x, décret du 15 novembre 1811, ordonnance du 28 février 1816. — [3] Loi du 28 avril 1816.

— 5° l'exploitation des carrières par galeries souterraines [1]; — 6° les opérations relatives à l'administration et à la vente des domaines de l'État [2]; — 7° les opérations de l'administration forestière [3]; — 8° la perception et l'emploi des deniers publics [4].

Il procède au décompte des domaines nationaux [5]; — à l'adjudication des travaux de toute espèce [6]; — à l'enregistrement, publication et affiche des demandes en concession de mines, et des oppositions, etc. [7]; — à la confection et publication de la liste des médecins, chirurgiens, officiers de santé, pharmaciens, sages-femmes [8]; — à l'enregistrement et affiche des demandes en permission pour l'établissement des fourneaux, forges et usines, sur lesquelles demandes et oppositions y formées il donne son avis [9].

Il ordonne et fait exécuter le paiement des dépenses assignées au département sur les fonds y affectés [10]; — les travaux à faire aux cathédrales, séminaires, palais épiscopaux [11]; — délivre des mandats pour le paiement des dépenses relatives aux prisons et aux dépôts de mendicité [12] et pour le paiement des travaux de routes [13]. — Il ne peut dépenser au-delà de l'allocation [14], et il doit adresser au ministre les états de paiement avec des rapports sur chaque chapitre [15].

— [1] Loi du 21 avril 1810. — [2] Lois des 15 floréal an x, 11 pluviôse an xii, 5 décembre 1814, ordonnance du 1er avril 1821. — [3] Loi du 21 mai 1827. — [4] Arrêté du 17 frimaire an ix. — [5] Loi du 12 mars 1830, art. 3. — [6] Décret du 19 ventôse an xi. — [7] Loi du 21 avril 1810. — [8] Lois des 19 ventôse et 21 germinal an xi. — [9] Loi du 21 avril 1810. — [10] Arrêté du 25 vendémiaire et 13 brumaire an x. — [11] Décret du 30 décembre 1809. — [12] Arrêté de vendémiaire an x. — [13] Décret du 16 décembre 1811. — [14] Arrêté du 27 germinal an xii. — [15] Arrêté du 13 brumaire an x.

Il exerce en son nom les actions de l'État, et aucune action ne peut être exercée contre l'État en la personne de son agent, le préfet, sans qu'au préalable le demandeur n'ait remis à ce dernier un mémoire explicatif et produit les pièces justificatives [1]; — il adresse au ministère public les mémoires contenant les moyens de l'État [2].

Il a une autorité de tutelle sur l'administration municipale [3]; — il peut d'office, ou sur la plainte d'un citoyen, en annuler les actes [4]; — il en approuve les mesures et les rend exécutoires [5]; — il règle le budget des communes d'un revenu inférieur à 30,000 francs [6]; — il vérifie et arrête, sur l'avis du sous-préfet, les comptes de gestion des maires [7]; — en cas d'insuffisance des revenus municipaux, il autorise le maire à convoquer à ce sujet le conseil municipal [8]; — il approuve les délibérations de ce conseil relatives à l'administration des biens et à des travaux communaux lorsque le revenu ne s'élève pas à 10,000 francs [9]; — il examine les demandes relatives aux réparations d'églises et presbytères, et accorde ou refuse l'autorisation [10]; — de même quant aux réparations à faire aux sources d'eau minérale dont les communes sont propriétaires [11]; — il intervient dans toutes les circonstances où il s'agit

---

[1] Lois du 5 novembre 1790, tit. III, art. 15, du 19 nivôse an IV, et avis du conseil d'État des 24 mars 1812 et 28 août 1823. L'inobservation de cette formalité aurait l'effet d'une nullité de procédure. — [2] Arrêté du 10 thermidor an IV. — [3] Loi du 14 décembre 1789. — [4] *Ibid.* et instruction du 4 août 1790. — [5] *Ibid.* — [6] Ordonnance du 16 mars 1816. — [7] Loi du 14 décembre 1789. — [8] Loi du 15 mai 1818. — [9] Ordonnance du 8 août 1821. — [10] Décret du 30 décembre 1809. — [11] Arrêté du 6 nivôse an XI.

des intérêts des hospices et des bureaux de bienfaisance [1].

Il a une autorité de commandement sur la police des cultes [2]; — sur l'établissement des spectacles [3]; — sur l'établissement des manufactures insalubres de deuxième classe [4]; — sur l'exploitation des minerais de fer d'alluvion [5]; — sur les demandes en décharge ou réduction de contributious directes [6]; — il règle les frais faits à l'occasion d'un divertissement de deniers à la charge du percepteur [7]; — il règle la répartition et sous-répartition de la contribution des portes et fenêtres [8]; — il opère relativement à l'assiette des patentes [9], et au montant de la taxe annuelle sur les patentes, nécessaire à l'entretien des bourses de commerce [10].

Il fait rechercher et reconnaître les anciennes limites des chemins vicinaux, et fixe leur largeur d'après cette reconnaissance [11]. — Il doit, avant de fixer la longueur et la largeur des chemins vicinaux, consulter dans chaque commune le conseil municipal, et faire constater avec soin, par des enquêtes administratives, la position des lieux, la fréquence des passages, les intérêts de la commune, les réclamations des riverains, la nature, la quantité et la mesure des transports [12]. — Il reconnaît, sur la dé-

[1] Lois des 16 messidor an VII, 4 ventôse an IX, décret du 12 août 1807 et ordonnance du 31 octobre 1821. — [2] Loi du 18 germinal an X. — [3] Décret du 8 juin 1806. — [4] Décret du 15 octobre 1810, ordonnance du 14 janvier 1815. — [5] Loi du 21 avril 1818. — [6] Arrêté du 24 floréal an VIII. — [7] Loi du 17 brumaire an V. — [8] Lois du 13 floréal an X et 15 mai 1818. — [9] Loi du 15 mai 1818. — [10] Loi du 28 ventôse an IX. — [11] Lois du 9 ventôse an XIII et du 21 mai 1886. — [12] *Voyez* la circulaire du ministre de l'intérieur, du 7 prairial an XIII, dont la fidèle

libération du conseil municipal, les chemins nécessaires à la communication des communes [1]. — Il
fixe la hauteur des eaux et l'élévation du déversoir
des moulins et usines [2]. — Il prépare, en matière
d'usines, les règlements d'eau, qui ne peuvent être
définitivement autorisés que par le Roi [3]. — Il indique les localités sur lesquelles les travaux pour
cause d'utilité publique doivent être faits [4]. — Il règle le tarif du prix des eaux minérales [5]. — Il dresse
la liste des électeurs, du jury, des notables commerçants. — Il fait des règlements pour appliquer les
dispositions du décret du 23 juin 1806 sur le poids
des voitures à celles qui sont employées à l'exploitation des carrières et des forêts [6]. — Il peut suspendre momentanément le roulage pendant le dégel [7]. — Il a de nombreuses attributions en matière de
desséchement de marais qui sont déterminées par
la loi du 16 septembre 1807 ; — de même en matière de police sanitaire locale, ainsi qu'il résulte de
l'ordonnance du 7 août 1822. — Il rend exécutoire
les rôles des contributions directes [8], et de répartition de sommes nécessaires au paiement des
travaux d'entretien des rivières et canaux, après en
avoir surveillé la confection [9]. — Quant au rôle des
patentes et au tableau qu'il dresse des commerçants,
nous renvoyons à la loi du 1ᵉʳ brumaire an VII et à
l'arrêté du 15 fructidor an VIII.

exécution, dit M. DE CORMENIN, aurait coupé dans leur racine une multitude de procès. — [1] Lois des 28 juillet 1825 et 21 mai 1836. — [2] Loi
du 6 octobre 1791. — [3] Lois des 20 août 1790 et 6 octobre 1791. —
[4] Loi du 8 mars 1810. — [5] Arrêté du 6 nivôse an XI. — [6] Décret du
23 juin 1806. — [7] Loi du 29 floréal an X. — [8] Arrêté du 16 thermidor
an VIII. — [9] Loi du 14 floréal an XI.

Il prononce sur les difficultés qui peuvent s'élever sur le remplacement des matériaux enlevés par la fouille du salpêtre ; sur les contestations relatives aux courses de chevaux ou à l'occasion des primes [2]; sur les réclamations des propriétaires relatives aux points sur lesquels doivent avoir lieu les travaux d'utilité publique [3]. Il ne doit pas connaître de celles qui ne porteraient que sur le prix des fonds à céder. — Il statue sur le recours contre la décision provisoire du sous-préfet en matière de grande voirie [4], — sur l'opposition mise par le conservateur des forêts au défrichement d'un bois [5], — sur le choix des gardes forestiers en cas de dissentiment [6].

Il nomme provisoirement un sous-préfet [7]; il nomme et peut, en certains cas, suspendre de leurs fonctions les maires et les membres des conseils municipaux [8]; il nomme des conseillers de fabrique [9]; une commission pour assister aux adjudications et réceptions de travaux à faire et faits aux routes départementales [10]; les syndics de desséchements [11]; les experts et tiers experts en cette matière [12]; une personne de l'art pour estimer un terrain à réunir au domaine militaire, dans l'intérêt de la défense des places [13]; les médecins, chirurgiens, pharmaciens, agents comptables des hospices, sur la candidature présentée par les commissions administratives [14];

---

[1] Décret du 5 juin 1793. — [2] Décret du 4 juillet 1806. — [3] Loi du 8 mars 1810. — [4] Loi du 29 floréal an x. — [5] Ordonnance du 1er août 1827. — [6] Code forestier, art. 95. — [7] Arrêté du 17 ventôse an viii. — [8] Lois des 28 pluviôse, 19 fructidor an viii et 19 floréal an x. — [9] — Décret du 30 décembre 1809. — [10] Décret du 16 décembre 1811. — [11] Loi du 16 septembre 1807. — [12] *Ibid.* — [13] Ordonnance du 1er août 1821.— [14] Ordonnance du 31 octobre 1831.

et les quatre pharmaciens adjoints au jury de médecine, pour la réception des pharmaciens [1].

Il provoque près des ministres les décisions réservées à la haute administration. Il défère au conseil de préfecture les questions contentieuses, demande le renvoi devant l'autorité administrative d'une affaire portée devant les tribunaux [2], et élève un conflit si le déclinatoire est rejeté [3].

§ II.

Compétence du préfet en conseil de préfecture [4].

Le préfet approuve, rejette ou modifie la demande des conseils municipaux relative à un nouveau mode de jouissance des biens communaux [5]; il autorise les acquisitions, aliénations, échanges et travaux pour l'établissement de chemins communaux lorsque la valeur n'excède pas 3,000 francs; il règle aussi dans quelle proportion les biens de l'État et de la couronne contribuent aux dépenses et entretien des chemins [6]. — Il règle, lorsque le chemin intéresse plusieurs communes, les intérêts sur lesquels ces communes sont divisées et la dépense que chacune doit en supporter [7]. — Il arrête les comptes des receveurs des hospices et établissements de charité [8]. — Il ouvre les soumissions cachetées déposées pour l'adjudication des travaux publics, et dé

---

[1] Loi du 21 germinal an xi. — [2] Ordonnance du 2 juin 1828. — [3] Arrêté du 13 brumaire an x et ordonnance du 1er juin 1828. — [4] Le conseil de préfecture, comme il a déjà été dit, n'a que voix consultative. — [5] Décret du 9 brumaire an xiii et avis du conseil d'État du 7 mai 1808. — [6] Loi du 28 juillet 1824. — [7] *Ibid.* et loi du 21 mai 1836. — [8] Ordonnances des 21 mars 1816 et 21 mai 1817.

clare celle à laquelle il accorde la préférence [1]. — Il prononce sur les réclamations concernant le cadastre [2]. — Il statue préalablement sur les réclamations des débitants de boisson relativement à la fixation de leur abonnement [3]; — sur les contestations relatives aux octrois [4]; — sur celles qui s'élèvent dans l'exécution ou l'interprétation de l'arrêté du 10 thermidor an XI, relatif aux droits établis, en faveur des pauvres et des hospices, sur les spectacles et fêtes publiques [5]; — sur les réclamations formées relativement à l'inscription ou à l'omission sur les listes électorales [6]; — sur l'admissibilité au tableau des électeurs municipaux [7]; — sur la nullité des délibérations des conseils municipaux portant sur des objets étrangers à leurs attributions ou prises hors de leur réunion légale [8]; — et sur les réclamations concernant la liste des jurés [9].

Observation. Le département de la Seine a deux préfets. Le préfet du département conserve les attributions qui ne sont pas déférées par la loi au préfet de police.

Dans les attributions de ce dernier sont les passeports, permis de séjour, ports d'armes, mendicité, vagabondage, police de l'imprimerie, de la librairie, des hôtels garnis, des prisons, des lieux publics. — Il est chargé de dissiper les attroupements, de surveiller la vente des poudres et salpêtres, de re-

[1] Décret du 19 ventôse an XI. — [2] Loi de finances du 15 septembre 1807, tit. X, art. 26. — [3] Loi du 28 avril 1816; S., III, 537. — 4 Décret du 17 mai 1809. — 4 Arrêté du 10 thermidor an XI, art. 3. — 5 Loi du 19 avril 1831, art. 24 et 25. — 7 Loi du 21 mars 1831, art. 36. — 8 *Id.*, art. 28 et 29. — 9 Lois des 2 mai 1827 et 2 juillet 1828.

chercher les déserteurs. — La police municipale, la voirie de Paris, toute la grande voirie et la salubrité de cette ville lui sont confiées.

Il procure la sûreté du commerce, fait tenir les registres des mercuriales , et saisit les marchandises prohibées. Il assure la libre circulation des subsistances, inspecte l'état des approvisionnements.

Il prononce sur les affaires de simple police entre les ouvriers et apprentis, les manufacturiers, fabricants et artisans [2].

JURISPRUDENCE.

Tous les actes des préfets sont-ils des actes d'administration active seulement, et jamais des actes de contentieux administratif? S'ils n'étaient que des actes d'administration active, on devrait toujours les déférer au ministre avant d'en saisir par appel le conseil d'État [3].

M. Macarel établit une distinction [4].

Si les parties intéressées ne se plaignent pas l'exercice de l'autorité préfectorale ne consomme de fait qu'un acte d'administration active. Mais

[1] L'autorité administrative seule fait arrêter les mercuriales : cependant, lorsqu'il y a contestation sur le taux par application aux clauses d'un contrat, c'est aux tribunaux de connaître de la contestation (S., I, 348). C'est encore aux tribunaux de déterminer quel est l'effet des mercuriales, si même il doit y être ajouté foi, et s'il n'y a pas lieu à expertise, aux termes de l'art. 129 du Code de procédure civile (S., II, 245).

[2] Sur les attributions du préfet de police, *voyez* l'arrêté du 12 messidor an VIII, le décret du 17 messidor an IX, les arrêtés des 27 prairial, 4 thermidor et 5 messidor an X et la loi du 22 germinal an XI.

[3] S., II, 498.

[4] *Des Tribunaux administratifs,* p. 110 et suiv.

si les parties réclament, si elles établissent leurs
droits, contestent la mesure prise, et forment opposition à l'arrêté, alors il y a litige, magistrat et
jugement. Le recours, selon notre auteur, devrait
être porté directement au comité du contentieux du
conseil d'État, ou plutôt au conseil de préfecture,
comme premier degré de juridiction. « Toutefois,
dit M. Macarel, on pourrait laisser au préfet la faculté, sous sa responsabilité personnelle, de faire
exécuter son arrêté s'il en croyait l'exécution ac-
tuellement indispensable. » Par-là, en effet, serait
mise en relief la distinction de l'administratif et du
contentieux. M. Macarel pense que l'on pourrait encore laisser au préfet la faculté de statuer par *arrêté
provisoire*, de même qu'un président de tribunal statue par ordonnance *de référé*. Le sous-préfet exerce
une juridiction de cette nature en matière de roulage. Il existe aussi quelques exemples de décisions
préfectorales analogues au référé. Ainsi, dans une
contestation relative à l'établissement d'un chemin
intercepté ou envahi, le préfet statue *provisoirement :*
il ordonne soit de raser la haie, soit de combler le
fossé, soit de détruire la construction, sauf à renvoyer les parties devant le conseil de préfecture
s'il y a une question de contravention aux alignements, soit aux tribunaux civils s'il y a une question de propriété [1]. Mais tous ces actes préfectoraux
ne sont que des actes d'administration active; on ne
peut les déférer au conseil d'État qu'après les avoir
soumis au ministre. La même observation est appli-

[1] S., II, 205.

cable aux actes suivants, que M. Macarel considère
comme décisions contentieuses :

1° L'arrêté par lequel un préfet, sur la demande de
l'administration des domaines, déclare la déchéance
de l'adjudicataire d'un bien national et le condamne
à l'amende quand il n'a pas satisfait dans le délai
aux conditions de son adjudication [1] ;

2° L'arrêté rendu sur l'opposition formée par un
propriétaire d'un fond inférieur à l'arrêté par lequel
le préfet avait ordonné le curage d'une écluse, d'un
canal [2] ;

3° L'arrêté rendu sur le maintien ou la révocation
d'une concession d'eau lorsque le concessionnaire
est accusé de ne pas remplir les conditions qui lui
ont été imposées par l'acte administratif de concession [3].

Quant à nous, nous ne voyons, dans l'état actuel
de la jurisprudence, d'autres décisions contentieuses
de préfet que celles que l'on pourrait déférer directement au conseil d'État dans le délai du règlement.

Adjudications. Les réclamations qui s'élèvent contre un procès-verbal d'adjudication faite par le préfet
doivent être soumises au ministre (S., I, 25). Le
préfet peut annuler une adjudication de biens communaux quand ils n'ont pas été portés à leur vé-

---

[1] S., II, 116. — Jugé qu'un acte de cette nature est d'administration
active et non contentieuse, que dès-lors l'arrêté du préfet doit être d'a-
bord déféré au ministre (S., II, 498).

[2] S., I, 515. — Le conseil d'État avait été saisi *directement*, mais
pour cause d'incompétence, ce qui se fait même en matière d'administration active.

[3] S., II, 203.

ritable valeur, s'il est dit dans le cahier des charges que la vente ne sera définitive que par la sanction de lui préfet (S., IV, 349).

Alignements. Le préfet donne un alignement et révoque son arrêté quand il reconnaît que le demandeur usurpe une propriété privée (M., I, 374). Il prononce sur les difficultés élevées sur les alignements donnés aux rues par les maires, sauf recours au ministre de l'intérieur (S., V, 469). Un arrêté d'alignement est un acte d'administration active qui ne peut être attaquée par la voie contentieuse (D., II, 2e série, 7). Lorsqu'il s'agit d'une opposition à l'exécution d'un alignement donné en matière de voirie urbaine par l'autorité municipale et approuvé par le préfet, c'est au ministre de prononcer et non au conseil de préfecture (*ibid.*, 186). Lorsqu'il s'élève entre particuliers des difficultés sur un alignement dans une ville à l'occasion de sa rectification dans une partie du plan, il doit y être statué par le Roi en conseil d'État, sur le rapport du ministre de l'intérieur (M., XII, 131).

Administration. Le préfet est *compétent* pour révoquer toutes les concessions qu'il a faites relativement à l'établissement d'une usine si le concessionnaire n'en remplit pas les clauses et conditions, et pour ordonner que les choses seront remises dans leur état primitif (S., II, 203); — pour interdir au propriétaire d'une halle le pesage et le mesurage fait à son profit personnel (LV., 149); — pour fixer les honoraires des personnes employées à la délimitation d'une propriété particulière et d'une commune : ces frais sont à la charge de la partie requérante (II , 124); — pour régler les décomptes du prix des domaines nationaux (IV, 6); — pour statuer sur les déchéances (V, 481); — pour recevoir les comptes des maires (*ibid.*, 439 [1]); — pour conférer les bourses gratuites fondées par testament, fait même sur les anciennes lois, et ce sur la présentation des bureaux de bienfaisance (I, 317); — pour délivrer exécutoire à fin de paiement d'un ingénieur qui a visité un barrage fait par un particulier ; et si celui-ci forme opposition à l'exécutoire, le conseil de préfecture statue (IV, 144); — pour la suppression d'établissements nuisibles à la sulubrité publique (I, 495); — pour connaître de la qualité d'agent du gouvernement dont un débiteur poursuivi devant les tribunaux excipe pour justifier son renvoi devant la juridiction administrative [2] (D., II, 2ᵉ série 610); — pour fixer le nombre légal des membres du conseil municipal (*ibid.*, 584).

Le préfet est *incompétent* pour faire des règlements d'administration publique et interpréter ceux qui existent [3]. Est nul, par conséquent, l'arrêté qui assujétit les tonnes de bière à une vérification annuelle (S., I, 429); — pour ordonner que le propriétaire d'un édifice, à la convenance d'un directeur de théâtre, cédera cet édifice moyennant un loyer qu'il fixe (III, 133); — pour connaître des contestations qui s'élèvent entre les communes et les

---

[1] Loi du 10 mai 1838.

[2] C'est au ministre de la guerre de statuer sur les qualités des membres d'une agence de fournitures, et décider s'ils étaient entrepreneurs ou agents administratifs (D., I, 2ᵉ série, 3).

[3] Un règlement de police approuvé pour le préfet ne peut être soumis à la censure du conseil de préfecture (S., V, 209).

usurpateurs et copartageants de biens communaux ;
il doit renvoyer au conseil de préfecture (II, 345).
— Pour suspendre l'exécution d'une décision administrative déférée au conseil d'État (II, 93);
— pour réformer un arrêté du conseil de préfecture qui aurait usurpé la compétence du préfet;
par exemple, qui aurait statué sur la largeur d'un
chemin vicinal (*ibid.*, 251); — pour rapporter son
propre arrêté quand il a été exécuté par les parties (V, 38). Lorsqu'avec raison le préfet s'est déclaré incompétent, on ne peut attaquer l'opinion
qu'il a émise sur le fond de l'affaire (II, 423).
Bien que président né du conseil des hôpitaux, le
préfet ne peut être assimilé aux administrateurs des
établissements publics : il doit s'opposer à la décision judiciaire qui le soumettrait à un interroga-
toire sur faits et articles (I, 139).

Contributions. Le préfet homologue et rend exécutoire le rôle d'une contribution locale (D., II, 600).
Il fait la répartition entre propriétaires riverains des
sommes dues pour travaux d'un canal. La contestation sur le mode de répartition est dévolue au
conseil de préfecture (S., III, 418). Il statue sur
les demandes en remises de toute contribution directe [1], et prononce sur les réclamations en descente de la classe patentable (D., IV, 2ᵉ série, 294).
Il approuve ou modifie, en conseil de préfecture, le
tarif général des évaluations (*ibid.*, 454.) Les arrêtés
préfectoraux en matière de contribution, lorsqu'ils
ne sont argués ni d'excès de pouvoir ni d'incom-

---

[1] Les demandes en réduction sont du ressort du conseil de préfecture
(D., II, 572).

pétence, ne peuvent être attaqués par la voie contentieuse (*ibid.*, 811).

Cours d'eau. Le préfet statue sur la police des eaux en général [1] (S., V, 104). Il fait, sous la réserve des droits des parties intéressées et des tiers, les règlements provisoires des cours d'eau en attendant la sanction de l'autorité royale par ordonnance (D., II, 205 et 426, et D., II, 2ᵉ série, 425). Il règle la hauteur des eaux pour l'établissement des usines, et prescrit l'établissement de déversoirs et ouvrages nécessaires à prévenir tout dommage (D., III, 2ᵉ série, 601 et 603). Le conseil de préfecture statue sur les réclamations des propriétaires riverains qui prétendraient avoir éprouvé un préjudice par suite ou par extension des mesures ordonnées (S., I, 151). Il déclare quand et comment sera fait le déversoir d'un moulin. Le tribunal civil décide, entre le propriétaire du moulin et les propriétaires riverains, aux frais de qui le déversoir sera fait (S., II, 15). Le préfet peut ordonner la démolition des travaux exécutés sans autorisation sur une rivière non navigable, s'ils peuvent nuire ou occasionner des inondations (*ibid.*, 184). Il statue sur la question de savoir si une rivière est ou non navigable (*ibid.*, 511). Ainsi, lorsque deux particuliers plaidant sur un droit de passage au travers d'une rivière, l'un prétend qu'il est propriétaire du lit de la rivière, tandis que l'autre prétend qu'elle est navigable, et dès-lors dans le domaine public, le tribunal saisi doit renvoyer au préfet la question

____

[1] Jusqu'à quel point peut-il faire ou proposer des règlements quant aux droits des particuliers (S., V, 38 et 322)?

préjudicielle de navigabilité (V, 508). Le préfet seul a qualité pour représenter et défendre les intérêts de l'État dans les contestations relatives aux rivières navigables (D., II, 2e série, 437). Il autorise les constructions qui peuvent être faites sur ces rivières; mais, en cas de contravention, on n'applique plus l'amende de 500 francs prononcée par l'art. 42 de l'ordonnance d'août 1669 (S., V, 225). Le préfet même ne peut permettre d'établir un obstacle au libre cours des eaux d'une rivière navigable que sur l'autorisation expresse du ministre de l'intérieur; et si une décision ministérielle ordonne la destruction de l'ouvrage, les parties réclamant des indemnités doivent s'adresser aux tribunaux (*ibid.*, 378 et 540).

Le préfet fait les règlements nécessaires pour l'irrigation, dans l'intérêt public et dans l'intérêt des riverains (S., IV, 352), et pour le nivellement et le cours des rivières non navigables, et les tribunaux connaissent de leur application entre particuliers (*ibid.*, 303). Il peut régler les dimensions de la retenue et du bief d'un moulin; les contestations relatives à l'exécution ressortissent aux tribunaux s'il y a question de propriété, et au conseil de préfecture s'il y a question administrative (II, 95). Il ne peut ordonner un déplacement de digues qui donne aux eaux une direction nouvelle et impose une servitude sur des propriétés particulières. L'utilité publique même n'eût pu l'autoriser qu'après avoir rempli les formalités prescrites par la loi du 14 floréal an XI, qui soumettent l'arrêté à l'approbation de l'autorité supérieure (I, 514). Il peut ordonner le curement, et, en cas d'usurpations, le rétablissement dans sa largeur accoutumée d'un canal de dérivation ou d'un bras de rivière (*ibid.*, 515). Il ne peut ordonner une prise d'eau provisoire, surtout quand les parties sont devant les tribunaux (IV, 67).

Élections. — Le préfet est compétent pour décider si le serment prêté par un citoyen élu membre du conseil municipal est valable et pour réputer démissionnaire celui qui prête un serment suivi d'explications restrictives (D., II, 2ᵉ série, 542). Le serment d'un paralytique qui ne peut lever la main n'est pas irrégulier (*ibid.*, 584).

Marchés. Le préfet peut résilier pour défaut d'exécution le marché qu'il a fait pour la fourniture du pain des prisons; mais si l'entrepreneur détruit le fonds d'exploitation, s'il fait disparaître les effets qui le garnissent et qui appartiennent à l'administration, c'est au conseil de préfecture de statuer (S., IV, 195). C'est au préfet, sauf recours au ministre, à désigner à l'entrepreneur, pour fouilles de matériaux, un terrain qui n'est pas suffisamment indiqué au devis (D., IV, 2ᵉ série, 425). Un préfet excède ses pouvoirs en prononçant sur les contestations qui peuvent s'élever entre les entrepreneurs et les particuliers pour dommages soufferts (*ibid.*, 685). L'arrêté par lequel le préfet met un entrepreneur en demeure de compléter les travaux de son adjudication est une mesure administrative qui n'empêche pas l'entrepreneur de saisir le conseil de préfecture de toutes les difficultés qui peuvent s'élever entre lui et l'administration relativement aux clauses du marché (D., III, 2° serie, 133).

Octroi. Le préfet ne peut décerner de contraintes; les contestations relatives à l'application du tarif et à la quotité du droit et celles qui s'élèvent entre l'adjudicataire et les particuliers sont du ressort des tribunaux (S., I, 130, 136, 213 et 333; D., IV, 2° série, 86, 568 et 570). Aux termes de l'art. 36 du décret du 17 mai 1809, les contestations qui peuvent s'élever entre les communes et les fermiers des octrois sur le sens des clauses des baux doivent être déférées au préfet en conseil de préfecture (D., II, 2° série, 82). Si la caution conteste le mérite de son engagement, elle peut se pourvoir administrativement ou judiciairement, mais la voie rescisoire ne peut arrêter l'effet du titre paré (S., II, 41).

Voirie. En matière de grande voirie, le préfet peut ordonner toute mesure qui intéresse la sûreté publique; mais, sauf le cas de péril imminent, les oppositions aux arrêtés préfectoraux doivent être déférées aux conseils de préfecture (S., V, 399). Il déclare qu'un chemin est ou non vicinal (S., II, 460; M, II, 407); — quelle est sa largeur, sa direction, son abornement, sous la réserve de tout droit de propriété (S., V, 96 et 318). Il ne peut décider qu'il sera *rétabli* sur le terrain d'un particulier, si celui-ci nie l'existence antérieure du chemin : c'est une question de propriété du ressort des tribunaux (S., I, 65). L'arrêté préfectoral qui déclare un chemin vicinal ne préjuge pas la question de propriété du terrain : tout ce qui résulte de là, c'est que le chemin reconnu nécessaire doit être maintenu, sauf indemnité (S., II, 440; D., I, 2ᵉ série, 246). Le préfet, en conseil de préfecture, fixe les parts contributoires de l'État et des communes dans les dépenses d'entretien des chemins vicinaux (D., III, 2ᵉ série, 454). Le préfet peut fixer la direction que doit suivre un chemin de communication entre deux ou plusieurs villages (S., II, 476). Il ne peut connaître des contestations relatives à l'établissement des chemins destinés à l'exploitation des propriétés particulières (*ibid.*, 280). — Un arrêté qui autorise un particulier à construire un pont ne touche que l'intérêt public et la voirie; les tiers peuvent se pourvoir devant les tribunaux quant aux questions de propriété et de servitudes (III, 512). — Lorsque le préfet condamne un propriétaire riverain à payer le prix des travaux ordonnés par lui préfet pour réparation de dégradations commises sur une route, le propriétaire, s'il soutient que les dégradations ne sont pas de son fait, peut exercer une action en recours devant les tribunaux (S., IV, 93).

Procédure. Un arrêté de préfet, en matière de voirie, doit être notifié par huissier (S., V, 13). Lorsqu'un préfet croit déférable au conseil d'État un arrêté de conseil de préfecture, il doit, en matière de voirie surtout, le faire par l'intermédiaire du ministre de l'intérieur (M., II, 23 ').

' *Voyez*, au surplus : 1º loi du 21 mai 1836 sur les chemins vicinaux ; 2º loi du 18 juillet 1837 sur l'administration municipale ; 3º loi du 27 avril 1838 , relative à l'asséchement et à l'exploitation des mines ; 4º loi du 10 mai 1838 sur les attributions des conseils généraux et d'arrondissement ; 5º loi du 30 juin 1838 , relative aux aliénés ; 6º ordonnance du 17 avril 1839 pour l'exécution de la loi du 4 juillet 1837, relative aux poid et mesures.

CHAPITRE VII.

DU CONSEIL GÉNÉRAL.

Il y a un conseil général dans chaque département; il représente l'intérêt local, collectif et économique; il assiste l'administration active du concours de ses lumières; il délibère sur les actes de dispositions et de gestion du patrimoine commun; il émet des vœux sur les améliorations qu'il croit convenable.

Le conseil général est composé d'autant de membres qu'il y a de cantons dans le département; toutefois il ne peut excéder le nombre de trente. Ses membres sont élus dans chaque canton par une assemblée électorale [1].

Ce conseil est convoqué par le préfet en vertu d'une ordonnance du Roi qui détermine l'époque et la durée de la session. Le préfet a entrée au conseil; il est entendu quand il le demande. Le conseil ne peut délibérer que si la moitié plus un de ses membres sont présents [2].

Les attributions du conseil général de département sont : 1° de faire la répartition des contributions directes entre les arrondissements du département; — 2° de statuer sur les demandes en réduc-

---

[1] *Voyez*, pour la formation, l'éligibilité et la dissolution de ce conseil, la loi du 22 juin 1833, tit. 1er; et pour ses attributions celle du 10 mai 1838.

[2] *Voyez* la même loi, tit. 11, quant aux règles de la session, à la nullité des actes du conseil et aux peines encourues pour la publication des actes qui lui sont interdits.

tion faites par les conseils d'arrondissement, les villes, bourgs et villages ; — 3° de voter les centimes additionnels pour les dépenses départementales ; — 4° d'entendre le compte annuel rendu par le préfet de l'emploi de ces centimes ; — 5° d'exprimer son opinion sur l'état et les besoins du département [1] ; — 6° d'indiquer celles des routes départementales qu'il juge devoir être supprimées, changées de classe ou réparées ; de faire connaître la situation des travaux et ses vues sur la plantation de ces routes [2] ; — 7° de donner son avis sur les changements à la circonscription territoriale [3].

Le préfet lui communique l'état de distribution des fonds de non-valeurs [4], — et rend compte de l'emploi [5].

Le préfet a voix consultative quand il assiste aux délibérations ; il ne peut assister à celles qui ont pour objet d'examiner le compte des dépenses qu'il est tenu de rendre [6].

Les actes des conseils généraux ne sont pas imprimés ; les préfets en font passer sans délai une copie au ministre de l'intérieur [7].

Le président du conseil général, le lendemain de la clôture de la session, adresse le procès-verbal au ministre de l'intérieur. Ce ministre présente au Roi le résumé des vœux du conseil, et renvoi est ordonné

[1] Loi du 28 pluviôse an VIII, art. 6.
[2] Décret du 16 décembre 1811, art. 13.
[3] Loi en forme d'instruction du 20 août 1790, § III.
[4] Loi du 23 juillet 1820, art. 35.
[5] Loi du 17 août 1822.
[6] Loi du 22 juin 1833, art. 12.
[8] Arrêté du 19 floréal an VIII, art. 3.

7

à chaque ministre de ce qui concerne son département. Dans le mois suivant chaque ministre présente sur ce sujet un rapport détaillé [1].

[1] Arrêté du 2 vendémiaire an xi, art. 1, 2 et 3.

CHAPITRE VIII.

DU CONSEIL DE PRÉFECTURE.

Cette institution a un double caractère : d'une part, c'est le tribunal administratif régulier ; d'une autre, c'est le conseil du préfet, conseil seulement puisqu'il n'a que voix consultative. Quel que soit l'objet de la délibération, le préfet est le chef de ce conseil ; il y a même voix prépondérante en cas de partage. Il résulte de là que, lorsqu'il s'agit d'une question contentieuse, le préfet entre dans ce tribunal comme président et comme partie ; car, dans tous les cas, le conseil de préfecture ne statue que sur des actes d'administration. Aussi M. Proudhon remarque-t-il qu'il conviendrait que le préfet fût entendu comme exerçant les fonctions du ministère public, mais qu'il ne devrait jamais avoir voix délibérative [1].

En matière de travaux publics [2], marchés, entre-

[1] *Traité du Domaine public*, t. I, p. 149.

[2] Les travaux publics sont des ouvrages qui s'exécutent aux frais de l'État, des ouvrages d'utilité publique et non purement communale, des ouvrages dont les plans ont été approuvés par le gouvernement et dont l'exécution est surveillée par un agent de l'administration (D., XI, 376, année 1829). Un marché d'ouvrage fait entre une commune et un entrepreneur n'est point un marché administratif. On a même contesté cette qualité au marché fait par le préfet de police pour l'arrosement de la route de Neuilly ; on voulait que ce préfet fût incompétent pour le résilier ; mais le conseil d'État, considérant qu'il s'agissait d'un ouvrage de grande voirie, a rejeté cette prétention (D., IV, 2ᵉ série, 662).

prises et fournitures, le conseil de préfecture prononce sur les difficultés qui s'élèvent entre les entrepreneurs et l'administration concernant le sens ou l'exécution des clauses du marché ; — sur les réclamations des particuliers qui se plaignent de torts et dommages procédant du *fait personnel* des entrepreneurs et non du *fait de l'administration* [1] ; — sur les demandes et contestations concernant les indemnités dues aux particuliers à raison des terrains pris ou fouillés pour la confection des chemins, canaux et autres ouvrages publics [2] ; — sur les difficultés qui s'élèvent relativement au sens et à l'exécution des marchés passés par les préfets pour les divers services publics [3] ; — sur les contestations relatives à la confection des travaux pour le curage des canaux et rivières non navigables, et pour l'entretien des digues et ouvrages d'art qui y correspondent [4] ; — il règle les indemnités dues aux propriétaires ri-

[1] Les faits directs de l'administration n'appartiennent point au contentieux, parce que, dans le cercle de ses attributions, elle agit en souveraine ; il n'y a que les indemnités qui peuvent être dues à raison de ces faits sur lesquelles il est permis de contester. (PROUDHON, *Traité du* **Domaine public**, t. I, p. 409.)

[2] Lois des 11 septembre 1790 et 28 pluviôse an VIII.

[3] Lois des 12 vendémiaire et 13 frimaire an VIII, arrêté du 18 ventôse suivant, ordonnance du 27 mai 1816. — Il arrive quelquefois que dans les marchés faits par les communes pour des travaux par elles entrepris on insère une clause portant que les difficultés qui pourront s'élever seront soumises au conseil de préfecture. Dans ce cas (ne s'agissant pas de travaux publics proprement dits), c'est comme arbitres conventionnellement choisis par les parties que les juges administratifs se trouvent complétement saisis ; et quelle que soit leur décision on ne devrait pas être recevable à l'attaquer au conseil d'État, car l'affaire n'est pas administrative de sa nature. (PROUDHON, *Traité du Domaine public*, p. 408.)

[4] Loi du 14 floréal an XI.

verains des grandes routes pour les occupations de terrain, *hors le cas d'expropriation* [1].

En matière de roulage et de grande voirie, il connaît de toutes les contraventions commises au préjudice de la viabilité des grandes routes, canaux et rivières navigables [2]. Il statue définitivement sur les contraventions aux règlements qui déterminent la largeur des jantes de roues [3]; — sur l'excès de chargement des voitures [4]; — sur la prohibition de circulation pendant la fermeture des barrières de dégel et l'excès de chargement pendant ce temps [5]; — sur les contraventions aux règlements sur la longueur des essieux, sur la forme des clous des bandes, et en général sur tout ce qui concerne la police du roulage [6].

[1] Loi du 16 septembre 1807. — Quand il y a expropriation, c'est aux tribunaux de prononcer.

[2] Loi du 29 floréal an x, art. 1er. — L'énumération des faits de contraventions faite par cet article n'est pas *limitandi causa,* mais *exempli gratia.* — Observez que cet article n'a aucun trait aux contraventions qui n'attaquent point le *matériel* de la route ou de la rue, telles que celles qu'on commettrait en laissant divaguer sur la place des animaux féroces, ou en ne modérant pas le mouvement des chevaux et des voitures, que lorsqu'il y a contravention matérielle aux règlements, comme pour dépôt de fumier: Tout ce qui résulte de cette circonstance, c'est que la contravention peut être poursuivie soit pardevant le conseil de préfecture, soit pardevant le tribunal de police, également institués pour en connaître; que dès-lors le premier saisi devra seul statuer sur le fond de la cause, conformément à la maxime *non bis in idem.* (PROUDHON, *Traité du Domaine public,* p. 414.)

[3] Loi du 7 ventôse an XII.

[4] Loi du 29 floréal an x, décret du 23 juin 1806.

[5] Ordonnance du 23 décembre 1816.

[6] Décret du 23 juin 1806. Une ordonnance du 23 juin 1829, relative aux voitures publiques servant aux transports des personnes, renvoie devant les tribunaux les contraventions commises pour défaut de solidité des voitures, pour le poids, le chargement, le nombre et la sûreté des voyageurs.

Appartient à la grande voirie la voirie tout entière des rues et quais de la capitale [1], et la défense de bâtir dans un rayon de cinquante toises autour de son mur d'enceinte [2].

Il réprime les anticipations sur la largeur des chemins vicinaux [3]; — les contraventions à la loi sur les servitudes imposées à la propriété pour la défense de l'État [4]. Si les contrevenants, sur la notification des procès-verbaux, ne rétablissent pas l'ancien état des lieux ou poursuivent leur infraction, le conseil de préfecture ordonne sur-le-champ la suspension des travaux [5].

Il statue sur les contraventions aux lois relatives aux canaux, rivières navigables, ports maritimes et de commerce et travaux à la mer [6]; — aux règlements relatifs aux constructions, plantations, irrigations et autres travaux publics pour l'établissement thermal de Barréges [7].

Remarquez, à l'égard de toutes ces contraventions de grande voirie, que le conseil de préfecture ne peut prononcer que des amendes et statuer sur la réparation de dommage causé; qu'il doit renvoyer le délinquant devant le tribunal de police correctionnelle, pour y faire prononcer les peines d'emprisonnement.

[1] Arrêté du 13 germinal an v, décret du 27 octobre 1808, ordonnance du 24 décembre 1823.

[2] Décret du 11 janvier 1808, ordonnance du 1er mai 1822.

[3] Lois des 28 septembre 1791, du 9 ventôse an XIII, ordonnance du 20 février 1815.

[4] Loi du 17 juillet 1819.

[5] *Ibid.*

[6] Ordonnance de 1669, loi du 24 août 1790, décret du 12 avril 1812.

[7] Décret du 30 prairial an XII.

En matière de contributions directes, il prononce sur les demandes des particuliers à fin de décharge et de réduction de cote [1]; — sur la contestation de cote [2]; — sur les réclamations des percepteurs et des contribuables [3]; — sur les difficultés qui peuvent s'élever quant au paiement de la contribution des portes et fenêtres [4], et sur les réclamations relatives aux contributions personnelles [5].

Il statue sur les contestations relatives à l'octroi de la navigation [6]; — sur celles relatives au recouvrement des rôles de répartition dressés pour les travaux des routes [7], pour les travaux de curage [8] et pour ceux de la salubrité [9]; — sur celles relatives au recouvrement, aux prestations en argent et en nature établies pour l'entretien des chemins vicinaux. Il règle, sur la demande des communes, et d'après les expertises contradictoires, les subventions particulières auxquelles peuvent être obligés, pour l'entretien desdits chemins, les propriétaires ou exploitants de mines, carrières, forêts ou de tout autre entreprise industrielle [10].

Il statue sur les réclamations des concessionnaires des mines à fin de dégrèvement ou de rappel à l'égalité proportionnelle relativement aux redevances

[1] Arrêté du 12 brumaire an vi.
[2] Arrêté du 24 floréal an viii.
[3] Loi du 27 pluviôse an ix.
[4] Loi du 4 frimaire an vii.
[5] Arrêté du 24 floréal an viii.
[6] Loi du 30 floréal an x, arrêté du 8 floréal an xi.
[7] Lois des 16 septembre 1807, 27 décembre 1809, 12 avril 1810.
[8] Loi du 14 floréal an xi, ordonnance du 23 décembre 1816.
[9] Loi du 16 septembre 1807.
[10] Loi du 28 juillet 1824.

qu'ils doivent acquitter envers l'État [1]; — sur les questions de savoir si la perception d'un péage établi sur une rivière appartient ou non à l'État; !— sur les contestations entre l'administration et les fermiers des bacs et bateaux. — Il prononce sur les indemnités dues à ceux-ci et sur celles qui pourraient être dues aux propriétaires ou aux détenteurs de ces bacs [2]; — sur les difficultés relatives aux rôles de répartition pour les dettes des communautés juives et les frais du culte israélite [3]; — sur les oppositions aux rôles et contraintes pour le recouvrement des mois de nourrice des enfants de la ville et banlieue de Paris [4].

En matière concernant le domaine public et l'administration forestière, il prononce sur le contentieux des domaines nationaux [5]; — sur le contentieux des ventes opérées à la caisse d'amortissement, des biens d'origine communale qui ont été cédés à celle-ci [6]; — sur les contestations entre les communes relativement aux concessions d'édifices ou de rentes qui leur ont été faites par l'État [7]; — sur les difficultés que peuvent faire naître les opérations de l'administration forestière [8]; — sur les réclamations des propriétaires intéressés contre l'application des limites légales pour l'exercice des servitudes imposées à la propriété dans le rayon des places fortes [9];

[1] Loi du 21 avril 1818.
[2] Loi du 6 frimaire an VII.
[3] Décrets des 18 brumaire an XII, 17 mars 1808 et 5 juillet 1810.
[4] Loi du 25 mars 1806, décret du 30 juin suivant.
[5] Loi du 28 pluviôse an VIII.
[6] Loi du 20 mars 1813.
[7] Arrêtés des 17 thermidor an XI et 22 fructidor an XIII.
[8] Voyez Code forestier.
[9] Loi du 17 juillet 1819.

— sur les questions d'indemnités à payer par les propriétaires des mines aux propriétaires du sol [1]; — sur la réclamation du planteur de tabac contre le décompte de la régie [2]; — sur la résiliation, à défaut de paiement et d'exécution des clauses, des baux de sources d'eau minérale appartenant à l'État [3].

En matière d'administration communale, il statue sur les contestations relatives au partage des biens communaux [4]; — sur les usurpations de ces biens lorsqu'il ne s'élève pas de questions de propriété particulière [5]; — sur les droits de propriété des communes sur les sources minérales réclamées par l'État [6]; — sur les contestations relatives au compte des revenus d'une cure entre l'ancien titulaire ou ses héritiers et le nouveau [7]; — sur celles qui naissent des règlements de monts-de-piété [8], ou qui s'élèvent relativement au recouvrement des droits établis en faveur des pauvres et des hospices sur les divers genres de spectacles [9], — et qui interviennent entre le fermier de la caisse de Poissy et les bouchers [10].

En matière électorale, il prononce sur les diverses difficultés qui peuvent naître des opérations électorales relatives à la nomination des conseils généraux, d'arrondissements et communaux [11].

Observations. Les délibérations ou arrêtés du con-

---

[1] Loi du 21 avril 1810. — [2] Lois des 24 décembre 1814 et 28 avril 1816. — [3] Arrêté du 3 floréal an VIII. — [4] Loi du 9 ventôse an XII, décret du 4e complémentaire an XIII. — [5] Avis interprétatif du 3 juin 1809, ordonnance du 23 juin 1810. — [6] Arrêté du 6 nivôse an XI. — [7] Décret du 6 novembre 1813. — [8] Décrets des 30 juin 1806 et 16 mars 1807. — [9] Arrêtés des 10 thermidor an XI et 8 fructidor an XIII. — [10] Décret du 6 février 1811. — [11] Lois des 21 mars 1831 et 22 juin 1835.

scil de préfecture sont soumis à l'approbation du Roi, 1° quand ils règlent les indemnités dues aux propriétaires riverains des grandes routes pour les occupations de terrains, 2° quand les communes demandent un nouveau mode de jouissance des biens communaux [1].

Nous avons déjà dit que le conseil de préfecture éclaire le préfet dans les cas où il doit statuer en conseil de préfecture : il peut être consulté à volonté. Le préfet lui soumet toujours les procès-verbaux d'expertise pour l'évaluation des indemnités relatives à une occupation de terrain [2]; — et quand il s'agit de réclamations sur le cadastre [3]; — et d'oppositions formées aux demandes d'autorisation pour l'établissement de manufactures insalubres ou incommodes de première classe [4].

Le conseil de préfecture concourt à la tutelle administrative des communes et des établissements publics ; il refuse ou accorde l'autorisation de plaider aux communes [5], aux commissions des hospices [6], aux fabriques [7]. Les créanciers des communes ont besoin de la même autorisation pour les actionner [8]. L'autorisation du préfet, pour les transactions des communes, doit être donnée d'après l'avis du conseil de préfecture [9].

[1] Voyez DE GÉRANDO, *Instit. du Droit adm.*, t. I, p. 255.
[2] Loi du 16 septembre 1807.
[3] Loi de finances du 15 septembre 1807.
[4] Décret du 15 octobre 1810.
[5] Loi du 28 pluviôse an VIII.
[6] Arrêté du 7 messidor an X.
[7] Décret du 30 décembre 1809.
[8] Arrêté du 17 vendémiaire an X.
[9] Arrêté du 21 frimaire an XII. — L'autorisation n'est nécessaire que

Lorsque le préfet estime que la délibération d'un conseil municipal est étrangère à des objets d'intérêt communal ou dépasse cet intérêt, il en réfère au conseil de préfecture, qui lui donne son avis motivé par écrit [1].

Ce conseil autorise les receveurs d'établissements de charité à donner main-levée des oppositions formées pour la conservation des droits des pauvres et des hospices, et à consentir radiation, changement ou limitation d'inscription hypothécaire [2].

Il arrête les comptes des revenus municipaux, et, en cette matière, il statue sur les recours portés devant lui dans les cas déterminés par l'ordonnance royale du 23 avril 1823.

Nota. Pour la formation et le mode de délibération du conseil de préfecture, nous croyons devoir nous borner à renvoyer aux lois sur la matière. (*Voyez* loi du 23 pluviôse an VIII, arrêté du 19 fructidor an III, arrêté du 16 juin 1808 et ordonnance du 6 novembre 1817.)

JURISPRUDENCE.

Contribution [3]. Le conseil de préfecture connaît des contestations relatives au recouvrement des contri-

sur les questions de propriété; la transaction ne peut intervenir qu'après une délibération du conseil municipal, prise sur la consultation de trois juriconsultes désignés par le préfet, à peine de nullité (S., II, 224), et l'autorisation de transiger que donne le préfet est donnée *d'après l'avis* du conseil de préfecture. Faut-il en conclure que le préfet doit se soumettre à l'avis de ce conseil, qui, dans ce cas, aurait *voix délibérative?* Car, en principe, le conseil de préfecture n'a que voix consultative lorsqu'il est consulté par le préfet.

[1] Ordonnance du 8 août 1821.

[2] Décret du 11 thermidor an XII.

[3] Nous parlerons dans notre 3e livre des contributions en général, et nous rapporterons la jurisprudence qui les concerne.

butions établies pour l'entretien des canaux, digues, rivières non navigables, et détermine quels sont les fonds riverains qui doivent y être assujettis (S. , III, 38). Il connaît des demandes en décharge ou réduction des contributions directes, fondées sur l'art. 85 de la loi du 3 frimaire an vii (D., IV, 2ᵉ série, 596). Il connaît aussi des demandes dirigées contre une répartition de contributions faite par le conseil général du département (*ib.*, 600).

Curage. Il ne peut, en statuant sur une matière de curage de rivière ou de ruisseau, que faire l'application des anciens règlements et usages locaux : il ne peut faire de nouveaux règlements; c'est à l'autorité supérieure d'y pourvoir, sur la proposition du préfet (S., III, 297).

Domaine. En matière domaniale le conseil de préfecture n'est qu'un conseil d'administration intérieure qui donne un avis et ne juge pas (S., II, 155; V, 541 et ailleurs ') l'avis est inattaquable au contentieux (M., II, 40); mais quand le conseil de préfecture rend un arrêté où il ne doit donner qu'un avis, cet arrêté est nul (S., V, 330). Il n'est pas compétent pour décider la question de savoir si des sous-cessionnaires de domaines engagés sont frappés de révocation par la loi du 14 ventôse an vii (S., II, 446). Il connaît de la validité de l'aliénation d'un domaine de l'État, quelle que soit l'autorité administrative qui l'ait adjugé (*ib.*, 50). Il ne peut réduire le prix d'une adju-

---

' Mais comment une consultation se distingue-t-elle d'une décision? Lorsque le conseil de préfecture n'a pas dû et n'a pas été saisi comme tribunal administratif, lorsqu'il n'y a ni citation ni instruction proprement dites, alors il n'y a pas jugement attaquable dans le délai de droit, à peine de déchéance (S., V, 541).

dication (S., I, 121), ni statuer sur les questions d'imputation de décompte et de déchéance (M., I, 430). Il ne peut statuer sur la rectification d'un contrat d'adjudication (S., II, 493), ni sur la résolution d'une vente de biens nationaux, sans appeler les parties intéressées et sans mettre en demeure l'adjudicataire (*ib.*, 173). Quand il s'agit d'interprétation d'adjudication, il est compétent sur la question de propriété, mais incompétent sur la question d'indemnité pour violation de propriété (III, 551). Il est incompétent pour statuer sur les dépendances naturelles et les servitudes actives qui ne sont pas spécialement déterminées par le procès-verbal d'adjudication (V, 508), et pour frapper de servitudes des propriétés particulières en ordonnant l'établissement d'un chemin de hallage : le préfet est seul juge de l'utilité du chemin et des mesures d'exécution (IV, 427) [1]. Il est compétent pour déclarer que le terrain en question a été vendu avec les servitudes dont il était grevé, mais il ne l'est pas pour prescrire le rétablissement des lieux dans l'état où ils étaient lors de l'adjudication (V, 84). Il connaît des demandes en décharge de loyer d'un bien national (I, 484), et de la question de savoir si un droit de vaine pâture réclamé sur un domaine national faisait partie des servitudes lors de la vente (II, 21). Il ne peut décider, entre deux communes, à qui appartient la propriété

---

[1] Il semblerait que le chemin de hallage, dépouillant un propriétaire de son terrain, ne pourrait être établi que par l'intervention de la haute administration et en exécution de la loi sur l'expropriation pour cause d'utilité publique. Mais il a été jugé que le chemin de hallage n'est qu'une servitude; s'il cesse d'être utile, le propriétaire reprend son terrain (S., IV, 435).

de terres vaines et vagues (II, 386); car, hors les domaines nationaux, il ne connaît pas des questions de propriété, même provisoirement (*ib.*, 224). C'est pourquoi même il ne peut décider si un chemin nécessaire pour tel service est virtuellement réservé dans une adjudication, car c'est une question de servitude ou de propriété dévolue aux tribunaux (II, 490).

Élections [1]. L'inscription d'un individu sur la liste électorale ne peut être attaquée après les élections; la preuve testimoniale qu'un votant n'était pas électeur est inadmissible; toute réclamation doit être faite dans le cours de la séance électorale (D., II, 2ᵉ série, 357). Lorsqu'il résulte du procès-verbal que les formalités essentielles des opérations du scrutin ont été remplies et qu'aucune réclamation n'a été faite, l'élection doit être maintenue (D., IV, 2ᵉ série, 212). Le défaut d'insertion des réclamations au procès-verbal n'entraîne pas la nullité des opérations : les réclamants peuvent suppléer à cette omission dans le délai prescrit par la loi (*ibid.*, 381). La présence des gardes soldés et chargés de services dans la salle des élections n'est pas un moyen de nullité; il en est de même de la présence d'un gendarme lorsque, n'étant pas permanente, elle ne donne lieu à aucune réclamation (D., II, 2ᵉ série, 503). Le secret et la sincérité des suffrages doivent être assurés; et lorsqu'un électeur illettré, dans une élection municipale, a été forcé de faire écrire son bulletin par un membre du bureau au lieu d'un électeur de son choix, l'élection est nulle (D., III,

---

[1] Les décisions que nous rapportons s'appliquent aux conseils généraux et municipaux.

2ᵉ série, 286). Lorsque l'arrêté attaqué a été exécuté par de nouvelles élections, sans aucune protes-
tation ni réserve de la part des requérants qui ont
pris part à ces nouvelles élections, le pourvoi est
non recevable ¹ (*ib.*, 585). Inutile de renouveler le
serment lorsque dans la même assemblée on passe
d'une élection à une autre, de celle du conseil général à celle du conseil d'arrondissement (D., IV,
2ᵉ série, 258). Lorsque la majorité est acquise, déduction faite des suffrages entachés de nullités,
l'élection doit être maintenue (*ib.*, 182 et 776).
Lorsque les bulletins désignent suffisamment le nom
de l'élu qui a obtenu la majorité, ils doivent être
maintenus (*ib.*, 256). Le nombre des votants doit
être compté d'après le nombre des suffrages exprimés,
et c'est un suffrage exprimé qu'un bulletin même
illisible (*ib.*, 337). Lorsqu'il n'y a qu'un membre à
élire et que les candidats ont obtenu un égal nombre
de suffrages, on doit compter à l'un d'eux le bulletin qui porte deux noms, le sien et celui d'un membre déjà élu (*ib.*, 278). Le membre élu a intérêt à
soutenir la validité de son élection, et lorsqu'il a été
élu à forte majorité il n'y a pas nullité parce qu'un
bulletin aurait été déposé en l'absence d'un membre
du bureau (*ib.*, 280). Lorsque la même assemblée
procède sans interruption à l'élection d'un conseiller d'arrondissement et d'un conseiller de département, un seul procès-verbal suffit (*ib.*, 321). Le
défaut d'insertion au procès-verbal des décisions

---

¹ Si l'arrêté n'a été exécuté que depuis le pourvoi et que le réclamant
ait renouvelé ses protestations, l'exécution n'entraîne pas de fin de non
recevoir (D., II, 2ᵉ série, 482).

provisoires n'est point une cause de nullité (D., II, 2ᵉ série, 505). Il n'y a aucune incompatibilité entre les scrutateurs : le père et le fils peuvent faire partie du même bureau (*ib.*). Les fonctions de gérant provisoire de la recette municipale sont incompatibles avec celles de conseiller municipal; mais si le gérant se démet de ses fonctions avant l'installation ou l'élection, l'incompatibilité cesse (*ib.*, 445). Les questions d'incompatibilité sont du ressort du conseil de préfecture; et il y a incompatibilité entre les fonctions de receveur des domaines et de l'enregistrement et celles de membre du conseil général (D., IV, 2ᵉ série, 361). En cas d'incompatibilité entre les élus, la préférence est déterminée par l'antériorité d'élection (D., III, 2ᵉ série, 585). Les élections doivent être annulées lorsqu'après la retraite du maire président, qui a levé la séance, les électeurs se sont constitués en assemblée pour continuer les opérations (*ib.*, 125). Lorsque des bulletins qui portent le nom de deux électeurs, sans autre désignation, ne peuvent s'appliquer qu'aux candidats, il y a lieu de réformer l'arrêté du conseil de préfecture qui a annulé leur élection (D., IV, 2ᵉ série, 837). Lorsque la même assemblée procède le même jour et sans interruption à l'élection d'un membre du conseil général et à celle d'un membre du conseil d'arrondissement, il n'est pas nécessaire de former un nouveau bureau (D., IV, 2ᵉ série, 774). La participation d'un scrutateur à une décision qui intéresse son beau-frère n'est point un moyen de nullité (*ib.*, 770). Le président de l'assemblée a droit de suffrage lors même qu'il ne serait point inscrit sur les listes (*ib.*, 817). L'inscription sur les listes électorales n'est pas nécessaire pour conférer la qualité d'éligible (*ib.*, 814). La question de savoir si un domestique peut être électeur est une question de droit civil et civique qui est du ressort des tribunaux [1] (*ib.*, 815). L'article 23 de la loi du 22 juin 1833 confère à ceux qui se trouvent les plus imposés, quoique non inscrits sur une liste d'éligibles, le droit d'être élus, en cas d'insuffisance du nombre de citoyens payant le cens, aux fonctions de conseillers d'arrondissement et de département (*ib.*, 816). Un serment explicatif ou restrictif peut faire annuler une élection (*ib.*, 387). L'incompatibilité prononcée par les art. 5 et 23 de la loi du 22 juin 1833 ne s'applique, pour les employés des préfectures et sous-préfectures, qu'au département où ils exercent leur emploi (*ib.*, 773). Le capitaine rapporteur d'un conseil de discipline doit être maintenu sur la liste électorale en qualité d'officier, quoiqu'un arrêt de la Cour de cassation du 10 novembre 1831 ait décidé qu'il n'y a d'autres officiers que ceux qui sont nommés par les gardes nationaux conformément à la loi (*ib.*, 388). Les questions relatives à l'attribution de la contribution foncière appartiennent aux tribunaux, celles relatives à l'attribution de la patente à l'administration. On ne peut attribuer au fils une taxe de patente faite au nom de son père : ce serait une délégation qui n'est pas admise en fait de patente (*ib.*, 440). Des conseillers municipaux dont l'élection a été cassée par un arrêté du conseil de préfecture

---

[1] Il en est de même des questions de domicile (D., IV, 2ᵉ série, 615).

sont recevables à l'attaquer; des électeurs ne le pourraient (D. , III, 2ᵉ série, 235). Lorsque la réclamation de plusieurs électeurs contre le résultat des élections municipales a été formée dans un intérêt public et non personnel, la signification de l'arrêté attaqué, faite à quelques-uns d'eux, fait courir les délais du pourvoi contre tous (D., II, 2ᵉ série, 328). Le préfet et le ministre de l'intérieur commettent un excès de pouvoir en déclarant qu'il n'y a pas lieu de déférer une réclamation au conseil de préfecture, seul compétent en cette matière (D., III, 2ᵉ série, 430). La loi du 22 juin 1833 ne déroge pas au règlement qui fixe à trois mois le recours au conseil d'État (D., IV, 2ᵉ série, 263). Les décisions des conseils de préfecture sont sujettes à recours au conseil d'État; mais il faut remarquer, quant à l'art. 50 de la loi du 21 mars 1831, qu'il ne s'applique qu'aux opérations confiées aux électeurs [1], et qu'il n'embrasse pas les questions d'incapacité, d'incompatibilité et autres questions étrangères au fait même de l'opération (D., II, 2ᵉ série, 60). Les arrêtés des conseils de préfecture sur la validité des opérations électorales ne peuvent être attaqués par la voie de la tierce-opposition (*ib.*, 326). L'électeur qui a défendu devant le conseil de préfecture la capacité du conseiller élu a qualité pour se pourvoir au conseil d'État (D., IV, 2ᵉ série, 725).

Indemnités et dommages-intérêts. En général, une question d'indemnité, fût-elle même réclamée par un fermier de biens nationaux en vertu de son bail

---

[1] Il est ainsi conçu : « Le bureau juge provisoirement les difficultés qui s'élèvent sur les opérations de l'assemblée. »

administratif, est du ressort des tribunaux (S., II, 259); — et cela quand même l'administration, interprétant un acte administratif, serait compétente sur la question de propriété (III, 551). — Mais la demande en indemnité est dévolue au conseil de préfecture quand il s'agit de terrain pris ou fouillé et de pierres extraites pour la confection des grandes routes (IV, 212; V, 368). Quant aux chemins vicinaux, c'est aux tribunaux de prononcer (V, 430). L'indemnité pour occupation momentanée d'un terrain sur lequel il a été fait des fouilles est fixée par le conseil de préfecture (III, 34). L'indemnité due au propriétaire dont l'édifice est pris temporairement pour utilité publique, même pour salle de spectacle, doit être réglée par les tribunaux (III, 226). Un entrepreneur de travaux publics victime de poursuites mal fondées de l'administration a droit à une indemnité dont la demande est dévolue au conseil de préfecture (*ibid.*, 323). Lorsque deux propriétaires indivis expropriés pour cause d'utilité publique ont obtenu une indemnité du gouvernement, la répartition à faire selon leurs droits appartient à la justice administrative (II, 297). Le concessionnaire d'un droit de péage n'est pas fondé à réclamer une indemnité sous prétexte que la construction d'un pont à proximité de son bac fait cesser le produit de ses recettes, à moins que le gouvernement ait renoncé au droit de faire construire un pont (*ibid.*, 244). — Lorsqu'une demande en indemnité n'est fondée ni sur les lois ni sur la convention ou marché passé entre le demandeur et le ministre elle ne peut être introduite par la voie contentieuse (M., I, 636). De même, lorsqu'elle n'est fondée ni sur une loi ni sur un règlement (D., 2ᵉ série, 623).

Les questions de dommages-intérêts par suite d'enlèvements de matériaux, de pierres, d'objets divers, à l'occasion de travaux publics, sont administratives (S., III, 561). Lorsqu'une demande en dommages-intérêts est formée contre un entrepreneur de travaux publics pour responsabilité à cause de vice dans ses opérations, le conseil de préfecture ne doit prononcer que sur la question de responsabilité et renvoyer la question d'indemnité aux tribunaux (S., IV, 8). Le conseil de préfecture statue sur les poursuites en dommages-intérêts contre le conducteur de voiture, d'un entrepreneur de grandes routes (I, 7). Les demandes en dommages-intérêts ayant pour cause la suppression d'un pont, le défaut de nivellement et de passage, est du ressort du conseil de préfecture [1] (D., IV, 2ᵉ série, 351). De même de la demande intentée contre l'État par un voiturier à raison de la rupture d'un pont (D., III, 2ᵉ série, 518)[2]. La demande en dommages-intérêts causés par des bois destinés à l'approvisionnement de Paris et dispersés par une crue subite d'eau est

[1] Le motif de la décision est qu'il s'agit de dommages-intérêts causés par suite de travaux ordonnés par l'administration et exécutés sous sa surveillance.

[2] Cette décision est contraire au principe qui rend l'État, en la personne du préfet, justiciable des tribunaux. La loi du 28 pluviôse an viii ne saisit le conseil de préfecture que pour les torts et dommages provenant du *fait des entrepreneurs.* Cependant une décision postérieure (D., III, 2ᵉ série, 621) porte que si l'administration est compétente pour ce dernier cas, à plus forte raison l'est-elle lorsqu'il s'agit d'une demande de cette nature formée contre *l'administration elle-même.*

du ressort du conseil de préfecture; mais lorsque les bois n'ont point été entraînés par la violence des eaux sur la propriété endommagée et qu'ils y ont été déposés volontairement ou sans nécessité, la demande est de la compétence judiciaire (S., I, 450).

Péage. Le conseil de préfecture ne peut réformer les arrêtés du préfet qui exemptent d'un péage ni interpréter d'une manière générale le tarif du péage d'un pont (D., IV, 2ᵉ série, 546). Les tribunaux seuls sont compétents pour statuer sur les contraventions relatives aux droits de péage sur les ponts (D., III, 2ᵉ série, 499). Les ouvriers employés à la construction d'un pont ne peuvent être assimilés aux personnes qui passent d'une rive à l'autre, et pour lesquelles le droit de péage, accordé pour l'établissement d'un bac, a été réglé. Dès-lors, si le fermier d'un bac prétend que l'entrepreneur du pont lui a causé dommage en passant sur son bateau des personnes étrangères à son entreprise, il ne peut exercer aucun recours contre l'administration; il doit agir contre l'entrepreneur devant les tribunaux (D., IV, 2ᵉ série, 92).

Théâtres. Le conseil de préfecture connaît des contestations relatives à la perception des droits des pauvres, et les établissements connus sous la dénomination de *théâtres pittoresques* et *mécaniques* sont assimilés aux spectacles pour la quotité des droits (un dixième sur le prix du billet d'entrée) (D., II, 2ᵉ série, 51).

Travaux publics. Le conseil de préfecture prononce sur toutes les contestations relatives aux travaux de desséchement de marais et sur les indemnités dues aux tiers par suite de l'exécution des travaux (S., III, 490). Il n'est pas compétent pour ordonner les travaux (V, 74), mais il l'est pour connaître de la demande formée contre l'entrepreneur de desséchements (*ibid.*, 75), et pour prononcer sur les réclamations des particuliers qui se plaignent des dommages provenant du fait d'ouvriers agissant par ordre des entrepreneurs de travaux publics (II, 444). Il est compétent pour connaître des faits d'un entrepreneur relatifs à l'extraction de matériaux nécessaires à l'entretien des routes (I, 430), même pour enlèvement de cailloux (II, 419), et pour tous les torts et dommages provenant des faits personnels des entrepreneurs de travaux publics (*ibid.*, 53).

Tutelle administrative. Aucune autorisation n'est nécessaire à celui qui intente contre une commune une action à raison d'un droit de propriété au possessoire comme au pétitoire ' (S., V, 375); — à plus forte raison si l'action doit être dirigée contre un agent du maire (IV, 186; V, 296); — de même pour intenter une action correctionnelle contre une commune usagère (V, 557); — et pour l'actionner relativement à l'exécution d'un bail (I, 265). Les tiers n'ont pas qualité pour se pourvoir contre des arrêts qui accordent des autorisations de plaider (D., III, 2ᵉ série, 507). Sur la demande d'autorisation faite par une commune à fin de revendiquer un terrain, le conseil de préfecture ne peut, avant tout, ordonner une délimitation (S., IV, 173). La question d'autorisation n'a pour but que de savoir

---

' *Voyez* l'avis du conseil d'État du 28 juin, approuvé le 3 juillet 1806.

s'il est plus avantageux à la commune de plaider que de transiger (I, 219); mais le conseil de préfecture ne peut paralyser les actions des tiers, apprécier les titres ni la question du fond (III, 97). Il ne peut refuser l'autorisation quand la commune est appelée par l'autorité supérieure (I, 393), ni lorsque le vœu des habitants est constant et que la commune a pour elle l'avis de trois jurisconsultes (*ibid.*, 444), ni par des motifs tirés du fond du droit (II, 390). (Décisions contraires à celle rapportée (I, 108). Alors on donnait pour motif à l'autorisation la crainte que la commune ne s'engageât dans un mauvais et ruineux procès ; depuis ce motif a été l'émission du vœu de la commune, dans la forme légale, ayant pour objet un intérêt réel. Sur le refus du conseil de préfecture, le conseil d'État autorise d'après l'avis favorable de trois juriconsultes indiqués par le garde des sceaux (V, 141 '). Le défaut d'autorisation ne saisit pas l'administration; il n'entraîne que la nullité des jugements (I, 255). L'arrêté d'autorisation peut être attaqué dans les formes et délai du règlement (*ibid.*, 317). L'arrêté qui refuse à une commune d'appeler d'un jugement est sujet à recours (*ib.*, 290). Juger administrativement en faveur d'une commune une question judiciaire , c'est l'autoriser à plaider (IV, 71). Le conseil de préfecture peut refuser à un hospice l'autorisation d'appeler d'un jugement rendu à son pré-

---

' Il arrive quelquefois que le conseil d'État donne l'autorisation *de plano*, sans avis préalable, surtout si le ministre de l'intérieur, protecteur des communes, entendu dans l'instance, ne s'y oppose pas. (CORMENIN, *Questions de Droit administratif.*)

judice lorsque le comité consultatif de l'arrondissement a déclaré le jugement bien fondé (V, 321).
Lorsque plusieurs habitants demandent l'autorisation de plaider comme section de commune, *ut universi*, le conseil de préfecture doit se conformer aux
règles prescrites par l'arrêté du 24 germinal an XI
(D., III, 2ᵉ série, 188 [1]).

Usines. Le conseil de préfecture n'est pas compétent, sur une question d'établissement d'usine, pour
ordonner un avant-faire-droit; c'est-à-dire 1° que la
partie sera tenue, dans *tel délai*, de rapporter le jugement qui aura statué sur la propriété des eaux;
2° que la partie reconnue en possession des eaux
s'abstiendra de toute nouvelle œuvre. Au préfet appartient de prononcer sur l'entreprise des constructions postérieures comme sur l'autorisation définitive (S., II, 482). Il ne peut ordonner que, pour le
service d'un moulin, le propriétaire d'un terrain
sera tenu de lui céder le droit de faire un canal. Le
Roi seul connaît de l'utilité publique qui doit entraîner expropriation moyennant indemnité (V,
42). Il connaît des contestations élevées à raison
de travaux entrepris sur un cours d'eau pour l'établissement d'une usine (I, 59). Lorsqu'il s'agit d'un
dommage variable et discontinu, le règlement des
indemnités qui peuvent être dues au propriétaire
d'une usine appartient au conseil de préfecture (D.,
IV, 2ᵉ série, 703); de même lorsqu'il s'agit d'expro-

---

[1] Le seul cas où l'autorisation du conseil de préfecture est nécessaire
pour soutenir une action *réelle* est celui où il s'agit d'une action de propriété entre deux sections de communes, pourvu que le demandeur et le défendeur soient également soumis à la tutelle de l'administration. (COMMENIN,
Questions de Droit administratif.)

priation d'une partie de la force motrice de l'usine, par suite de travaux faits en vertu de plans adoptés antérieurement à la loi du 8 mars 1810 (*ibid*). Lorsque les travaux qui ont diminué la force motrice sont postérieurs à cette loi, c'est aux tribunaux de régler l'indemnité (D., III, 2ᵉ série, 359).

Voirie. Le conseil de préfecture ne peut juger une contravention d'empiétement sur la longueur d'un chemin vicinal qu'autant que le préfet a préalablement reconnu ce chemin et fixé sa longueur (S., V, 150 et 477). S'il y a contestation sur la vicinalité, il doit renvoyer au préfet ; si la contestation a lieu sur la propriété, il doit renvoyer aux tribunaux (*ibid.*, 189 et 199). Le conseil de préfecture ne peut connaître de la vicinalité, mais bien de l'empiétement (D., III, 2ᵉ série, 143). Il peut statuer sur les amendes encourues tant sur une route départementale que sur une route royale (S., V, 197) ne fût-ce que pour dépôt de gravois sur la voie publique (III, 287). Il ne peut connaître des anticipations sur une rue (I, 64). Il punit d'amende celui qui endommage les arbres qui bordent les routes et les boulevarts (III, 13). Lorsqu'il réprime une contravention et qu'il ordonne, par exemple, la destruction d'arbres plantés sur une grande route sans autorisation et sans alignement préalable, il ne peut en même temps, considérant qu'une portion des arbres peut être conservée, en prononcer le maintien : c'est une mesure d'administration active qu'il ne lui appartient pas d'ordonner (D., IV, 2ᵉ série, 534). Il peut appliquer la peine portée par un règlement de police du préfet, et, si la partie attaque son arrêté au conseil d'État, elle ne peut y déférer en même temps le règlement du préfet, qui ne ressortit qu'au ministre (S., III, 490). Autorisé à connaître de la largeur des chemins vicinaux, il peut décider aussi que telle portion de terrain contestée est comprise dans cette largeur. Ainsi la question de propriété n'appartient aux tribunaux qu'autant que le réclamant conteste l'existence même du chemin (*ibid.*, 1). Il ne peut ordonner à Paris la démolition d'un bâtiment qui menace ruine (D., II, 2ᵉ série, 552). Il connaît de la police du roulage; les tribunaux de police sont incompétents (S., V, 84). L'exception faite par l'art. 8 de la loi du 7 ventôse an XII relativement à la largeur des jantes des roues n'est applicable qu'aux transports qui se font d'un point à un autre d'une ferme et de ses dépendances (*ibid.*, 233). L'exception cesse quand il s'agit d'un chargement qui doit être livré au commerce (M., I, 569). Lorsque les règlements prononcent des amendes fixes, le conseil de préfecture doit en faire l'exacte application et non les modifier (D., IV, 2ᵉ série, 787).

Procédure. Le conseil de préfecture est compétent pour condamner aux dépens et au paiement des honoraires d'un expert; — incompétent sur les questions de compensation, d'à-comptes, d'intérêts, du ressort des tribunaux (S., IV, 196). Il ne peut mettre à la charge d'une partie les dépens faits devant un tribunal, mais réservés par le jugement : il doit renvoyer devant ce tribunal (II, 82).

Il ne peut réformer ses propres arrêtés (S., I, 255 ; II, 375); il ne peut même les modifier (II, 455): s'il y porte atteinte, même par forme d'exécution, le second arrêté est annulé (IV, 196; V, 355). Il peut rétracter ses décisions purement interlocutoires (II, 128) et l'arrêté par lequel il en avait rétracté un premier; car les parties doivent rester dans l'état où les avait placées la première décision (IV, 421). Il peut revenir, après un nouvel examen de pièces et documents, sur l'arrêté portant refus d'autoriser une commune à plaider; car un pareil arrêté n'est qu'un acte de tutelle administrative (D., III, 2ᵉ série, 105).

Toutes les décisions en forme d'avis , dans l'intérêt de l'administration active, ne sont pas susceptibles d'attaque par la voie contentieuse (M., VI, 272); il n'y a de chose jugée que par le préfet, et de recours que devant le ministre (S., IV, 375).

Les arrêtés des conseils de préfecture sont quelquefois soumis à l'approbation du préfet : formalité inutile; le préfet est chargé de l'exécution (S., II, 251).

CHAPITRE IX.

DU SOUS-PRÉFET.

Intermédiaire entre le préfet et les maires, le sous-préfet n'exerce que dans un petit nombre de cas une autorité qui lui soit propre. Il remplit dans son arrondissement les fonctions confiées au préfet, mais sous la direction de ce fonctionnaire, auquel il doit rendre compte une fois par mois de l'exécution des diverses parties du service [1].

Toutes fois qu'un particulier se croit lésé par une taxe irrégulière ou par une sur-taxe, il adresse sa réclamation au sous-préfet, qui donne son avis et la transmet au préfet [2]. Il nomme les porteurs de contraintes, reçoit les plaintes des contribuables, et statue sommairement, sauf recours au préfet [3]. Il règle, sauf le même recours, les frais faits à l'occasion d'un divertissement de deniers, excepté les frais faits devant les tribunaux [4]. Il vise les récépissés des sommes versées par les percepteurs dans la caisse du receveur, visa que le percepteur doit requérir dans les vingt-quatre heures du règlement [5].

Il donne son avis, en matière de contributions indirectes, lorsqu'il s'élève des contestations relative-

[1] Lois des 22 décembre 1789 et 27 mars 1791.
[2] Arrêté du 24 floréal an VIII.
[3] Loi du 2 octobre 1791.
[4] *Ibid.*
[5] Loi du 17 fructidor an VI.

ment aux droits d'entrée sur les boissons et lorsque les communes demandent la suppression de leurs octrois [1]. Il donne également son avis sur la déclaration des propriétaires qui exploitent ou qui veulent exploiter des tourbières dans leur terrain [2], et il vise les déclarations de défrichements que désirent faire les propriétaires des bois [3].

Il exerce une surveillance immédiate sur la conservation des travaux de desséchement, les digues [4], l'exploitation des carrières à galeries souterraines [5], l'exploitation des formalités relatives à la saisie des marchandises de contrebande [6], les écoles primaires [7].

Il reçoit, comme dépositaire public, le dépôt du procès-verbal de la délimitation des forêts [8], le dépôt de réception des médecins, chirurgiens, officiers de santé, sages-femmes [9], le dépôt d'une expédition du plan de circonscription des bornes placées sur les terrains militaires [10]. Il exerce un pouvoir plus direct dans les cas suivants :

Il nomme les membres qui doivent composer le comité consultatif de l'arrondissement [11] ; — il ordonne la destruction des tabacs plantés en contravention à la loi [12] ; — il prescrit ce que de droit pour faire cesser le dommage en cas de contravention en matière de grande voirie [13] ; — il statue sur les contraventions aux règles qui

[1] Lois des 8 décembre 1814 et 28 avril 1816. — [2] Loi du 21 avril 1810. — [3] Ordonnance du 1er août 1827, art. 192. — [4] Loi du 16 septembre 1807. — [5] Loi du 21 avril 1810. — [6] Loi du 28 avril 1816. — [7] Ordonnance du 29 février 1816. — [8] Code forestier, art. 11. — [9] Loi du 19 ventôse an XI. — [10] Loi du 17 juillet 1819. — [11] Arrêté du 7 messidor an IX. — [12] Loi du 28 avril 1816. — [13] Loi du 29 floréal an X.

déterminent la largeur des roues des voitures de roulage, et il fait briser les roues qui n'ont pas la largeur prescrite [1]; — il prononce sur les contestations relatives au paiement de l'octroi de navigation [2].

Il concourt à la tutelle administrative des établissements publics :

1° En arrêtant les budgets des communes dont les revenus ne s'élèvent pas à 100 francs [3];

2° En autorisant les acceptations de dons et legs faits aux hospices et aux pauvres lorsque la valeur n'excède pas 300 francs de capital et qu'ils sont faits à titre gratuit [4];

3° En vérifiant tous les trois mois les caisses communales des villes qui ont plus de 10,000 francs de revenu [5];

4° En faisant procéder aux informations de *commodo* et *incommodo* qui doivent précéder les ordonnances royales autorisant les baux à longues années des biens ruraux des hospices, établissements d'instruction publique et communautés d'habitants [6];

5° En surveillant la réintégration des communes dans la possession de leurs biens usurpés [7];

6° En recevant la déclaration des terrains occupés par les détenteurs des biens communaux dans les communes où des partages se sont faits sans en dresser acte [8];

[1] Loi du 7 ventôse an XII.
[2] Arrêté du 8 prairial an XI.
[3] Ordonnance du 23 avril 1822.
[4] Arrêté du 4 pluviôse an XII.
[5] Instr. minist. du 10 février 1812.
[6] Arrêté du 7 germinal an IX.
[7] Loi du 9 ventôse.
[8] *Ibid.*

7° Et en nommant, au nom des communes, des experts pour estimer la redevance annuelle à payer par les détenteurs illégaux des biens communaux [1].

Quelques fonctions sont attribuées au sous-préfet par la loi du 10 mars 1818 sur le recrutement de l'armée, et par celle du 22 mars 1831, relative à la garde nationale.

JURISPRUDENCE.

Le sous-préfet donne des alignements (S., I, 524). Il peut faire exécuter provisoirement son ordonnance en matière de grande voirie, sauf recours au préfet (*ib.*, 334). Ses arrêtés ne peuvent être annulés que par le préfet, et non par le conseil de préfecture (V, 296).

[1] Loi du 9 ventôse an XII.

CHAPITRE X.

DU CONSEIL D'ARRONDISSEMENT.

Ce conseil fait la répartition des contributions directes entre les communes d'arrondissement; il donne son avis motivé sur les demandes en décharge formées par les communes; il entend le compte annuel que le sous-préfet rend de l'emploi des centimes additionnels destinés aux dépenses de l'arrondissement; il exprime son opinion sur l'état et les besoins de l'arrondissement [1]; il donne son avis sur les changements proposés à la circonscription territoriale [2]; il reçoit du préfet la communication de l'état de distribution des fonds de non-valeurs [3].

Le sous-préfet, excepté lorsqu'il s'agit de l'examen des comptes qu'il rend [4], assiste aux séances du conseil d'arrondissement : il y a voix consultative.

Nota. Sur la composition de ce conseil, la tenue de ses assemblées et la durée de ses sessions, *voyez* la loi du 28 pluviôse an VIII, le sénatus-consulte du 16 thermidor an X, l'arrêté du 19 fructidor suivant, et la loi du 22 juin 1833.

[1] Loi du 28 pluviôse an VIII.
[2] Loi en forme d'instruction du 20 août 1790.
[3] Loi du 25 juillet 1820.
[4] Ordonnance du 26 mars 1817.

CHAPITRE XI.

DU MAIRE [1].

Nous n'avons point à nous occuper des fonctions du maire comme officier de l'état civil; nous négligerons également de parler des fonctions qu'il tient de divers articles des Codes civil, de procédure et de commerce : nous considérons le maire seulement comme administrateur. Sous ce point de vue, ce fonctionnaire est 1° délégué de l'autorité supérieure, dont il est l'organe d'information et d'exécution; 2° délégué *immédiat* de la loi pour le maintien de l'ordre public; et, en cette qualité, il est investi d'une autorité propre : les arrêtés qu'il prend dans les limites de sa compétence sont de plein droit exécutoires comme émanant d'un pouvoir que la loi lui accorde spécialement. L'approbation du préfet n'est nécessaire que lorsque la loi l'exige, ou lorsque le maire, pour couvrir sa responsabilité, ne prend un arrêté que sous la condition de la confirmation du préfet.

§ I.

Délégué de l'administration.

Le maire a la direction immédiate des travaux publics, la régie des établissements publics, la surveillance et l'agence des propriétés publiques, l'in-

[1] *Voyez* la loi du 18 juillet 1837 sur les attributions municipales.

spection directe des travaux de réparation ou de reconstruction des églises et presbytères [1].

Il dresse la matrice du rôle pour la contribution des portes et fenêtres [2]; il arrête le tableau des citoyens assujettis à la patente [3]; il classe, pour les villes, les entrepreneurs d'établissements industriels assujettis au droit fixe; et, pour la classification dans les cantons ruraux, il donne son avis au sous-préfet, qui est chargé de faire le classement [4].

Il surveille le recouvrement des contributions directes, se fait représenter les rôles par le percepteur, constate les infractions à la loi, fait rapport au sous-préfet et provoque la vérification des rôles et de la caisse [5]. Il donne son avis sur les demandes en décharge ou réduction en matière de contributions de portes et fenêtres et de patentes; il assiste, sur les demandes en remises ou en modération, à la vérification faite par les deux commissaires nommés par le sous-préfet des événements extraordinaires, tels que grêles, inondations, et de la quotité des pertes sur lesquelles la demande est fondée [6].

En matière de contribution indirecte, il donne son avis au préfet lorsqu'il s'agit de fixer la quantité de boisson qui sera allouée pour consommation au voisin d'un débitant, dans le cas où il est impossible d'interdire entre eux les communications, et où l'on a reconnu une consommation apparente évidemment supérieure à la consommation réelle de ce voisin [7]. Devant le maire est discuté, entre les débitants et

---

[1] Loi du 18 déc. 1789 sur la constitution des municipalités. — [2] Loi du 13 floréal an x. — [3] Arrêté du 15 fructidor an viii. — [4] Lois des 25 mars 1817 et 15 mai 1818. — [5] Loi du 3 frimaire an vii. — [6] *Ibid.* — [7] Loi du 8 décembre 1814.

l'employé supérieur de la régie, le mode de remplacement de la perception du droit de détail par exercice, au moyen d'une répartition sur les redevables [1]. Il préside à la répartition faite, par les syndics des débitants, de la somme à imposer entre tous ces derniers pour opérer ce remplacement, et rend le rôle exécutoire [2].

Il peut, avec l'autorisation du ministre des finances, traiter de gré à gré avec la régie pour qu'elle se charge de la perception de l'octroi [3].

Il reçoit la déclaration que doivent faire les fabricants qui entretiennent plus de cinq métiers, du nombre de métiers qu'ils occupent ou entretiennent habituellement; il peut faire vérifier ces déclarations par des commissaires qu'il nomme [4].

En matière de bois et forêts, il fait publier quels sont ceux dont la commune est usagère, les cantons défensables et le nombre de bestiaux qui sont admis au pacage [5]. Il choisit les pâtres communs [6], et détermine, sauf l'approbation du préfet, sur l'avis de l'administration forestière, le nombre des gardes particuliers : le choix doit en être fait dans le mois de la vacance [7]. Il vise les procès-verbaux de martelage dressés par les agents de la marine [8]; et il constate les besoins personnels des propriétaires qui veulent faire abattre des arbres sujets à déclaration, pour réparation ou construction [9].

En matière de voirie, il surveille le bon état des routes, sans pouvoir interdire ni ordonner aucun

[1] Loi du 28 avril 1816. — [2] Ibid. — [3] Loi du 8 décembre 1814. — [4] Lois des 25 mars 1817 et 15 mai 1818. — [5] Code forestier. — [6] Ibid. — [7] Ibid. — [8] Ibid. — [9] Ibid.

travail, mais seulement en rendant compte au sous-préfet de son inspection [1]. Il règle les alignements pour l'ouverture des nouvelles rues ou l'élargissement des anciennes [2]. Il peut, concurremment avec l'adjoint, les ingénieurs des ponts-et-chaussées, les conducteurs, les agents de navigation, les commissaires de police et la gendarmerie, constater les contraventions de grande voirie [3].

En matière de mines, carrières et desséchements, il fait certifier les demandes en concession de mines publiées à la maison commune [4]. Il envoie au préfet un état des marais ou des lieux inondés de sa commune [5], et surveille l'exploitation des carrières à ciel ouvert [6].

§ II.

Délégué immédiat de la loi.

Le maire veille à tout ce qui intéresse la sûreté et la commodité du passage sur la voie publique, le nettoiement, l'illumination, la démolition ou la réparation des bâtiments mençant ruine, l'interdiction d'exposer ou de jeter rien qui puisse causer un dommage ; en un mot, il est chargé de maintenir le bon ordre [7].

Il inspecte les poids et mesures et la salubrité des

[1] Décret du 16 décembre 1811.
[2] Loi du 16 septembre 1807.
[3] Loi du 29 floréal an x.
[4] Loi du 21 avril 1810.
[5] Lois des 1er mai, 24 août et 26 décembre 1790, 5 janvier 1791 et 16 septembre 1807.
[6] Loi du 21 avril 1810.
[7] Loi du 3 brumaire an iv.

comestibles; il prend des mesures pour prévenir ou arrêter les fléaux calamiteux, incendies, épidémies, etc., etc.; il obvie aux accidents que pourraient occasionner les insensés ou les animaux malfaisants [1].

Il donne son avis au sous-préfet sur la formation des établissements insalubres de 3° classe [2].

Il peut requérir la force armée pour la tranquillité publique et la garde des spectacles [3]. Il peut, sur la désignation donnée par deux citoyens domiciliés, s'introduire en tout temps dans les lieux publics où tout le monde est admis; mais il ne peut entrer dans les maisons particulières que pour la confection des états qu'il doit dresser, ou en vertu de jugements ou d'ordonnances, ou sur les cris invoquant secours de l'intérieur d'une maison [4].

Il fait cesser les attroupements [5].

Il surveille l'administration des hospices [6], les maisons d'arrêt et de justice : il doit s'assurer que la nourriture des prisonniers y est suffisante et saine, et empêcher que personne n'y soit illégalement retenu [7]. Il surveille aussi les établissements d'instruc-

[1] Loi du 24 août 1790.

[2] Décrets des 15 oct., 24 déc. 1810 et ordonnance du 14 janv. 1815.

[3] Lois des 19 janvier et 3 août 1791.

[4] Loi du 22 juillet 1791, tit. xiii et tit. xiv.

[5] Lois des 3 août 1791 et 10 avril 1831. — Cette dernière loi ne dit pas ce qui constitue l'attroupement, et paraît laisser à l'arbitraire des préfets, sous-préfets, maires et officiers de police judiciaire de le déclarer. M. ISAMBERT, dans la discussion de cette loi, a demandé si l'article additionnel à la loi du 3 août 1791 restait en vigueur : il lui a été répondu d'une manière peu satisfaisante. Si la loi de 1791 est restée en vigueur pour ce qui n'est pas contraire au Code pénal, la loi du 21 octobre 1789 est-elle aussi en vigueur? La difficulté paraît levée par le décret du 23 juin 1793.

[6] Loi du 16 vendémiaire an v.

[7] Loi du 29 septembre 1791, tit. xiii et xiv.

tion publique, et les caisses et registres de l'enregistrement du timbre et des douanes [1].

Il délivre les passeports [2], les légalisations de signatures des habitants de sa commune [3], les certificats de vie [4], les certificats d'indigence [5], et les attestations de bonne conduite requises pour la réhabilitation des condamnés [6].

Il reçoit la déclaration de changement de domicile [7], et celle du citoyen qui veut se charger d'un enfant trouvé [8], et celle de l'étranger qui désire se faire naturaliser [9].

Le maire a des attributions relatives aux spectacles publics [10], aux mendiants et indigents [11], au recrutement de l'armée et à la garde nationale.

C'est comme délégué immédiat de la loi que le maire a juridiction, 1° en matière de contributions indirectes [12], 2° en matière de grande voirie [13], 3° en matière de courses de chevaux [14].

Dans le premier cas, il prononce sur les différends qui s'élèvent entre les employés de la régie et les débitants de boissons en détail, relativement à l'exactitude de la déclaration du prix de vente. Dans le second il prononce sur les contestations qui peuvent s'élever sur le poids des voitures, sur l'amende et sur sa quotité; il juge sommairement, sans frais et sans formalités. Dans le troisième cas il décide

---

[1] Lois des 8, 9 et 15 mai 1791. — [2] Décret du 28 mars 1792. — [3] Avis du comité de législation et de l'intérieur réunis du 26 novembre 1819. — [4] Décret du 27 mars 1791. — [5] Code d'instr. crim. — [6] *Ibid.* — [7] Code civil. — [8] *Ibid.*, art. 58. — [9] Décret du 17 mars 1809. — [10] Loi du 24 août 1790. — [11] Loi du 14 juin 1790. — [12] Lois des 8 décembre 1814 et 28 avril 1816.— [13] Décret du 23 juin 1806 et ordonnance du 24 juin 1814. — [14] Décret du 4 juillet 1806.

provisoirement entre les concurrents à qui d'entre eux est acquise la prime au prix de course [1].

A Paris, les deux préfets exercent presque toutes les fonctions qui sont attribuées aux maires dans les départements.

JURISPRUDENCE.

Un maire réglant l'affouage et distribuant à chaque communiste son lot de bois ne fait pas un acte d'autorité administrative : il fait un acte d'économie communale. Le particulier qui se plaint doit s'adresser aux tribunaux, sauf autorisation à fin de poursuivre le maire (S., IV, 225). Il ne peut concéder à un boucher le droit de vendre seul une certaine viande, car l'autorité locale ne peut accorder de droit exclusif (1, 94). Le compte que doit un maire de ses recettes, soit par collecte, soit par réquisition, est dû à l'administration active du préfet (V, 439). Lorsqu'un maire s'est volontairement constitué comptable de deniers appartenant à la commune en faisant personnellement la recette et l'em-

---

[1] La prétention des conseils de préfecture de statuer en premier ressort sur ces contestations est un excès de pouvoir, selon M. MACAREL. Il soutient qu'il ne peut y avoir prorogation de juridiction, soit tacite, soit expresse ; et, à cet égard, il invoque la doctrine de CARRÉ et de HENRION DE PANSEY, consacrée par un arrêt de la Cour de cassation du 9 octobre 1814. De plus, dit M. MACAREL, les préposés n'ayant pas la libre disposition des droits qu'ils exercent, ne peuvent même consentir une prorogation de juridiction. Cependant une ordonnance royale du 22 novembre 1820, en interprétant l'art. 38 du décret du 23 juin 1806, porte que cet article n'a pu vouloir donner aux maires une *juridiction administrative,* et qu'il ne les charge que d'un acte d'*exécution provisoire.* M. MACAREL combat victorieusement cette interprétation ; il arguë même de la légalité de l'ordonnance qui l'établit.

ploi desdits deniers, son compte doit, comme ceux des comptables communaux, être arrêté en conseil de préfecture, sauf recours à la Cour des comptes (D., III, 2ᵉ série, 575). L'acte du maire n'est administratif qu'autant qu'il a procédé en cette qualité (S., I, 165). La question de savoir si un maire auquel on demande une somme pour fournitures s'est obligé personnellement ou seulement comme administrateur est du ressort de l'autorité administrative (II, 417; III, 479). Les tribunaux ne peuvent prononcer de condamnation contre un maire pour avoir, en cette qualité, illégalement fait saisir et mettre en fourrière des bestiaux (I, 186). Le maire peut requérir l'ouverture d'une salle de spectacle, autoriser les représentations théâtrales et les bals, sauf le recours du propriétaire de la salle devant l'autorité supérieure, et sous la réserve d'indemnité (V, 149).

Un maire est sans qualité pour intervenir dans un procès au nom de la commune ' s'il n'y est point autorisé par délibération du conseil municipal (S., V, 209). Lorsqu'une contestation intéressant une commune a été défendue devant l'autorité administrative par le maire, il n'appartient pas à quelques habitants de se pourvoir en leur nom personnel de-

---

' Une foule d'arrêts de la Cour de cassation ont décidé qu'un maire ne peut intenter un procès au nom d'une commune sans y avoir été autorisé par le conseil municipal. Le président Henrion de Pansey soutenait que quand la commune avait gagné son procès la chose jugée était irrévocable, parce que la commune ne devait être restituée que comme mineure ; que, dans tous les cas, le maire était passible des dépens en son nom personnel. Mais cette opinion, admise par la chambre des requêtes, a été rejetée par la chambre civile. (Voyez *Pandectes franç.*, par Isambert, t. I, p. 178, note.)

vant le conseil d'État (I, 449). Un maire ne peut être recherché pour des actes faits en vertu des ordres du préfet tant que l'arrêté de celui-ci n'est pas attaqué (V, 407). Le maire qui prend sur lui d'ordonner à un entrepreneur des travaux pour la commune sans la participation du conseil municipal doit être désavoué par l'administration supérieure, et le conseil d'État autorise des poursuites judiciaires à fin de condamnation personnelle (IV, 333 [1]).

La voirie urbaine appartient au maire : il fixe, reconnaît et fait observer les alignements des rues qui, dans les villes, bourgs et villages, ne sont pas routes royales ou départementales (S., IV, 105). Le propriétaire du terrain est obligé de démolir une construction hors de l'alignement, sauf indemnité (*ib.*, 353). C'est au tribunal de police, et non au conseil de préfecture, de prononcer l'amende en cas d'empiétement (V, 294). Le maire peut accorder ou refuser l'autorisation de construire un balcon sur la voie publique (M., VI, 228). Si l'alignement donné par le maire est contesté par des voisins, c'est une question d'administration active qui doit être portée au préfet, puis au ministre, avant de passer au conseil d'État (S., IV, 157). Les réclamations en matière d'alignement ne regardent pas le conseil de préfecture (II, 504). L'arrêté d'un maire qui ordonne l'enlèvement de matériaux sur un terrain présumé

[1] Un maire ne peut consentir le changement, la limitation ou radiation d'une inscription prise dans l'intérêt d'une commune; le préfet même ne le pourrait : il faut une délibération du conseil municipal et du conseil de préfecture. *Voyez* décision des ministres de la justice et des finances des 26 septembre 1809 et 3 juin 1828.

communal est un acte de police et de voirie qui ne peut être attaqué devant les tribunaux par le particulier qui se prétendrait propriétaire du terrain (I, 476).

Le maire peut solliciter le préfet d'imposer le caractère de vicinalité à un chemin, sauf indemnité au propriétaire dont ce chemin traverse la propriété (S., IV, 343). L'adjoint a qualité pour constater une contravention commise sur un chemin vicinal (V, 487). Il peut recevoir aussi l'affirmation d'un procès-verbal de contravention en matière de roulage (M., II, 23). En cette matière, les décisions des maires ressortissent au conseil de préfecture (III, 477); mais elles sont exécutoires provisoirement quant à l'amende (V, 126).

Le maire, autorisé par l'art. 35 de la loi du 21 mars 1831 à prononcer sur les inscriptions électorales, n'a pas qualité pour se pourvoir contre l'arrêté du préfet qui annule sa décision (D., IV, 2ᵉ série, 564).

Il arrive souvent que les maires joignent à leurs ordonnances des taxes, à titre d'indemnité ou autrement. La chambre civile de cassation a cassé, le 22 février 1825, un jugement qui condamnait à payer une taxe à l'inspection de la viande de boucherie, pour violation du principe constitutionnel établi par la loi du 28 avril 1816, art. 32, et la disposition finale des lois annuelles de finances. Mais la chambre criminelle juge que c'est à l'autorité administrative qu'il faut s'adresser pour obtenir des modifications, et que le principal emporte l'accessoire; sans quoi les arrêtés de police seraient illusoires. (*Voyez* arrêt du 22 août 1834, pourvoi du

commissaire de police de la Croix-Rousse au sujet
de la taxe des vidangeurs. — *Voyez* aussi arrêts des
27 décembre 1832 et 19 juillet 1833.)

CHAPITRE XII.

DU CONSEIL MUNICIPAL [1].

La loi du 18 décembre 1789 [2] est la base de l'autorité municipale. Elle détermine par son art. 50 les fonctions propres au pouvoir municipal, et, par son art. 51, les fonctions propres à l'administration générale qui peuvent être déléguées aux corps municipaux [3].

Le conseil municipal est présidé par le maire, excepté quand celui-ci rend ses comptes [4]. Il représente les habitants de la commune, et dès-lors l'assemblée générale de ceux-ci ne peut plus se former légalement [5].

Il délibère sur les besoins particuliers et locaux de la commune, sur les octrois, sur les contributions locales et les centimes additionnels [6].

Il doit être convoqué toutes les fois qu'il s'agit de délibérer sur des acquisitions ou aliénations d'immeubles; — sur des impositions extraordinaires ou

[1] *Voyez* le chap. ii de la loi du 18 juillet 1837 sur les attributions municipales.

[2] Cette loi est à la date du 14 dans le Recueil de M. Duvergien qui a suivi la collection du Louvre et celle de Baudouin. La date du 18 résulte du décret sur papier, sanctionné par le Roi ce jour-là, suivant une proclamation qui est aux archives du royaume, et mentionné dans une loi postérieure.

[3] *Voyez* aussi la loi du 28 frimaire an viii, art. 15, qui trace et détermine les attributions des conseils municipaux; celle du 28 pluviôse an viii, l'arrêté du 25 vendémiaire an ix et le sénatus-consulte du 16 thermidor an x.

[4] Décret du 4 juin 1806.

[5] Décret du 27 messidor an ix.

[6] Loi du 28 pluviôse an viii et 28 avril 1816.

des emprunts; — sur des travaux à entreprendre;
— sur l'emploi du prix des ventes, des rembourse-
ments ou recouvrements; — sur des procès à intenter ou à soutenir [1].

Il entend le compte des recettes et dépenses municipales rendu par le maire [2]; il indique les moyens
d'accroître l'actif de la commune par la location de
places aux halles, par l'établissement de poids publics, par des octrois [3].

Il règle le partage des affouages, pâtures, récoltes
et fruits communs [4], et il délibère sur un nouveau
mode, s'il est nécessaire, de jouissance des biens
communaux [5].

Il règle la répartition des travaux nécessaires à
l'entretien et aux réparations des propriétés qui
sont à la charge des habitants [6]; il détermine la rétribution que doivent fournir les parents des élèves
envoyés aux écoles primaires, et arrête le tableau
des indigents dispensés de payer [7].

Il détermine les chemins vicinaux nécessaires à
la commune, et, sur la délibération du conseil municipal, le préfet les reconnaît par un arrêté. Il émet
son vœu sur le mode le plus convenable de leur réparation, et vote, dans les limites légales, les prestations, soit en nature, soit en argent, et les centimes additionnels nécessaires pour l'entretien de ces

[1] Loi du 18 décembre 1789.
[2] Loi du 28 pluviôse an viii.
[3] Arrêté du 4 thermidor an x.
[4] Loi du 28 pluviôse an viii.
[5] Décret du 9 brumaire an xiii.
[6] Loi du 28 pluviôse an viii.
[7] Loi du 11 floréal an x et ordonnance du 23 février 1816.

chemins , avec l'assistance des plus imposés **en** nombre égal à celui de ses membres , lorsqu'il s'agit de centimes extraordinaires [1].

Il peut, dans les villes fermées, demander la suppression des exercices chez les débitants de boissons, et le remplacement du droit de vente en détail par une taxe additionnelle aux droits d'entrée [2].

Il délibère sur les propositions de l'administration forestière relatives soit à l'aménagement et à l'exploitation des bois communaux , soit à la conversion en bois et à l'aménagement des terrains en pâturage [3].

Il ne peut délibérer que sur les objets qui regardent les intérêts propres de la commune, et qui lui sont soumis par la loi [4]. La délibération ne peut être exécutée qu'avec l'approbation de l'autorité supérieure [5]. L'approbation du préfet suffit en matière d'administration de biens communaux, de constructions, réparations, travaux, aux dépenses desquels il doit être pourvu par les revenus de la commune ou par des impositions affectées par la loi aux dépenses ordinaires [6].

A Paris le conseil général remplit les fonctions de conseil municipal.

JURISPRUDENCE.

Les délibérations des conseils municipaux sont des actes de simple administration : ils ne peuvent être déférés au conseil de préfecture (S., V, 85). Le

[1] Arrêté du 4 thermidor an x, loi du 28 juillet 1824. — [2] Loi du 8 décembre 1814. — [3] Code forestier, art. 90. — [4] Loi du 22 mai 1791. — [5] Loi du 18 décembre 1789. — [6] Ordonnance du 8 août 1821.

conseil municipal qui a concédé à un habitant quelque avantage sur les communaux a jugé une question qu'un autre habitant n'a pas qualité de contester [1] (M., I. 487).

Il peut, dans l'intérêt des riverains, proposer un règlement d'eau d'une rivière non navigable; l'arrêté d'homologation du préfet ne peut être déféré au conseil d'État qu'après avoir été soumis au ministre de l'intérieur (S., V, 130). Lorsque le conseil municipal pense que la commune est intéressée à plaider dans le procès qui lui est intenté, si le conseil de préfecture refuse l'autorisation le ministre de la justice désigne trois jurisconsultes, et, sur leur avis favorable, le conseil d'État autorise à défendre (IV, 258). Les membres du conseil municipal, agissant en cette qualité, sont sans droit pour se pourvoir contre un arrêté du conseil de préfecture qui accorde une autorisation de plaider (D., IV, 2ᵉ série, 427).

Les habitants des communes n'ont pas le droit de poursuivre *ut singuli* l'exercice des droits qui appartiennent aux habitants *ut universi* (S., III, 317; M., VI, 673).

L'obligation souscrite par le maire et les membres du conseil municipal pour des fournitures faites à la commune n'est pas un acte administratif si les contractants n'ont pas déclaré ne s'obliger qu'en leur qualité municipale : alors l'obligation, étant per-

---

[1] Comment donc attaquer une telle délibération? Par une plainte au sous-préfet, qui donnerait son avis et transmettrait au préfet, lequel, ainsi qu'on la vu précédemment, peut, d'office même, annuler les actes des pouvoirs qui lui sont subordonnés.

sonnelle, est du ressort des tribunaux (S., IV, 417).

Un conseiller municipal n'est pas révocable de ses fonctions par cela seul qu'il a perdu sa qualité d'électeur (D., 2e série, 663).

CHAPITRE XIII.

DES ORGANES SPÉCIAUX DE L'ADMINISTRATION.

Nous avons vu que les organes spéciaux de l'administration sont permanents, temporaires ou accidentels. Nous diviserons donc ce chapitre en trois sections; seulement nous ferons cette remarque générale, que les attributions de tous se forment d'éléments contentieux et administratifs, que les premiers cependant prédominent, qu'il n'entre pas dans notre plan de les énumérer les uns et les autres, et que c'est à l'étude des lois spéciales que nous renvoyons pour en acquérir une complète intelligence.

SECTION Ire.

DES ORGANES SPÉCIAUX PERMANENTS.

Nous avons à parler de la Cour des comptes et de l'Université.

§ Ier.

Cour des comptes.

Elle est formée de trois chambres, composées chacune d'un président, du ministère public et de six membres inamovibles. Elle prend rang immédiatement après la Cour de cassation et jouit des mêmes priviléges [1].

[1] Sur l'institution et l'organisation de cette Cour, *voyez* la loi du 16 septembre 1807, le décret du 29 mars 1813, les ordonnances des 29 juillet, 7 octobre 1814 et 27 février 1815.

L'examen de la gestion et le jugement en matière de comptabilité lui sont dévolus. Il est des comptabilités sur lesquelles elle prononce directement; il en est sur lesquelles elle ne prononce qu'en appel.

Elle prononce directement, en premier et dernier ressort, sur les comptes de tous les comptables de deniers publics, en recettes et en dépenses, c'est-à-dire les receveurs et les payeurs [1]. Elle prononce sur les comptes des communes ayant 10,000 francs de revenu [2]; — sur les comptes généraux de chaque ministère [3]; — sur ceux des préposés et des payeurs généraux [4]; — sur les comptes des écoles militaires qui sont présentés par le trésorier général de la dotation des Invalides [5]; — sur les comptabilités qui n'ont pas été appurées définitivement par le conseil général de liquidation [6]; — sur les comptes des pensions des divers ministères [7]; — sur ceux du conservateur et du caissier de l'administration de l'imprimerie royale [8]; — sur ceux des directeurs comptables de l'administration des postes dans les départements [9]; — sur ceux des agents de l'Université chargés du maniement des fonds [10]; — sur la comptabilité des colléges royaux et communaux [11]; — sur les comptes de la caisse du sceau des titres [12]; — sur ceux des deniers provenants de la taxe des brevets d'invention [13].

[1] Loi du 16 septembre 1807. — [2] Ordonnances des 23 janvier 1815 et 23 avril 1823. — [3] Ordonnance du 14 septembre 1822. — [4] Arrêté du 28 floréal an XI et ordonnance du 11 juin 1823. — [5] Ordonnances des 19 mai 1819 et 23 juillet 1823. — [6] Décret du 15 décembre 1809. — [7] Loi du 14 juillet 1819. — [8] Ordonnance du 23 juillet 1823. — [9] Ordonnance du 28 février 1827. — [10] Ordonnance du 21 août 1827. — [11] Ordonnance du 26 mars 1829. — [12] Ordonnance du 30 mars 1828. — [13] Ordonnance du 8 février 1829.

Elle réforme ou confirme, sur l'appel des communes ou des comptables, les décisions des conseils de préfecture relatives aux comptes des communes dont le revenu ne s'élève pas à 10,000 francs [1]; — les décisions rendues par les préfets en conseil de préfecture sur les comptabilités d'hôpitaux et établissements de charité [2].

Cette Cour fixe l'état de situation des comptables; elle prononce, suivant les cas, leur décharge, donne main-levée des oppositions et ordonne la radiation des inscriptions hypothécaires, ou condamne à solder le débet dans le délai prescrit par la loi [3].

Elle prononce sur les demandes en réduction et en translation d'hypothèques formées par les comptables [4]. Elle procède à la révision des comptes pour erreur, omission ou double emploi [5]. Elle peut condamner à l'amende ou à d'autres peines légales les comptables en retard de présenter leurs comptes.

Dans le cas d'un enlèvement de derniers pas force majeure, la Cour des comptes est compétente pour apprécier les preuves de fait et admettre l'excuse; mais, en attendant son arrêt, et sans y préjudicier, le ministre des finances peut, dans l'intérêt du Trésor, et pour sa sûreté, ordonner le versement provisoire de la somme contestée [6].

Si, dans l'examen des comptes, elle trouve des faux et des concussions, la Cour en rend compte au ministre des finances, et en réfère au ministre de la justice, qui fait poursuivre les prévenus devant les

---

[1] Ordonnances des 28 janvier 1815 et 23 avril 1823. — [2] Ordonnances des 21 mars 1816, 21 mai 1817 et 31 octobre 1821. — [3] Décret du 16 septembre 1807. — [4] Ibid. — [5] Ibid. — [6] Ordonnance du 17 janvier 1816.

tribunaux ordinaires [1]. Le ministre des finances fait remettre à la Cour des comptes, avant le 1er juillet de chaque année, le résumé général des opérations comprises dans les comptes individuels rendus par les receveurs généraux des finances [2]. La Cour constate et certifie au Roi, d'après le relevé des comptes individuels et les pièces justificatives que doivent exiger les comptables, l'exactitude des comptes généraux publiés par le ministre des finances et par chaque ministre ordonnateur. Ce travail est communiqué aux Chambres avec les documents à l'appui des comptes et des dépenses publiques [3].

Les arrêts de la Cour des comptes ne peuvent être attaqués que pour violation des formes ou de la loi. Sous ce point de vue ils peuvent être attaqués tant par les comptables que par les ministres. Dans ce cas, le conseil d'État fait fonction de Cour de cassation.

Ces arrêts, au surplus, peuvent toujours être revisés pour erreurs, omissions, faux ou doubles emplois, et pour production de pièces recouvrées depuis l'arrêt [4]. Il ne suffit pas qu'un arrêt ait déclaré un comptable créancier de l'État pour que le Trésor puisse être contraint au paiement : le ministre des finances juge si les crédits qui lui sont ouverts le permettent et si les lois n'ont pas prononcé de déchéance [5]. Les

[1] Loi du 16 septembre 1807.
[2] Ordonnance du 29 février 1823.
[3] Loi du 18 juin 1818, ordonnances des 8 novembre 1820 et du 28 septembre 1822.
[4] Décret du 16 septembre 1807.
[5] Voyez MACAREL, *Des Tribunaux administratifs.*

arrêts, au contraire, rendus contre les comptables sont exécutoires nonobstant le recours au conseil d'État [1]. Le ministre des finances en poursuit l'exécution par l'agent judiciaire du Trésor.

Enfin cette Cour ne s'occupe point du mérite des actes administratifs qui établissent les recettes et les dépenses : ces actes, en eux-mêmes, sont garantis par la responsabilité ministérielle. Elle ne peut que vérifier, quant aux recettes, si elles sont conformes aux lois et si les comptes contiennent toutes celles opérées; et, quant aux dépenses, si elles sont conformes aux crédits légaux et appuyées de pièces justificatives.

JURISPRUDENCE.

La Cour des comptes constate le fait de force majeure allégué par un comptable volé; le ministre peut rendre une décision *provisoire* qui oblige au versement sans préjudicier au fond du droit (S., III, 343).

La Cour des comptes ne peut annuler ni réformer les décisions ministérielles (S., V, 173). La demande en révision adressée à cette Cour par le ministre des finances n'est point une renonciation à la voie de cassation; il n'y a pas là d'acquiescement (*ib.*).

C'est devant la Cour des comptes, et non devant le conseil d'État, que les percepteurs des revenus communaux doivent se pourvoir contre les arrêtés des conseils de préfecture qui portent règlement de leurs comptes (M., II, 458).

[1] Loi du 29 frimaire an IX et règlement du conseil du 22 juillet 1806.

On ne peut recourir au conseil d'État contre les arrêts de la Cour des comptes que pour violation des formes ou contravention à la loi (M., I, 489).

§ II.

De l'Université [1].

L'Université est une institution chargée de l'éducation et de l'instruction publique dans tout le royaume.

Aucune école, aucun établissement quelconque d'instruction ne peut être formé hors de l'Université et sans l'autorisation de son chef, le grand-maître, dont les fonctions sont exercées par le ministre de l'instruction publique [2].

La juridiction de l'Université est relative au personnel, à la comptabilité, aux droits dus à l'Université, et aux obligations des étudiants dans les diverses facultés.

I. *La juridiction personnelle* ou disciplinaire de l'Université sur ses membres est exercée : 1° par le grand-maître seul, 2° par le conseil de l'Université, 3° par les recteurs des académies.

Le grand-maître peut infliger, par une ordonnance, les arrêts, la réprimande, la censure, la mutation et la suspension de fonctions aux membres de l'Université qui manquent gravement à leurs devoirs.

Les recteurs peuvent être autorisés par le grand-

[1] Pour la création et l'organisation, *voyez* la loi du 10 mai 1806, les décrets des 17 mars 1808, 2 mai et 15 novembre 1811, les ordonnances des 17 février, 22 juin et 15 août 1815, 5 juillet et 4 octobre 1820, 27 février et 12 octobre 1821 et 8 avril 1824.

[2] Ordonnances des 26 août 1824 et 10 février 1828.

maître à exercer cette autorité, à la charge de l'en informer sur-le-champ.

Le conseil de l'Université statue sur la peine de la réforme ou de la radiation du tableau. *Il juge* les plaintes des supérieurs et les réclamations des inférieurs en matière d'abus, d'excès de pouvoir et d'interprétation de règlement. Il est de plus le tribunal d'appel des décisions du grand-maître.

Néanmoins, en cas d'urgence, celui-ci peut ordonner l'exécution provisoire de sa décision.

Les décisions du grand-maître sont, dans le plus grand nombre de cas, définitives : celles du conseil le sont toujours. Le recours au conseil d'État n'est admis que lorsque la radiation du tableau est prononcée.

II. *En matière de comptabilité,* la juridiction est exercée : 1° par les conseils d'académies, 2° par le conseil de l'Université.

Les comptes de ceux qui reçoivent les deniers de l'Université, dans chaque académie, sont vérifiés et arrêtés par le conseil académique. Les arrêtés de ce conseil sont exécutoires par provision contre le comptable en débet. Tous les comptes sont envoyés directement au trésorier, revus et approuvés définitivement par le conseil de l'Université [1].

Les agents comptables chargés du maniement des deniers de l'Université sont individuellement justiciables de la Cour des comptes : ils lui présentent le compte de leur gestion annuelle sous leur responsabilité personnelle [2].

[1] Ordonnance du 1er novembre 1820.
[2] Ordonnance du 21 août 1827.

A partir de 1830 l'ordonnance du 21 août 1827, qui rend les agents comptables de l'Université justiciables de la Cour des comptes, doit s'appliquer également aux agents comptables des colléges royaux [1].

III. *En matière de droits universitaires,* la juridiction est exercée par les conseils d'académies. Ces conseils ont le droit de vérifier et d'arrêter les états des pensionnaires et du prix de pension fournis par les instituteurs et maîtres de pension pour le paiement de de ces droits. L'appel de leurs arrêtés est porté à la Cour royale.

IV. *Quant au personnel des étudiants,* la juridiction universitaire est exercée dans les facultés : 1° par les facultés, 2° par le conseil académique, 3° par le conseil de l'Université.

Les facultés prononcent la perte des inscriptions, et même l'exclusion de l'académie, lorsque l'étudiant fait une fausse déclaration de résidence, prend une inscription pour une autre [2], ou manque de

[1] Ordonnance du 26 mars 1829.

[2] Ordonnance du 5 juillet, art. 10. — Ce même article menace même de la peine de faux. Un arrêt de la Cour de cassation de février 1835 a cassé un arrêt de la chambre des mises en accusation de la Cour royale de Paris qui avait déclaré que celui qui avait passé un examen de baccalauréat pour un autre n'avait pas commis un faux en apposant sa signature sur le certificat délivré par le secrétaire de l'académie. La doctrine de l'arrêt de la Cour de cassation, appuyée du reste sur le réquisitoire de M. le procureur général DUPIN, est une violation manifeste des principes du droit. Évidemment un certificat n'est faux qu'autant que le certificateur n'a pas le pouvoir de certifier ou qu'il certifie un fait mensonger. La personne qui requiert le certificat n'est pas appelée à certifier pour elle-même ; sa signature n'est exigée par aucune loi comme élément du certificat. Si le secrétaire de l'académie exige cette signature, c'est un abus de sa part, et, s'il l'exige comme moyen de s'assurer de l'identité de la personne, il commet une erreur de fait et de droit qui ne peut imprimer à une signa-

respect et de subordination. Si, à raison du caractère de la faute, la faculté prononce une peine plus grave, l'étudiant peut se pourvoir devant le conseil académique. Il peut encore se pourvoir devant le même conseil si le doyen ou le recteur lui refuse un certificat d'inscription et de bonne conduite.

Le conseil académique, pour les cas de trouble, d'insubordination, d'instigation aux désordres publics, et pour tous les cas de récidive, prononce la perte de plusieurs inscriptions, et l'exclusion même de l'académie. En ce dernier cas l'étudiant peut se pourvoir devant le conseil de l'Université.

Ce conseil statue aussi sur les cas de récidive à l'excitation de troubles, rassemblements, désordres publics; et, sur le renvoi du conseil académique, il prononce l'exclusion de toutes les académies pour six mois au moins et deux ans au plus. L'étudiant, en ce cas, peut se pourvoir au conseil d'État.

IV. Le conseil de l'Université arrête et promulgue les règlements généraux relatifs à l'enseignement et à la discipline, prescrit l'exécution de ces règlements, et la surveille par des inspecteurs généraux qui visitent les établissements d'instruction. Il propose au Roi toutes les mesures qu'il juge propres à améliorer l'éducation publique; il provoque et encourage la composition des livres qui manquent à l'enseignement; il indique ceux qui lui paraissent devoir être employés; il discute, sur l'invitation du grand-maî-

lure de complaisance un caractère obligatoire qu'elle n'a pas et que la raison lui refuse.

tre, la question relative aux degrés d'instruction qui doivent être attribués à chaque genre d'école.

V. Les délibérations du conseil sont soumises à l'approbation du ministre de l'instruction publique, à l'exception de celles qui sont relatives à la juridiction ou à la discipline.

VI. Dans toutes les affaires de juridiction le chancelier de l'Université, ou le membre du conseil désigné pour le remplacer, doit remplir près du conseil les fonctions du ministère public; ses conclusions doivent être textuellement rapportées dans tous les jugements [1].

JURISPRUDENCE.

Les contestations qui s'élèvent sur une chaire doivent être décidées par le conseil de l'Université, sauf recours au conseil d'État, comité du contentieux (S., II, 226).

La rétribution annuelle à laquelle les maîtres de pension sont assujettis par le décret du 17 septembre 1808 n'a point été supprimée par le décret du 15 novembre 1811, qui leur interdit la faculté de recevoir des élèves à demeure au-dessus de l'âge de neuf ans, à moins que le collège ne soit au complet (arrêt de cassation du 21 août 1815).

La peine prononcée par l'art. 56 du décret du 15 novembre 1810 est applicable à l'instituteur primaire qui, dépassant l'autorisation qu'il a reçue, tient une école de latin et enseigne publiquement

[1] Décret du 15 novembre 1811.

cette langue sans une autorisation spéciale (arrêt de la Cour de cassation du 18 juillet 1823).

Sous le régime du décret du 2 mai 1811, toute bourse ou portion de bourse communale à laquelle il avait été nommé au commencement d'une année scolaire était censée remplie jusqu'à la fin de ladite année, quelle que fût la cause de la vacance (M., VI, 579).

Aux termes des statuts de l'Université, aucun recours ne peut être directement adressé au Roi, en son conseil d'État, par les parties intéressées, contre les décisions du conseil de l'instruction publique, si ce n'est en matière de comptabilité, dans les cas prévus par l'art. 50 du décret du 19 novembre 1811, et en matière de discipline, dans le cas prévu par l'art. 149 du même décret (M., VI, 503 [1]).

Aux termes de l'art. 149 du règlement du 15 octobre 1811, le recours au conseil d'État n'est recevable que dans le cas de radiation du tableau des membres de l'Université, prononcée par le conseil universitaire. Ainsi le professeur agrégé qui a conservé ce titre avec le traitement attaché à ce grade, mais auquel on a retiré seulement les honoraires qu'il recevait à raison de fonctions temporaires dont il était chargé dans un collège royal, est non recevable à se pourvoir contre le jugement de l'Université (M., IX, 411 [2]).

---

[1] Affaire Ferlus, de l'école de Sorèze. (Arr. du cons. du 4 août 1824).
[2] Affaire Guillard. (Arr. du cons. du 25 juillet 1827).

SECTION II.

DES ORGANES SPÉCIAUX TEMPORAIRES.

Nous devons indiquer, 1° les tribunaux des prises maritimes, 2° les commissions de liquidation, 3° les conseils de révision.

§ 1er

Des tribunaux des prises [1].

Les tribunaux ordinaires appliquent les principes du droit privé. En matière de prises maritimes, au contraire, il faut appliquer les maximes du droit des nations; il faut interpréter les actes de gouvernement à gouvernement.

Les juges des prises diffèrent selon qu'il s'agit de prises conduites dans les ports de France, dans ceux des colonies françaises ou dans les ports des pays étrangers.

Dans le premier cas le conseil d'État, comité du contentieux, est saisi. Cependant il faut remarquer qu'il ne rend pas de décision comme le conseil des prises auquel il a succédé : il instruit les affaires et prépare les projets d'ordonnances; le Roi, en conseil d'État, prononce.

Dans le second cas il est statué par des commissions coloniales, et, dans le troisième, par des commissions consulaires [2].

---

[1] *Voyez* le nouveau Répertoire de Favard de Langlade, V° *Prises maritimes*, et les règlements du 27 janvier 1706, du 26 juillet 1778 et du 2 prairial an XI.

[2] Règlement du 2 prairial an XI.

Le ministre de la marine ayant adopté l'usage de transmettre les pièces et le jugement de la commission au conseil d'État et de lui demander une décision , il semble résulter de là que les jugements rendus dans les colonies ne sont considérés que comme des pièces d'instruction.

Cependant M. Macarel fait remarquer avec raison qu'aux termes des art. 9 et 11 du règlement du 2 prairial an XI, la décision est définitive si la prise a été déclarée valable et s'il n'y a pas eu de réclamation dans les délais [1]. Il ajoute que l'art. 119 du même règlement, en ordonnant dans tous les cas l'envoi des pièces au ministre de la marine, n'oblige celui-ci à les transmettre au conseil d'État qu'autant que l'affaire est de nature à y être jugée, c'est-à-dire si la prise est déclarée non valable et s'il y a réclamation. Alors, en effet, le conseil d'État est saisi par voie de recours.

La juridiction des tribunaux des prises est temporaire, car elle ne s'exerce surtout que pendant la guerre. Cependant elle s'exerce quelquefois aussi durant la paix : il peut être fait des captures en usant du droit de défense naturelle [2].

M. Macarel et M. Cormenin sollicitent l'institution d'un tribunal plus régulier, plus propre à rendre justice en cette matière d'un si haut intérêt.

JURISPRUDENCE.

Lorsqu'un navire a été confisqué sur son propriétaire par une armée navale, non à la suite d'une

[1] *Des Tribunaux administratifs,* p. 230.
[2] Règlement du 2 prairial an XI.

prise en mer, mais à la suite d'une capitulation locale, la validité de la confiscation ne peut être jugée que par le gouvernement : ce n'est pas là du contentieux administratif, mais du droit gouvernemental (S., IV, 242). L'effet décisif sur la question de savoir si un navire et sa cargaison sont propriété ennemie est exclusivement attribué aux pièces de bord, et non à celles obtenues après la capture (III, 50 et 147). Les contestations doivent être décidées d'après les règles et les circonstances existantes à l'époque (guerre) de la prise, et non selon ce qui existe lors du jugement (paix) (III, 160). Le droit de juger de la validité des prises comprend le droit de déterminer quel est le capteur : c'est celui qui occupe le premier le bâtiment (III, 279). Lorsqu'un navire a été capturé il ne suffit pas, pour avoir droit à la prise, d'avoir été en vue et d'avoir donné chasse au navire : il faut encore avoir concouru par ses manœuvres à intimider l'ennemi et à lui couper la retraite (I, 357). Les parts qui reviennent aux marins ne peuvent être vendues par eux; il est défendu de les acheter, et l'on n'a pas égard aux procurations que ces marins auraient données pour en retirer le montant (I, 483).

§ II.

Des commissions de liquidation.

Les tribunaux ordinaires ne peuvent connaître des actions qui tendraient à faire déclarer l'État débiteur [1]. Pourquoi non ? Cette question doit nous

[1] Loi du 21 fructidor an III, arrêté réglementaire des 2 germinal an V, 19 nivôse, 19 floréal et 19 thermidor an IX.

rester étrangère : nous ne rapporterons ici que les faits qui peuvent servir d'exemples et donner de l'instruction.

Depuis 1789, on a vu, pour liquider les dettes de l'État : 1° le conseil de liquidation générale, 2° la commission de révision des dettes de Saint-Domingue, 3° les commissions connues sous le nom de *départementales*, 4° la commission de remise de biens d'émigrés, 5° la commission de l'indemnité accordée à ceux-ci, 6° celle de l'indemnité accordée aux anciens colons de Saint-Domingue. Nous omettons diverses commissions spéciales qui ont été chargées d'un grand nombre de liquidations particulières.

I. *Conseil de liquidation.* L'Assemblée constituante mit les créanciers de l'État sous la garde de l'honneur et de la loyauté de la nation française [1]. Elle créa un comité pour liquider la dette publique, puis elle établit une direction générale [2]; enfin un conseil de liquidation générale fut institué [3].

Le décret du 23 février 1808 déclara déchus tous les créanciers de l'État dont les titres étaient antérieurs à l'an IX, et la loi des finances du 15 janvier 1810 supprima le conseil général de liquidation; à partir du 1er juillet suivant sa mission était consommée [4].

II. *Commission de révision.* La commission de révision des dettes de Saint-Domingue fut instituée,

[1] Loi du 17 juin 1789.
[2] Loi du 22 décembre 1790.
[3] Arrêté du 13 prairial an X.
[4] *Voyez* le chapitre II de ce livre.

par suite de l'expédition du général Leclerc, en l'an
x. Un décret du 11 juillet 1811 prononça la déchéance
des réclamations dont les titres n'auraient pas
été présentés à la fin de septembre. Les décisions
des deux commissions qui avaient été chargées de la
liquidation ont été considérées comme définitives
tant par la Chambre des députés que par le conseil d'État [1].

III. Les *commissions départementales* ont eu pour
but de liquider les fournitures faites pendant les
invasions de 1814 et de 1815 [2].

IV. La *commission de remise* des biens des émigrés
fut établie par la loi du 5 décembre 1814. Ce fut
une commission exécutive dont les arrêtés ne fai-
saient pas courir les délais du recours au conseil
d'État; recours, du reste, qui n'était admis que
pour excès de pouvoir de la commission.

V. La *commission d'indemnité* dut son origine à la
fameuse loi du milliard, du 27 avril 1825, en faveur
des émigrés.

VI. *Commission de Saint-Domingue*. Une commission
préparatoire pour les colons de Saint-Domingue fut
établie par l'ordonnance royale du 1er septembre
1825. Elle dut rechercher et proposer : 1° le mode
de réclamation à faire par les anciens colons, 2° les
bases et les moyens de répartition des sommes qui
leur seraient destinées. Une loi du 30 avril 1826
posa la base de répartition de l'indemnité, fixa le
mode de procéder, et, à cette fin, institua une com-

----

[1] *Voyez* CORMENIN, *Questions de Droit administratif,* t. II, p. 291,
2e édition.

[2] Ordonnance du 13 juin 1814 et loi du 28 avril 1816.

mission spéciale composée de trois sections. On pouvait appeler de la décision de l'une d'elles devant les deux autres réunies.

JURISPRUDENCE.

Commissions départementales. Le ministre, considérant ces commissions comme des jurys d'équité, pensait que leurs décisions étaient inattaquables. Le conseil d'État a établi une distinction : il a considéré que, lorsqu'il n'y avait pas de marchés écrits, les commissions avaient le droit d'arbitrer souverainement les allocutions; qu'au contraire, lorsqu'il y avait des traités, elles ne pouvaient en modifier les stipulations.

Il a renvoyé, dans ce cas, les fournisseurs devant le préfet, attendu que la matière, bien que litigieuse, appartenait à l'action administrative; puis, s'il s'élevait des contestations, il renvoyait devant le conseil de préfecture, sauf appel au conseil d'État (S., IV, 451). Les décisions de ces commissions n'étaient pas des jugements : elles devaient être déférées au ministre, et non au conseil d'État (III, 481). Une commission départementale excédait ses pouvoirs en changeant les bases de sa première liquidation et en rapportant sa première décision (D., IV, 2ᵉ série, 458).

Commission de restitution. Elle n'a remis les biens des émigrés que sous la réserve des droits des tiers, établis par des jugements et des actes administratifs (S., IV, 405).

Commission de révision. Les décisions approuvées

par le gouvernement sont définitives; elles ne peuvent être revisées par le conseil d'État que si elles sont provisoires (S., III, 455).

Commission d'indemnité de Saint-Domingue. La loi du 21 avril 1832, en déclarant dissoute la commission de liquidation de l'indemnité des anciens colons de Saint-Domingue, n'a pas attribué aux tribunaux les fonctions dont cette commission avait été investie par la loi du 30 avril 1826 (D., IV, 2ᵉ série, 736). Les décisions de la commission d'indemnité ne peuvent être déférées au conseil d'État que pour cause d'incompétence ou d'excès de pouvoir (D., III, 2ᵉ série, 278).

Commission d'indemnité des émigrés. Les héritiers régnicoles seuls ont droit à l'indemnité; et, lorsque le légataire universel de l'émigré se trouve sans qualité et sans droit pour recueillir l'indemnité, à cause de sa qualité d'étranger, les héritiers naturels ne sont pas fondés à réclamer (D., III, 2ᵉ série, 383). Le droit à l'indemnité est personnel et exclut toute idée d'accroissement (*ib.*, 627). Les héritiers testamentaires, qui seuls ont droit à l'indemnité, ne peuvent se prévaloir de la demande formée en temps utile par les héritiers naturels (D., II, 2ᵉ série, 49). La demande formée par les héritiers du sang maintient les droits des héritiers testamentaires agissant postérieurement (D., III, 2ᵉ série, 72). L'héritier naturel ne peut demander l'indemnité au lieu et place du légataire universel exclu comme étranger (*ib.*, 451). L'héritier régnicole ne peut non plus prétendre, par droit d'accroissement, à la portion dévolue à son cohéritier étranger (*ib.*, 10). Lorsque l'héritier testamentaire a renoncé à la succession, l'indemnité appartient aux héritiers naturels (*ib.*, 27). Lorsque l'ancien propriétaire a été saisi de son droit à l'indemnité par une demande formée en temps utile, son légataire universel, quoique étranger, est investi de l'indemnité (*ib.*, 66). Lorsqu'il n'y a pas de renonciation valable à la succession du père, le fils doit supporter sur son indemnité le passif de la succession de son père émigré (*ib.*, 17). Les héritiers ne peuvent contester le paiement d'une dette fait par l'État en vertu d'un arrêté de liquidation (*ib.*, 21). Chaque indemnisé doit supporter l'imputation des dettes dont il a été libéré par l'État; et, lorsqu'il y a eu solidarité entre les époux pour le paiement des dettes, l'État peut faire imputation sur l'un de ce qu'il a payé pour l'autre (*ib.*, 7). Les créanciers n'ont aucun droit à réclamer dans la liquidation des indemnités lorsque l'ancien propriétaire dépossédé ou ses ayant-droit se sont pourvus directement (*ib.*, 71). Les créanciers qui ne présentent pas un jugement de subrogation n'ont pas qualité pour attaquer les décisions de la commission (*ib.*, 617). Un créancier peut, aux termes de l'art. 1166 du Code civil, se présenter au lieu et place de son débiteur et poursuivre, dans les délais, la liquidation de l'indemnité; mais il ne peut se prévaloir de la demande formée par d'autres créanciers (*ib.*, 705). Lorsque les réclamants n'ont pas justifié de leurs droits héréditaires avant le 1ᵉʳ juillet 1832, il y a déchéance (*ib.*, 638). Les héritiers déchus pour ne s'être pas présentés dans le délai fixé ne peuvent invoquer la demande formée par un cohéritier pour sa part seulement (*ib.*, 9). La demande formée pour la *totalité* par un cohéritier profite à son cohéritier (D., II, 2ᵉ série, 265). Lorsqu'on ne peut reprocher de négligence aux réclamants, la déchéance n'a pas lieu (D., III, 2ᵉ série, 692). On ne peut appliquer la déchéance à un héritier qui ne s'est pas présenté dans le délai de la loi, lorsque la demande en indemnité qui a pour objet une succession indivise a été formée régulièrement par des cohéritiers (*ib.*, 320).

Le conseil d'État, juge d'appel des décisions de la commission, ne peut, après la suppression de cette commission, liquider l'indemnité des réclamants (D., III, 2ᵉ série, 606). La liquidation de l'indemnité doit être opérée conformément aux droits acquis et aux qualités fixées lors de la promulgation de la loi. Ainsi, lorsque l'ancien propriétaire est décédé après avoir réclamé, on ne peut repousser l'héritier comme n'étant pas Français : ainsi l'indemnité est acquise à l'étranger à titre d'héritage lorsque son auteur Français est décédé après la promulgation de la loi du 27 avril 1825 (D., II, 2ᵉ série, 559 [1]).

§ III.

Du conseil de révision.

Ce conseil doit son origine à la loi du recrutement de l'armée [2]. Ses décisions ne sont pas susceptibles de recours [3]. On pourrait donc encore deman-

---

[1] Quoique ces questions soient épuisées, leur étude initie dans la science du droit administratif.

[2] Loi du 21 mars 1832, art. 15.

[3] *Ibid.*, art. 25.

der si le recours au Roi, pour violation de la loi ou pour incompétence, serait admissible. Un avis du conseil d'État du 27 juillet 1820 porte que les conflits auxquels l'exécution de la loi de recrutement pourrait donner lieu doivent être admis, instruits et jugés comme les autres conflits, et qu'il n'y a sur ce point aucune règle nouvelle à établir; que, sous tout autre point de vue, le recours ne pourrait être admis qu'en vertu d'une loi qui modifierait celle du recrutement à cet égard '.

Cet avis, intervenu sur la loi de recrutement du 10 mars 1818, conserve toute sa force sous l'empire de la loi actuelle.

SECTION III.

DES ORGANES SPÉCIAUX ACCIDENTELS.

Nous rapportons à ce titre, 1° les commissions de travaux publics, 2° les commissions coloniales et consulaires établies pour le jugement des prises maritimes.

§ 1ᵉʳ.

Des commissions de travaux publics.

Les commissions spéciales des travaux publics ont été créées par la loi du 16 septembre 1807. Elles sont connues aussi sous le nom de *commissions de desséchement;* mais cette dénomination est incomplète, puisqu'elle paraît se restreindre aux travaux

---

' *Voyez* Isambert, *Recueil complet des lois et ordonnances,* année 1820, appendice, p. 545.

relatifs aux marais, tandis qu'elle doit s'appliquer à tous les travaux publics.

Ces commissions se composent de peu de membres nommés et révocables par le Roi. Dans certains cas elles administrent, dans d'autres elles jugent; quelquefois elles ne donnent que des avis [1].

On se pourvoit contre leurs décisions au conseil d'État. La loi de 1807 garde le silence à ce sujet; mais, à défaut de prohibition expresse, le recours est de droit commun : aussi est-il admis par la jurisprudence.

M. Macarel regrette que le législateur n'ait pas déterminé la plupart des mesures qu'il abandonne à la prudence de l'administration, et qu'il n'ait pas établi une commission du gouvernement auprès de chacune de ces commissions [2].

Quant à présent, c'est encore le décret du 13 fructidor an XIII qui règle la compétence des ministres [3] : il met dans les attributions du ministre de l'intérieur les grandes routes, ponts, canaux de navigation, fleuves et rivières navigables, ports de commerce, écluses de navigation, écluses de chasse, dessèchements, digues à la mer, digues sur les fleuves, rivières et torrents; il met dans les attributions du ministre de la guerre les routes, canaux de navigation, fleuves et rivières navigables qui traversent des places de guerre, ou des portions de leurs fortifications dans l'étendue de ces mêmes fortifications,

[1] Loi du 16 septembre 1807, tit. x, qui traite de l'organisation et des attributions des commissions.

[2] *Des Tribunaux administratifs*, p. 264.

[3] *Voyez*, sur les attributions des ministres, les ordonnances des 4 et 6 avril 1834 et 19 septembre 1836.

ainsi qu'à 500 toises de la crête des chemins couverts, lorsque, par des décrets spéciaux, certaines portions de ces travaux n'auraient pas été, par exception, attribuées au ministre de l'intérieur; il met également dans les attributions du ministre de la guerre les écluses d'inondation des places fortes et des lignes de défense, et les canaux et rivières qui servent de fossés auxdites lignes; le même décret met dans les attributions du ministre de la marine les travaux des rades et ports militaires et ceux des forts et batteries à la mer, dans l'étendue de ces rades et ports.

Ce décret porte, au surplus, que les ouvrages doivent être projetés de concert entre les divers services [1]. L'inspecteur général du génie et le directeur général des ponts-et-chaussées doivent entrer en communication pour former un avis commun; s'ils ne peuvent s'accorder, le procès-verbal de leurs conférences est adressé aux ministres respectifs, qui soumettent leurs avis à la décision du Roi. Toute la besogne passe au conseil des ministres, conseil qui ne se trouve guère plus éclairé que s'il n'eût consulté personne.

JURISPRUDENCE.

Les commissions spéciales exercent les mêmes fonctions que le conseil de préfecture pour tout le contentieux relatif aux entreprises. Elles doivent aussi se conformer au mode de procéder établi pour

[1] *Voyez* l'ordonnance du 27 fév. 1815, qui a la même disposition sur l'organisation et la composition de la commission mixte des travaux publics, le décret du 22 décembre 1512 et l'ordonnance du 18 septembre 1816.

ces conseils (S., V, 214; et Sirey, Recueil d'arrêts, t. XX, part. II, p. 257). Une commission de dessèchement commet un déni de justice et méconnaît ses pouvoirs en refusant de procéder à la vérification des rôles qui lui sont présentés et en se déclarant incompétente pour arrêter lesdits rôles (D., III, 2ᵉ série, 498). Au refus de la commission à cet égard, le préfet doit y pourvoir, sauf aux parties intéressées à porter devant le conseil de préfecture leurs réclamations contre la formation de ces rôles (*ib.*).

§ II.

Des commissions coloniales consulaires.

Ces commissions sont établies, quand il y a lieu, pour le jugement des prises maritimes dans les colonies. Il nous suffit, au surplus, de renvoyer à la section précédente, § Iᵉʳ.

APPENDICE.

—

DE L'ADMINISTRATION DES COLONIES [1].

Les colonies sont régies par des administrations spéciales. Le commandement général et la haute administration sont confiés à un gouverneur dépositaire de l'autorité royale [2].

Les chefs de l'administration, *sous les ordres du gouverneur,* sont l'ordonnateur, le directeur général et le contrôleur colonial.

Les conseils administratifs sont le conseil privé, le conseil général et les conseillers coloniaux.

§ Ier.

Des chefs de l'administration.

L'ordonnateur est chargé de l'administration de la marine, de la guerre et du Trésor, de la direction des travaux autres que ceux des ponts-et-chaussées et des communes, et de la comptabilité générale pour tous les services.

Le directeur général est chargé de l'administration

[1] De la Martinique et de la Guadeloupe seulement.

[2] *Voyez* ordonnance du 9 février 1827 sur l'administration coloniale. Pour l'île Bourbon, *voyez* ordonnance du 21 août 1825. Quant à l'administration et à l'organisation judiciaire d'Alger, *voyez* les ordonnances des 22 juillet et 10 août 1834.

intérieure, de la police générale et des contributions directes et indirectes.

Le contrôleur colonial est un surveillant, un inspecteur de tous les services. Il agit par voie administrative et judiciaire, soit en demandant, soit en défendant; il est agent judiciaire. Il ne s'adresse directement au gouverneur que lorsqu'il doit lui signaler des abus, ou faire des propositions sur lesquelles le gouverneur seul peut statuer.

§ II.

Des conseils de l'administration.

Le conseil privé. En certaines matières ce conseil est appelé à donner son avis au gouverneur, en d'autres à prescrire ce qu'il doit faire. Constitué en conseil du contentieux administratif [1], il juge administrativement. La procédure est faite conformément au Code de procédure civile et au règlement du 22 juillet 1806, relatif au conseil d'État.

Le conseil général a des attributions analogues à celles des conseils généraux de département.

Indépendamment de leurs fonctions au conseil, les membres du conseil privé sont spécialement chargés des travaux du régime des noirs, des habitations domaniales, des hôpitaux et prisons, des pensionnats et écoles primaires, des banques et comptoirs d'escompte, et de toute inspection en mission temporaire dont ils peuvent être chargés par le gouverneur. Du reste, leur pouvoir se borne

[1] *Voyez* l'ordonnance du 31 août 1828.

à signaler des abus, des irrégularités, et à présenter toutes les propositions qu'ils jugent utiles au bien des colonies.

Les actes de haute administration du gouverneur peuvent être attaqués devant le ministre de la marine, et les appels des décisions du conseil du contentieux administratif sont portés devant le conseil d'État.

JURISPRUDENCE.

Le gouverneur, en remplaçant provisoirement les vacances survenues dans les emplois judiciaires, ne confère aux intérimaires ni le grade ni le titre des fonctions qui leur sont confiées. Ceux-ci ne peuvent donc s'en prévaloir pour réclamer le traitement qui leur est appliqué; et, lorsqu'ils sont renvoyés en France. pour rendre compte de leur conduite, le traitement colonial cesse du jour de l'embarquement; et dès-lors ils n'ont plus droit qu'au traitement d'Europe, tiers du traitement colonial. Enfin ils ne peuvent réclamer une indemnité qui n'est fondée ni sur une loi ni sur un règlement (D., II, 2e série, 623). Le traitement d'un fonctionnaire public envoyé dans les colonies ne commence pas à courir du jour de sa prestation de serment, mais seulement du jour de son installation (S., V, 238).

L'extension de délai accordée par l'art. 5 de la loi du 17 août 1822 aux personnes domiciliées dans les colonies pour obtenir de l'État le paiement de leurs créances liquidées est un *droit personnel* qui leur est attribué uniquement à cause de leur éloignement, et qui, aux termes de l'art. 1166 du Code civil, ne peut être exercé pas leurs créanciers (M., VII, 76).

Les amendes et condamnations encourues, d'après l'art. 5 du règlement colonial (île Bourbon) du 1er pluviôse an XII, relatif au recensement des esclaves, doivent être prononcées par l'autorité judiciaire. L'ordonnance locale du 8 mars 1849 n'a pas dérogé à ce règlement sur ce point (M., VI, 293).

La pension d'un magistrat des colonies ne peut être liquidée que d'après le règlement général du 11 fructidor an XI, sur les pensions de la marine (S., V, 346).

Le ministre de la marine a seul le droit de proposer et de consentir l'aliénation des propriétés de l'État (D., II, 392). Le conseil privé de la colonie ne peut accorder une prise d'eau dans un canal de l'État (*ib.*).

LIVRE II.

DE LA PROCÉDURE.

—

Lorsqu'une contestation doit être portée devant un tribunal quelconque, le premier pas consiste à savoir quel est le tribunal devant lequel on peut légalement procéder, et, lorsqu'il s'agit d'un recours, quel est le rang que ce tribunal occupe dans l'ordre hiérarchique de la juridiction. La forme de procéder et les formalités de la procédure viennent ensuite. Enfin le déni de justice, les voies ouvertes contre les décisions réformables et l'exécution des décisions en dernier ressort seront le complément de la matière dont ce livre est l'objet.

Nous ferons observer, au surplus, qu'il s'agit ici de l'administration active tout aussi bien que de l'administration contentieuse. Le mot *tribunal*, que nous employons quant à celle-ci, peut et doit être remplacé par celui d'*autorité* quant à celle-là.

CHAPITRE Ier.

DE LA HIÉRARCHIE ET DES DEGRÉS DE JURIDICTION.

L'administration active et l'administration contentieuse fonctionnent dans des sphères distinctes par leur nature et séparées dans leur exercice. Chacune passe du premier degré au second ou ultérieur; leur mouvement et leur route ne se confondent jamais. Ainsi un préfet, un gouverneur de colonies font un acte de leur compétence; ils annulent, par exemple, un marché, parce que l'adjudicataire n'a pas rempli les conditions de l'adjudication : la décision de ces fonctionnaires ne pourrait être attaquée que devant le ministre, leur supérieur. Mais, quels que fussent les motifs et le sort de leur décision, ils ne pourraient détruire le droit à une indemnité, ni même le préjuger; l'adjudicataire pourrait former demande à cet égard s'il s'y croyait fondé; et, à son tour, l'administration contentieuse statuerait sur la justice de la réclamation. Les deux actions parcourraient ainsi, chacune de son côté, l'ordre hiérarchique et les degrés de juridiction qui leur sont propres.

Il peut arriver aussi qu'un acte administratif provoque un litige qui fasse naître une complication d'actions. Un préfet, par exemple, autorise, dans le cercle de ses attributions, des constructions utiles : si, à cette occasion, un particulier se croit lésé par un empiétement sur son terrain, il doit, d'un côté, recourir au ministre pour faire réformer l'arrêté du préfet, et, d'un autre côté, poursuivre la partie civile devant les tribunaux, pour faire statuer sur la question de propriété [1]. Le ministre peut annuler ou maintenir l'acte attaqué : cela dépend du degré d'utilité qu'il reconnaît à son résultat administratif ; mais il ne peut se déterminer uniquement par la question de propriété, qui n'est pas de sa compétence. Si les tribunaux accueillent les moyens du demandeur, alors celui-ci, dans le cas où l'acte administratif serait maintenu, a droit à une indemnité pour cause d'utilité publique. C'est ainsi qu'un juge de paix prononce sur le possessoire du sol qui sert de chemin, et que les tribunaux statuent sur le pétitoire, tandis que l'administration prononce sur la vicinalité seulement [2].

Cette complication d'éléments divers dans une même affaire constitue ce que l'on appelle en droit administratif *divisibilité* ; c'est-à-dire qu'il faut distinguer les diverses questions qui naissent d'une même contestation, et demander la solution de chacune d'elles à l'autorité judiciaire ou administrative qui doit en connaître. Deux exemples rendront plus frappant encore ce principe important.

Lorsqu'une action en dommages-intérêts pour raison d'un événement dommageable repose sur plusieurs causes de responsabilité, les unes du ressort de l'autorité administrative, les autres de l'autorité judiciaire, la compétence doit être divisée de manière qu'il y ait deux procès. Ainsi le naufrage

[1] S., III, 171.
[2] S., III, 389.

d'une barque a lieu tant par la négligence des en-
preneurs d'un pont que par la faute du patron de
la barque : celui-ci, simple particulier, sera poursuivi devant les tribunaux ; ceux-là, subordonnés
de l'administration, seront poursuivis devant le conseil de préfecture [1]. S'agit-il de savoir si l'administration a vendu deux fois le même domaine national :
si les actes de vente ne renferment pas les renseignements nécessaires, si la question ne peut être
résolue que par les baux, la possession ou des enquêtes, il faut recourir à l'autorité judiciaire pour
constater ces faits avant que l'administration puisse
décider elle-même si la seconde adjudication est ou
non valide [2]. Ainsi la divisibilité de compétence est
admise non-seulement pour juger la même affaire
sous deux points de vue différents, mais encore dans
la même affaire et sous le même point de vue, pour
remplir le vœu d'un interlocutoire avant de passer
au jugement définitif. Les questions de compétence
territoriale, par exemple, si l'acte d'un notaire,
d'un huissier, etc., est argué de nullité pour avoir
été passé hors de son arrondissement, de son canton, etc., ces questions doivent, d'après le même
principe, être préalablement résolues par le conseil
d'État, qui connaît directement de toutes les questions de territoire.

Les fonctionnaires de l'administration active,
comme ceux des tribunaux administratifs, sont
échelonnés hiérarchiquement : la critique de l'acte
du premier degré est dévolue au second. Il n'y a

[1] S., IV, 389.
[2] S., II, 387; III, 291.

qu'une exception à cette règle : c'est que, lorsqu'une autorité commet un excès de pouvoir dans une décision particulière, cette décision est déférable directement au conseil d'État [1]. Nous disons une *décision particulière;* car si l'excès de pouvoir résultait d'un règlement général, si, par exemple, un préfet faisait un règlement de police portant 300 fr. d'amende pour un simple fait de contravention, ce règlement ne pourrait être attaqué d'abord que par la voie du recours au ministre [2]. Ainsi un préfet prend un arrêté sur une matière de sa compétence : il peut être attaqué comme erroné devant le ministre; mais s'il est attaqué pour cause d'incompétence, le conseil d'État est directement saisi; puis, reconnaissant la compétence du préfet, ce conseil rejette le pourvoi, sauf le recours devant le ministre, supérieur du préfet. Il est donc important de bien connaître la compétence.

L'attaque d'un acte de l'administration active est un *recours* dont l'exercice n'est soumis à aucune déchéance; l'attaque d'une décision contentieuse est un *appel* dont l'exercice est soumis à des délais de droit.

Il faut remarquer, du reste, que l'appel de la décision d'un juge inférieur n'est pas toujours dévolu

---

[1] S., III, 168. — C'est la loi du 14 octobre 1790 qui charge le Roi de statuer, en conseil d'État, sur les questions de compétence et d'excès de pouvoir. Une décision ministérielle attaquée pour excès de pouvoir est soumise à la même règle (D., III, 2e série, 174). Le conseil d'État a jugé que le recours pour incompétence ou excès de pouvoir, et non pour violation des formes et de la loi, était admissible contre les décisions des jurys de révision en matière de garde nationale.

[2] D., II, 2e série, 510.

à un seul et même tribunal supérieur; la nature de
la contestation, plus que l'ordre hiérarchique, im-
prime quelquefois une direction à l'appel. Les décisions d'un maire, par exemple, portent, comme on
l'a vu précédemment, sur des questions de contributions indirectes, sur des contraventions relatives à
la police du roulage, et sur des difficultés qui naissent entre les concurrents à l'occasion des courses
de chevaux. Ainsi, dans le premier cas, l'appel est
porté devant le préfet en conseil de préfecture, dans
le second devant le conseil de préfecture, et dans
le troisième devant le préfet seul. Après cela, les
arrêtés pris par ces autorités peuvent être déférés
au conseil d'État, tribunal suprême. Pourquoi trois
degrés de juridiction? pourquoi pas quatre? c'est-à-
dire pourquoi, dans le dernier cas, le préfet ayant
statué seul, l'arrêté qu'il rend n'est-il pas déféré
au ministre avant d'être porté devant le conseil d'É-
tat? On peut considérer le maire, dans ces cas,
comme un juge de référé : il ne rend qu'une ordonnance. La partie qui se croit lésée dénonce cette ordonnance au juge supérieur et spécial. Il est vrai
que, dans le troisième cas, le préfet seul ne peut être
considéré comme un juge : ses fonctions sont purement administratives; mais aussi ne décide-t-il qu'administrativement; et ce n'est que dès l'instant que
son arrêté est critiqué par un individu lésé que la
difficulté prend un caractère contentieux, et dès-
lors doit être portée au conseil d'État sans l'intermédiaire du ministre.

En matière d'instruction publique, la hiérarchie
qui existe entre le grand-maître, les recteurs, les fa-

cultés, les conseils académiques, le conseil de l'Université et le conseil d'État forme plusieurs degrés de juridiction. Du reste, chacune de ces autorités universitaires exerce parfois une juridiction de premier et même de dernier ressort ; la plupart des décisions du grand-maître sont définitives ; les recteurs ne statuent que provisoirement ; les décisions du conseil de l'Université sont quelquefois de premier ressort, d'autres fois du second, et parfois en dernier ressort. Toutes ces juridictions, qu'il faut étudier dans les décrets et ordonnances universitaires, ont besoin, comme le remarque M. Macarel, d'être mises en harmonie et consacrées par une loi.

Les décisions des commissions des prises, de liquidation, de travaux publics, etc., sont sujettes, sauf les exceptions prévues par les lois de leur création, à l'appel devant le conseil d'État.

Les degrés de juridiction sont d'ordre public. Toutefois, il est des cas où le juge d'appel peut évoquer l'affaire, bien qu'elle n'ait pas subi le premier degré de juridiction. Supposons, par exemple, que le premier juge a ordonné un *avant-faire-droit*, une preuve, une vérification, une instruction qui préjuge le fond du procès : s'il y a appel de ce jugement interlocutoire, et si, devant le juge d'appel, la matière est en état de recevoir une décision définitive, il est statué sur le tout par une seule et même décision [1].

En matière d'administration active, s'il s'agit, par exemple, d'une contestation de vicinalité, le conseil

<hr>

[1] *Voyez* MACAREL, *des Tribunaux administratifs*, p. 530. *Voyez* aussi l'arrêt du conseil du 7 février 1834 (D., IV, 2e série, 100).

d'État renvoie les parties devant l'autorité qui a statué lorsque le débat n'a pas été contradictoire,
lorsque, par conséquent, le fonctionnaire peut rapporter sa propre décision après une instruction contradictoire entre les parties intéressées [1]. Mais néanmoins, si un préfet statuait sur une matière de la
compétence du conseil de préfecture, le conseil d'É-
tat, en annulant l'arrêté préfectoral pour cause d'incompétence, pourrait évoquer la cause si elle était
en état [2].

Le conseil d'État, tribunal suprême, exerce aussi
une juridiction de premier et dernier ressort : il
prononce directement sur les contestations relatives
à des marchés de travaux, de fournitures ou services
quelconques passés, soit avec les ministres, soit
avec leurs agents. Dans ce cas le ministre ne peut
être juge et partie; et, bien qu'il reçoive les demandes et les mémoires des intéressés, on ne peut considérer la modification ou le rejet qu'il en fait
comme une décision de première instance; il n'y a
là qu'une opinion administrative, une voie d'instruction. Dès-lors le conseil d'État est saisi non
par voie d'appel, mais par voie de recours; de
même que tout créancier s'adresse aux tribunaux
lorsque son débiteur refuse un arrangement amiable.
Telle est, du moins, l'opinion de M. Macarel. Peut-
être est-elle plus rationnelle que celle de M. Cormenin, qui voit dans le ministre un juge de premier
ressort. Cependant il est difficile de méconnaître
l'autorité de la décision ministérielle comme juge-

[1] D., IV, 2e série, 113.
[2] D., II, 2e série, 51.

ment, lorsqu'il est incontestable que cette décision doit être attaquée dans un délai de droit, à peine de déchéance.

Dans tous les cas, le pourvoi au conseil d'État n'a point d'effet suspensif: on ne peut que demander, après l'appel formé, un sursis, sur lequel il est d'abord statué par un premier arrêt et rapport dûment fait au conseil [1]. Ce principe est fondé sur ce que l'administration ne doit point être entravée dans la rapidité et l'opportunité de sa marche et de sa justice.

JURISPRUDENCE.

Recours. Le conseil d'État connaît, par voie de recours, des décisions ministérielles sur les décomptes des domaines nationaux (S., III, 140). La réformation des arrêtés rendus par les préfets, en matière domaniale, appartient au ministre des finances (III, 159). L'arrêté d'un maire et d'un préfet ordonnant la démolition d'une maison pour cause de vétusté est un acte administratif : c'est au ministre qu'il faut le dénoncer (II, 237).

Excès de pouvoir. Le pourvoi pour cause d'incompétence est recevable contre l'arrêté d'un préfet; mais, si l'arrêté attaqué est compétemment rendu, le poursuivant peut se pourvoir en indemnité contre qui de droit s'il est dépouillé par là d'une propriété ou d'un cours d'eau qui lui occasionne un chomage (D., III, 2ᵉ série, 381). Le conseil d'État, annulant un arrêté de conseil de préfecture pour excès de pouvoir, renvoie devant le

---

[1] Règlement du 22 juillet 1806, art. 3.

même conseil de préfecture (D., II, 2ᵉ série, 691).
Les autorités administratives ne peuvent se déjuger;
l'autorité supérieure seule peut réformer leurs décisions (S., I, 66). Lorsque le conseil d'État renvoie une contestation devant les tribunaux, l'autorité administrative qu'il déclare incompétente ne
peut accorder de provision (I, 389).

Le conseil d'État ne peut statuer sur des conclusions que les parties n'ont pas proposées en première instance (M., II, 158).

Sursis. Le conseil d'État surseoit à l'exécution
d'arrêtés dont l'annulation est demandée, si l'exécution provisoire peut occasionner un préjudice ir-
réparable en définitive (S., III, 352; IV, 192), et s'il
s'agit d'arrachement d'arbres (IV, 219, 356), de
démolition (V, 106, 236), à moins qu'il n'y ait
urgence (V, 280). Le sursis peut être partiel; et,
quant à un chef de condamnation (IV, 450), lorsqu'il résulte de l'instruction que l'exécution n'a
rien d'urgent et qu'il y a consignation du montant
des condamnations, il y a lieu à sursis (D., IV,
2ᵉ série, 260) ¹.

¹ Quoique le pourvoi ne soit pas suspensif en droit, il n'est pas moins
vrai, en fait, que la représentation du certificat du dépôt de pourvoi au
conseil produit ordinairement cette suspension. (CORMENIN, *Questions de
Droit administratif.*) Vᵒ PROCÉDURE.

CHAPITRE II.

DES FORMES DE LA PROCÉDURE.

Le contentieux de l'administration a seul des règles générales et fixes, une procédure proprement dite : l'administration active n'est soumise qu'à des modes d'action indiqués par la nature des choses et le besoin des circonstances. Nous allons donner d'abord quelques notions de la procédure en matière de simple administration, nous exposerons ensuite les règles générales de la procédure du contentieux.

SECTION Iʳᵉ.

PROCÉDURE ADMINISTRATIVE.

La procédure, en matière d'administration active, a pour objet tout ensemble la recherche et l'investigation des faits, l'appréciation des convenances et la prévision de l'avenir [1].

Aussi l'administration recourt-elle parfois à des rapports de gens de l'art, à des expertises, à des enquêtes, à des vérifications, à des comparutions de parties, enfin à tous les moyens propres à l'éclairer dans sa marche.

Elle reçoit également les oppositions des parties intéressées ; elle provoque même des informations de *commodo et incommodo* sur les choses d'utilité commune. L'enquête de cette nature a pour objet

[1] De Gérando, *Inst. adm.*, t. I, p. 362.

de constater l'opinion des tiers intéressés relativement aux aliénations, acquisitions, échanges d'utilité générale proposés par les communes, et d'éclairer l'autorité supérieure sur le mérite des projets
qui lui sont soumis. Elle est ordinairement confiée
au juge de paix; le sous-préfet peut déléguer tout
autre fonctionnaire dont le caractère et la capacité
présentent de l'exactitude et des garanties. L'annonce de l'enquête et l'opération doivent être faites
un dimanche et sans frais. Tous les habitants et
autres intéressés sont appelés à émettre leurs
vœux et à déduire leur opinion, surtout si elle est
contraire aux vues de l'administration qui les con-
sulte [1].

Les particuliers, de leur côté, doivent préalablement publier, par voie d'affiches, 1° les demandes en
autorisation pour établissement de moulins et usines [2], — en concession de mines [3], — en permission d'établir des fourneaux à fondre les minerais,
des forges, des usines servant de patouillets et bo-
cards, ou à traiter des substances salines et pyri-
teuses [4]; — en autorisation pour établissements de
manufactures insalubres [5]; 2° l'avis aux parties intéressées de prendre connaissance des places de
desséchement [6]; 3° l'annonce de la délimitation générale et du bornage d'une forêt de l'État [7].

[1] *Voyez* l'instruction ministérielle du 20 août 1825.
[2] Loi du 13 novembre 1791 et arrêté du 9 ventôse an VI.
[3] Loi du 21 avril 1810.
[4] *Ibid.*
[5] Décret du 15 octobre 1810.
[6] Loi du 16 septembre 1807.
[7] Code forestier, art. 10.

Les oppositions formées à ces demandes sont adressées à l'administration, consultées, appréciées et visées dans la décision administrative.

Lorsque l'administration a réuni tous les actes, informations et documents propres à l'éclairer, elle délibère et statue.

Les divers actes de la procédure de simple administration, bien qu'ils ne soient pas, en général, soumis à des formules rigoureuses, doivent pourtant se calquer autant que possible sur les règles générales du droit, les prescriptions de la raison et l'usage de la pratique.

On se pourvoit contre les actes de l'autorité administrative par de simples réclamations écrites. Cependant, lorsqu'il s'agit d'un acte de haute administration, d'une ordonnance, par exemple, que l'on ne peut attaquer au contentieux, la partie lésée par cet acte doit se pourvoir par requête au Roi; et, s'il y a lieu, la question est renvoyée à une section du conseil d'État ou à une commission, aux termes de l'art. 40 du règlement du 22 juillet 1806.

JURISPRUDENCE.

Le recours contre les arrêtés des préfets, pris dans les bornes de leurs attributions, doit être porté devant le ministre avant d'être soumis au conseil d'État (S., II, 502; IV, 216), même quand la décision est un refus d'élever un conflit (V, 491). Lorsqu'un préfet, ne se renfermant pas dans les limites de sa compétence, autorise des constructions qui nuisent à un tiers, celui-ci doit se pourvoir d'abord devant le ministre pour faire réformer la mesure de police, ensuite devant les tribunaux pour faire statuer sur le droit privé (III, 171). Lorsqu'un particulier réclame un droit et qu'il n'appuie pas sa demande sur le titre qu'il possède, mais sur des considérations d'intérêt public, il ne peut se pourvoir contre la décision du ministre; il ne peut que s'adresser au Roi, conformément à l'article 40 du règlement du 22 juillet 1806 (III, 485). On ne peut se pourvoir contre un règlement d'administration publique qu'en s'adressant au ministre qu'il concerne, et qui fait un rapport à ce sujet (I, 91).

Recours. Aucun délai n'est fixé pour le recours contre un arrêté de préfet; il n'en est pas comme du recours contre une décision du ministre (S., V, 419). Lorsqu'il y a deux parties sur lesquelles porte une décision de préfet, celle qui se croit lésée à l'avantage de l'autre ne peut attaquer cette décision que dans le délai de trois mois, qui court, non du jour de la notification administrative, mais du jour de la signification faite par la partie (III, 520). Lorsqu'un arrêté n'a pas été notifié officiellement la personne à laquelle on l'oppose peut l'attaquer, et on ne peut invoquer une fin de non-recevoir qui résulterait d'une quittance donnée par son fondé de pouvoir d'une somme que l'arrêté allouait à cette personne (V, 421).

Exécution. Elle appartient au préfet, même quand il s'agit d'arrêtés du gouvernement (S., III, 388).

SECTION II.

PROCÉDURE CONTENTIEUSE.

Nous exposerons dans cette section les règles générales de la procédure de la Cour des comptes, de l'Université, des conseils de préfecture et du conseil d'État.

Nous ne chercherons pas à justifier l'ordre que nous adoptons : il nous suffit de dire que le caractère contentieux se manifeste sous ces quatre points de vue; que dès-lors peu importe que nous parlions de l'Université et de la Cour des comptes avant le conseil de préfecture et le conseil d'État. Nous croyons, au surplus, que ces deux conseils étant seuls de véritables tribunaux administratifs placés dans une dépendance hiérarchique, il était convenable d'en parler dans l'ordre de leur importance judiciaire, déterminée par le contrôle du ressort.

§ Ier.

Cour des comptes.

La procédure des organes spéciaux de l'admistration est en grande partie réglée par les lois qui les établissent. Aussi voyons-nous que les comptables doivent fournir et déposer leurs comptes au greffe de la Cour des comptes. Le premier président en fait la distribution entre les référendaires et indique la chambre où le rapport doit être fait. Les réclamations sur l'attribution ou sur les retards des rapports sont portées devant le premier président,

qui peut, quand il est nécessaire, renvoyer à une
chambre des rapports qui ne sont pas de ses attributions spéciales. Les référendaires procèdent à l'instruction des affaires de la manière prescrite par
les lois [1]. Ils rédigent, pour chaque compte, un
rapport raisonné des recettes et des dépenses; ils le
déposent au greffe; et, quand le président de la
chambre n'indique pas un rapport pour cause d'urgence, ils sont appelés à les faire à tour de rôle.
Après le rapport du référendaire, le président de la
chambre en fait la distribution à un maître, qui doit
1° vérifier si le référendaire a fait le travail dont il
était tenu, 2° apprécier si les difficultés élevées par
le référendaire sont fondées, 3° examiner les pièces
au soutien pour s'assurer que le référendaire en a
soigneusement vérifié toutes les parties. Il nomme
en même temps deux ou un plus grand nombre de
référendaires pour vérifier les cahiers du référendaire rapporteur. Le maître fait à la chambre son
rapport motivé; les référendaires qui ont concouru
à la première vérification y assistent; ceux qui veulent parler demandent la parole au président. Le
référendaire rapporteur donne son avis, qui n'est
que consultatif; le maître rapporteur opine, et chaque maître successivement, à tour d'ancienneté. Le
procureur général exerce son ministère par voie de
réquisition. Les décisions sont prises à la majorité
des voix, et, en cas de partage, la voix du président
est prépondérante. Les arrêts, avant de devenir définitifs, sont communiqués aux comptables, pour
qu'ils puissent contester l'arrêté de leur situation

[1] *Voyez* la loi du 20 septembre 1807 et le décret du 28 du même mois,

et envoyer à la Cour les pièces nécessaires pour appuyer leurs réclamations : ils deviennent définitifs lorsque, à partir du jour de la communication, il s'est écoulé deux mois sans réclamation du comptable [1].

Les arrêts définitifs sont signifiés pour ou contre l'agent judiciaire du Trésor, par un huissier, à personne ou domicile. On peut, pendant trois mois, se pourvoir en cassation au conseil d'État; et, si l'arrêt est cassé, le jugement sur le fond est rendu par l'une des chambres qui n'en ont pas connu [2].

JURISPRUDENCE.

La Cour des comptes n'est pas compétente pour admettre une tierce-opposition à ses arrêts (S., I, 546), ni pour connaître des questions relatives à la qualité d'héritier bénéficiaire, à la faculté de renoncer, à la discussion des biens des comptables et à tous les débats de leurs représentants (III, 93). Lorsque la Cour des comptes déclare, à défaut de preuves, un comptable non libéré, c'est un bien ou un mal jugé; ce n'est point une contravention à la loi propre à motiver un recours en cassation (III, 185). Tout recours en cassation devant le conseil d'État est rejeté s'il n'y a pas contravention à la loi (III, 164) ou violation de formes (V, 589).

§ II.

Université.

Les plaintes portées contre les membres de l'Université doivent être écrites, signées, datées

[1] Loi du 23 pluviôse an III, arrêté du 29 brumaire an IX.
[2] Ordonnance du 1er septembre 1819.

et enregistrées sur un registre à ce destiné. Elles sont adressées aux doyens des facultés, aux principaux des colléges, qui les font passer au recteur de l'académie avec les renseignements qu'ils ont pu se procurer et leur avis. Les inspecteurs généraux auxquels il parvient connaissance de quelque délit adressent leurs plaintes au grand-maître; les inspecteurs d'académie adressent les leurs au recteur. Une plainte peut toujours être portée directement au grand-maître.

Si la plainte est de nature à faire infliger les arrêts, la censure, la suspension, le recteur la soumet au conseil académique, dont il envoie les instructions et le rapport au grand-maître. Si elle est de nature à être jugée par le conseil royal de l'instruction publique, elle est soumise à l'examen du conseil académique, qui, sur les conclusions de l'inspecteur chargé du ministère public, juge si elle est ou non recevable. S'il n'y a pas lieu à suivre, le mémoire du plaignant lui est renvoyé avec l'avis motivé du conseil. Le plaignant peut se pourvoir devant le chancelier, qui soumet la réclamation au conseil de l'Université. S'il y a lieu à suivre, le conseil arrête que la plainte sera communiquée au prévenu, pour y répondre dans la huitaine. Ce délai passé, il est fait droit sur la plainte. S'il y a lieu d'entendre les parties, le conseil académique ordonne leur comparution. Il est dressé procès-verbal de leurs dires, qu'elles signent avec le président et le secrétaire du conseil. Le prévenu est toujours entendu en personne quand la plainte est de nature à entraîner la radiation ou la réforme.

Si une visite de lieux, une vérification de pièces

ou d'effets deviennent nécessaires, le recteur commet un conseiller ou un inspecteur, qui dresse procès-verbal des faits et des déclarations qu'il a recueillis. Il en est donné copie aux parties intéressées avec avertissement d'y répondre dans la huitaine. Les procès-verbaux et les rapports du conseil académique sont envoyés par le recteur au grand-maître, pour être par lui communiqués au conseil royal de l'instruction publique. Le recteur peut y joindre ses observations et son avis. Le conseil royal, sur les conclusions du ministère public, examine quelle est la peine applicable, afin de déterminer si le jugement appartient à l'Université ou au grand-maître. Dans le premier cas l'affaire est renvoyée, avec les conclusions du ministère public, à la section du contentieux, qui fait son rapport et donne son avis au conseil.

Les plaintes portées contre les élèves des colléges sont adressées au recteur, qui délègue l'inspecteur de l'académie pour se transporter sur les lieux, entendre l'élève, prendre des informations et dresser procès-verbal. Le jugement de l'affaire, selon la nature de la peine à infliger, est renvoyé devant la faculté, le conseil académique ou le conseil royal de l'instruction publique. Un conseiller remplit près du conseil les fonctions du ministère public; ses conclusions sont rappelées dans tous les jugements du conseil. Il peut dénoncer à ce conseil toutes les contraventions ou délits qui viennent à sa connaissance.

Les *ordonnances* du grand-maître et les *jugements* du conseil royal contiennent l'exposé des faits et les motifs. Les expéditions, délivrées sur papier non timbré, sont envoyées au recteur chargé de la notification et de l'exécution. Le doyen d'une faculté, le proviseur d'un collége, etc., sont, en certains cas, chargés de cette mission. En cas de réforme ou de radiation du tableau, le jugement est envoyé par le chancelier au procureur général de la Cour royale du ressort, qui le fait lire en audience publique. Dans toute affaire intéressant des membres ou des élèves de l'Université, les procureurs généraux sont tenus d'en rendre compte au ministre de la justice, et d'en instruire le ministre de l'intérieur et celui de l'instruction publique.

La procédure, en matière de comptabilité universitaire, est fort simple : il suffit de recourir aux lois et décrets universitaires que nous avons cités dans le livre précédent à l'occasion de l'Université, comme organe spécial de l'administration.

JURISPRUDENCE.

Les décisions rendues par le conseil royal de l'instruction publique sur les comptes d'un économe d'un collége sont des jugements qui peuvent être attaqués devant le conseil d'État (D., II, 2ᵉ série, 680).

§ III.

Du conseil de préfecture.

Les conseils de préfecture n'ont point encore de règles fixes, de code de procédure : ils empruntent au réglement du 22 juillet 1806, relatif à la procédure du conseil d'État, les dispositions qui leur convien-

nent ; ils tiennent compte aussi de quelques formalités du Code de procédure civile. La jurisprudence
s'est établie sur cette double base; et ce qu'il y a
de plus obligatoire aujourd'hui, c'est ce que la jurisprudence a consacré.

D'abord, toute demande ou réclamation est transmise au préfet, comme président du conseil de préfecture; elle est ensuite transmise à celui-ci par
celui-là [1].

L'instruction se fait par écrit et sans avoué; les
parties même ne sont pas appelées en personne [2].
Ce mode de procéder nous paraît susceptible d'a-
mélioration.

Le conseil de préfecture ne peut statuer que sur
les chefs de conclusion *positifs;* les chefs de *réserve* ne
sont susceptibles d'aucune décision; et, dès-lors,
on ne peut même faire de cette réserve un chef de
conclusions positif devant le conseil d'État, saisi par
appel; car le conseil d'État ne peut statuer en dernier ressort sur les conclusions qui n'ont point été
prises en première instance [3].

En matière de contributions directes, le conseil
de préfecture n'est pas lié par le travail des experts.
Toutefois, dans les motifs de son arrêté, il doit dire
pourquoi il s'écarte de l'avis des experts et des agents
des contributions, à peine de nullité [4].

Aucune délibération ne peut être prise si les

[1] *Voyez* la circulaire ministérielle du 7 prairial an xiii. — On se rappelle
que, dans les affaires civiles mêmes, lorsqu'elles intéressent l'État, il faut
remettre un mémoire au préfet et produire les pièces.

[2] Avis des comités du 5 février 1826.

[3] D., IV, 2e série, 553.

[4] *Ibid.*, 832.

membres du conseil ne sont pas au moins trois, qui doivent signer l'arrêté [1]. La décision doit être motivée, à peine de nullité; mais, en matière de contributions directes, l'arrêté est suffisamment motivé lorsqu'il rejette la demande par les raisons exprimées soit dans l'avis du maire et des répartiteurs, soit dans les conclusions du contrôleur et du directeur des contributions [2].

L'arrêté ne porte ni intitulé ni mandement comme les jugements des tribunaux [3]. S'il est contradictoire, il ne peut être ni rapporté ni modifié par le conseil [4]. S'il est par défaut, opposition peut y être formée.

Les arrêtés des conseils de préfecture doivent être notifiés; l'envoi officiel par l'administration ne ferait pas courir le délai d'opposition.

JURISPRUDENCE.

Instruction. Le conseil de préfecture peut ordonner une expertise, puis une seconde si la première est insuffisante. Le jugement qui les ordonne est préparatoire et ne peut être attaqué qu'avec le jugement définitif (M., II, 204). Est réputé préparatoire l'arrêté qui ordonne une expertise pour comparer des taxes en matière de contributions (S., II, 523). Les experts peuvent être récusés dans les cas prévus par les art. 283 et 310 du Code de procédure civile (*ib.*, 75). L'arrêté qui ordonne une expertise

[1] Ordonnance du 22 février 1821.
[2] D., II, 2e série, 16.
[3] Avis des comités du conseil d'État du 5 février 1826.
[4] Décret du 21 juin 1813.

est un préparatoire qui ne peut être attaqué au conseil d'État (D., III, 2ᵉ série, 397). Le conseil de préfecture peut ordonner une enquête afin de vérifier des faits (S., V, 468).

Délibération. Le conseil de préfecture ne peut délibérer qu'au nombre de trois membres au moins (S., I, 144). Lorsque le préfet assiste à la séance il fait nombre (D., IV, 2ᵉ série, 341). Le droit conféré au préfet de saisir le conseil de préfecture du jugement de la nullité des opérations électorales ne fait point obstacle à ce qu'il y siége comme juge (*ibid*). Lorsque le conseil d'État annule un arrêté, il renvoie devant le même conseil de préfecture (S., I, 144). Il n'y a pas de loi qui prononce la nullité des décisions prises par les conseils de préfecture les jours fériés (D., IV, 2ᵉ série, 341).

Défaut. Les arrêtés par défaut, bien qu'ils soient approuvés par le ministre, ne sont exécutoires que provisoirement : ils sont susceptibles d'opposition (S., I, 447). Ils sont même susceptibles d'opposition si le mémoire n'a pas été communiqué et les pièces légalement notifiées (II, 215). L'arrêté par défaut ne peut être attaqué au conseil d'État tant que l'opposition est recevable (II, 299)'. L'opposition est recevable tant qu'il n'a pas été exécuté (D., IV, 2ᵉ série, 509). Néanmoins, s'il s'agit

---

' C'est aussi l'avis de M. CORMENIN. Mais à partir de quelle époque court le délai d'opposition? Est-ce, aux termes de l'art. 29 du règlement du 22 juillet 1806, à partir de la signification de l'arrêté? Ce règlement, fait observer M. CORMENIN, n'est généralement applicable qu'au conseil d'État. A l'égard des conseils de préfecture, l'opposition aux arrêtés par défaut est soumise aux dispositions des art. 158 et 159 du Code de procédure civile.

de compétence, le conseil d'État peut admettre le pourvoi et statuer sans renvoi (*ib*).

Lorsqu'un arrêté vise les observations de toutes les parties [1], il est réputé contradictoire et ne peut être rapporté par un arrêté ultérieur (S., V, 29).

Lorsqu'il s'élève une question préjudicielle, il faut renvoyer devant l'autorité qui doit en connaître, sauf à reprendre ensuite (S., II, 190, 203).

Motifs. Les arrêtés doivent être motivés, à peine de nullité (S., V, 22). Lorsqu'il y a plusieurs chefs de demande, le conseil doit motiver sa décision sur chacun de ces chefs séparément (D., IV, 2e série, 291).

Notification. La notification doit être faite par huissier. La partie qui a obtenu l'arrêté ne peut se prévaloir d'une notification faite par le maire et constatée par un récépissé (M., I, 598). L'administration des ponts-et-chaussées peut opposer aussi le défaut de notification (S., III, 254).

Appel. L'appel au conseil d'État doit être fait par requête. Toute déclaration par signification à domicile serait nulle, et ne conserverait pas même le délai d'appel (S., IV, 63). Lorsqu'un arrêté du conseil de préfecture n'a pas été attaqué sur un chef, il y a chose jugée sur ce chef (D., II, 2e série, 677). L'exécution volontaire d'un arrêté dans l'une de ses dispositions n'emporte pas acquiescement et déchéance d'appel quant aux autres dispositions (S., II, 58).

---

[1] On dit qu'un arrêté *vise* telles et telles pièces ou lois lorsqu'il les énonce en tête de son dispositif par ces mots : *vu* telle pièce, *vu* telle autre, *vu* telle loi, etc. Ce visa est toujours usité par le conseil d'État et par la Cour de cassation dans les arrêts qu'ils rendent.

Délai de l'appel. Il est de trois mois à partir de la notification, excepté en matière électorale, où ce délai court à partir du jour où le réclamant a eu connaissance, même sans notification, de l'arrêté attaqué (D., II, 2e série, 442 ; IV, 2e série, 323). Lorsque la partie adverse est décédée après la signification de l'arrêté attaqué, le délai du recours est suspendu ; et, pour le faire courir, il faut une nouvelle signification, conformément à l'art. 447 du Code de procédure civile (D., III, 2e série, 487). L'obligation de se pourvoir dans le délai de trois mois ne court, à l'égard d'un jugement interlocutoire, qu'à dater du jugement définitif (S., V, 142). La règle *Dies termini non computatur in termino* est applicable ; le jour de l'échéance et celui de la signification ne sont pas comptés dans le délai de trois mois (D., II, 2e série, 376). Un arrêt du conseil du 17 juin 1818 avait jugé en sens contraire.

§ IV.

Conseil d'État.

La procédure du conseil d'État est réglée par le décret du 22 juillet 1806 et par les ordonnances des 2 février et 12 mars 1831. Nous devons nous borner ici à renvoyer à ces actes et à présenter une analyse méthodique de leurs dispositions.

Introduction d'instance. Les parties, tant en demandant qu'en défendant, doivent avoir qualité pour agir. En cause d'appel, le pourvoi doit être formé dans les trois mois à partir du jour de la notification. Ceux qui demeurent hors de la France continentale peuvent invoquer les dispositions de l'article 73 du Code de procédure civile. Dans les cas où les délais ne sont pas fixés, ils sont déterminés par une ordonnance du ministre de la justice.

Le recours et la défense sont formés par requête signée d'un avocat au conseil [1]. Cette requête contient les noms et demeures des parties, l'exposé sommaire des faits et des moyens, les conclusions et l'énonciation des pièces dont on entend se servir. On se borne, dans la pratique, à faire d'abord la déclaration du recours; mais cette déclaration ne dispense pas de déposer ultérieurement une requête ampliative, dans les formes prescrites, avec l'annexe de toutes les pièces à l'appui. L'inaccomplissement de cette formalité entraînerait déchéance [2].

Toutes ces pièces sont déposées au secrétariat et inscrites sur un registre. Sur le vu du bordereau des affaires, le garde des sceaux nomme un auditeur ou un maître des requêtes, qui prend les pièces au secrétariat pour préparer l'instruction. On mentionne sur le registre la date de la remise des pièces.

Les significations d'avocat à avocat et celles aux parties qui ont leur domicile à Paris sont faites par des huissiers au conseil. L'acte de révocation d'un avocat par sa partie est sans effet pour la partie adverse s'il ne contient pas la constitution d'un autre avocat.

[1] En matière d'élections départementales on n'a pas besoin d'avocat; il suffit que la signature de la partie soit légalisée par le sous-préfet (D., IV, 2e série, 362). Il n'en est pas de même en matière de garde nationale (D., *ibid.*, 732).

[2] D., IV, 2e série, 244.

En matière de conflit, le garde des sceaux transmet les pièces au secrétariat dans les vingt-quatre heures, et dans les quarante jours il est statué sur le conflit, à la vue des pièces et des observations des parties et de leurs avocats. Ce délai, sur la demande des parties et l'avis du conseil d'État, peut être prorogé par le ministre, mais il ne peut excéder deux mois. A défaut de statuer sur le conflit dans ces délais, l'arrêté qui l'a élevé est considéré comme non avenu, et l'instance judiciaire peut être reprise.

Les observations sont fournies par simples mémoires signés par un avocat au conseil ou par la partie seule ; mais alors elle doit faire légaliser sa signature par le maire de son domicile. Le jugement, en ce cas, ne prononce aucune condamnation de dépens.

Dans les affaires où le gouvernement a des intérêts opposés à ceux d'une partie, le dépôt que cette partie fait au secrétariat de sa requête introductive et des pièces à l'appui vaut notification aux agents du gouvernement. Il en est de même pour la suite de l'instruction.

S'il s'agit d'une affaire concernant la liste civile, l'intendant général de la maison du Roi remet au garde des sceaux le rapport et les pièces à l'appui, que le Roi renvoie au conseil d'État. Le garde des sceaux donne avis de cette remise aux parties intéressées, afin qu'elles puissent en prendre communication dans les formes prescrites. Dans les affaires où la liste civile a des intérêts opposés à ceux d'une partie, la requête de celle-ci et les pièces à l'appui sont déposées au secrétariat avec un inventaire dont il est tenu registre, et le dépôt vaut signification aux agents de la liste civile. Il en est de même pour la suite de l'instruction. Lorsqu'une affaire contentieuse relative à la liste civile est portée au conseil d'État, soit d'après le renvoi du Roi par l'intendant général de sa maison, soit à la requête d'une partie, le garde des sceaux nomme un rapporteur qui prend les pièces et prépare l'instruction. Toutes les autres dispositions qui concernent l'instruction des affaires relatives aux départements des ministres sont communes aux affaires concernant le département de l'intendant général de la maison du Roi.

De l'instruction. Lorsque la requête en recours est admissible, l'instruction à faire se présente sous un double aspect.

1° Le conseil d'État, pour s'éclairer, peut ordonner un sursis, prescrire une enquête, appeler en cause un tiers, ordonner une jonction, un avant-faire-droit;

2° Les parties peuvent, de leur côté, présenter des débats contradictoires, passer un désistement, former un désaveu, une intervention, des demandes incidentes, des inscriptions de faux, des reprises d'instances. Alors on rentre en quelque sorte dans l'application des principes de la procédure civile, plus généralement connus.

Sur l'exposé de l'auditeur ou du maître des requêtes chargé des pièces, le garde des sceaux ordonne, s'il y a lieu, la communication aux parties intéressées, pour répondre et fournir leurs moyens de défense dans les délais réglés, selon les distances, par les décrets des 11 juin et 22 juillet 1806 [1].

Les avocats des parties peuvent prendre communication des productions au secrétariat sans frais. Il ne peut y avoir plus de deux requêtes de la part de chaque partie, y compris la requête introductive.

Lorsqu'il y a déplacement des pièces, l'avocat s'oblige par récépissé à les rétablir dans un délai qui ne peut excéder huit jours. Ce délai passé, le garde des sceaux peut le condamner personnellement à 10 fr. au moins de dommages-intérêts par chaque jour de retard; il peut même ordonner qu'il sera contraint par corps. Les délais pour fournir ou pour signifier requête ne sont jamais prolongés par l'effet des communications.

Dans les affaires contentieuses introduites sur le rapport d'un ministre, il est donné, dans la forme ordinaire, avis à la partie intéressée de la remise faite au garde des sceaux des mémoires et pièces fournis par les agents du gouvernement, afin qu'elle puisse en prendre communication et fournir ses réponses. Le rapport du ministre n'est pas communiqué.

Lorsqu'il a été rendu une ordonnance de *soit-communiqué*, cette ordonnance doit être signifiée dans les trois mois, à peine de déchéance. Ceux qui demeurent hors de la France continentale ont de plus les délais réglés par l'art. 72 du Code de procédure civile.

[1] Lorsque l'arrêté émané d'une autorité qui ressortit au conseil d'État est évidemment incompétent, il n'est pas nécessaire, avant de l'annuler, de communiquer à la partie adverse. (CORMENIN, *Questions de Droit administratif.*) V° PROCÉDURE.

Si, d'après l'examen d'une affaire, il y a lieu d'ordonner que des faits ou des écritures soient vérifiés, ou qu'une partie soit interrogée, le garde des sceaux désigne un maître des requêtes ou commet sur les lieux. Il règle la forme par laquelle il sera procédé à ces actes d'instruction.

Lorsque le jugement est poursuivi contre plusieurs parties, que les unes ont fourni leurs défenses et que les autres sont en défaut de les fournir, il est statué à l'égard de toutes par la même décision.

Si une partie veut former un désaveu relativement à des actes faits en son nom ailleurs qu'au conseil d'État, mais qui peuvent influer sur la décision de la cause, sa demande doit être communiquée aux autres parties. Si le garde des sceaux estime que le désaveu mérite d'être instruit, il renvoie l'instruction et le jugement devant les juges compétents, pour y être statué dans le délai qui est réglé. A l'expiration de ce délai, il est passé outre au rapport de l'affaire. Si le désaveu est relatif à des actes faits en conseil d'État, il est procédé contre l'avocat sommairement et dans le délai fixé par le garde des sceaux.

Une intervention est formée par requête. Le garde des sceaux ordonne, s'il y a lieu, que cette requête soit communiquée aux parties, pour y répondre dans le délai qui est fixé par l'ordonnance. Néanmoins, si l'affaire principale est instruite, la décision ne peut être retardée par une intervention.

Les demandes incidentes sont jointes au principal pour y être statué par la même décision. Néanmoins, s'il y a lieu à quelque disposition urgente et provisoire, le rapport en est fait par l'auditeur ou le maître des requêtes à la prochaine séance du comité, pour y être pourvu ainsi qu'il appartient.

S'il est formé une inscription de faux contre une pièce, le garde des sceaux fixe le délai dans lequel la partie qui l'a produite est tenue de déclarer si elle entend s'en servir. Si la partie ne satisfait pas à cette ordonnance ou si elle déclare qu'elle n'entend pas se servir de la pièce, cette pièce est rejetée. Si elle déclare vouloir s'en servir, le conseil d'État statue sur l'avis du comité, soit en ordonnant qu'il sera sursis à la décision de l'instance principale jusqu'après le jugement du faux, soit en prononçant la décision définitive si elle ne dépend pas de la pièce arguée de faux.

Il y a lieu à reprise d'instance lorsque, l'affaire n'étant point en état d'être jugée, il a été fait notification du décès de l'une des parties. De même par le seul fait du décès, de la démission, de l'interdiction ou de la destitution de l'avocat. La suspension de la procédure ne cesse que par une mise en demeure. Dans aucun cas la décision d'une affaire en état ne peut être différée par le décès d'une partie ou la cessation des fonctions de son avocat.

De la décision. Elle dépend de certaines formes et conditions. Les rapports sont faits dans l'assemblée générale du conseil d'État, selon l'importance des affaires, par les conseillers d'État, ou par les maîtres des requêtes, au choix du garde des sceaux. Depuis les ordonnances des 2 février et 12 mars 1831, les séances du conseil d'État, qui, en matière contentieuse a pris le nom de *comité de législation et de partie administrative* (ord. du 12 août 1830), sont publiques. Après le rapport, les avocats des parties peuvent présenter des observations orales; un maître des requêtes remplissant les fonctions du ministère public donne des conclusions, et l'affaire est renvoyée à une autre séance, pour la lecture de la décision. Toutefois l'ordonnance du 12 mars 1831 maintient le huis-clos et interdit la plaidoirie pour les *appels comme d'abus*, les *mises en jugements des fonctionnaires,* et *les autorisations de plaider demandées par les communes et établissements publics.*

Le conseil d'État ne délibère qu'autant que les deux tiers de ses membres ayant voix délibérative sont présents à la séance. En cas de partage, le président a voix prépondérante.

Les conseillers d'État ont seuls voix délibérative; cependant la voix du maître des requêtes rapporteur est comptée. Les conseillers d'État directeurs d'administration ont voix consultative seulement dans les affaires contentieuses qui dépendent de leurs administrations. Il en est de même des conseillers d'État qui sont en même temps secrétaires généraux de l'un des ministères.

Les décisions du conseil contiennent les noms et qualités de parties, leurs conclusions, le visa des pièces et des lois et règlements, les motifs et le dispositif.

Sous l'Empire, une décision du conseil d'État était un *décret;* sous la royauté, elle se nomme *ordonnance;* dans le langage technique et jurisprudentiel, elle prend le nom d'*arrêt du conseil.*

Le secrétaire général du conseil d'État délivre à qui de droit expéditions des décisions et avis du conseil qui ont été approuvés par le Roi. Ces expéditions sont exécutoires, mais elles ne peuvent être mises à exécution qu'après avoir été signifiées à l'avocat au conseil qui a occupé pour la partie.

Dépens. Ils sont réglés conformément aux tarifs établis par l'ordonnance du 28 juin 1738, et par celle du 12 septembre 1739, autant que ces tarifs peuvent s'appliquer à la procédure actuelle. L'ordonnance du 18 janvier 1826 est explicite à ce sujet : elle renvoie, quant à ce qui est soumis à la taxe relativement aux dépens d'avocats et aux frais de greffe, aux dispositions précises des ordonnances précitées de 1738 et de 1739.

Il n'est alloué aucun frais de voyage aux parties ni aucun frais de transport, au-delà d'un jour, à l'huissier.

Les mémoires imprimés n'entrent point en taxe, et les écritures sont réduites au nombre de rôles réputés suffisants.

La liquidation et la taxe sont faites par le maître des requêtes rapporteur. Elle est rendue exécutoire par le garde des sceaux, et, s'il est empêché, par le vice-président du comité du contentieux. L'opposition à la taxe est recevable dans les trois jours de la signification de l'exécutoire; elle est jugée par le garde des sceaux.

Observation. Les pièces produites ne sont point sujettes au droit d'enregistrement, à l'exception des exploits d'huissiers, pour chacun desquels il est perçu un droit fixe. Cependant les pièces qui, par leur nature, sont soumises à l'enregistrement dans un délai fixe, et celles qui, par l'usage que l'on en fait ailleurs, donnent ouverture aux droits d'enregistrement, ne sont point dispensées de ces droits.

JURISPRUDENCE.

Introduction d'instance. Le délai d'appel au conseil d'État est de trois mois à compter de la signification de la décision attaquée ; mais le jour de la signification et celui de l'échéance ne comptent pas (D., II, 376 et 422). On peut appeler d'un arrêté de conseil de préfecture avant qu'il ait été signifié (M., II , 168). L'article 444 du Code de procédure civile, qui, à l'égard d'un mineur, ne fait courir le délai d'appel que du jour où le jugement a été signifié tant au subrogé tuteur qu'au tuteur, n'est point applicable ici (S., IV, 7). Le pourvoi n'est point admissible contre une décision exécutée sans contrainte ni réserves (II, 393 ; III, 82), ni même après un commencement d'exécution (III, 153). Celui qui signifie une décision administrative sans réserve de pourvoi fait un acte d'acquiescement (IV, 82)[1].

Le pourvoi d'une commune contre un arrêté du conseil de préfecture ne peut être introduit que par la commune, ou son maire, par le ministère d'un avocat au conseil ; l'art. 16 du règlement du 22 juillet 1806 n'est relatif qu'aux affaires des dépar-

[1] J'ai copié Sirey ; mais il me semble que les motifs mêmes de la décision du conseil d'État sont contraires à son opinion. En effet, un certain comte d'Udressier fut délaré non - recevable, attendu qu'il avait fait signifier, sans réserve, l'arrêté attaqué par son adversaire et qu'il ne *s'était pas pourvu dans le délai du règlement* contre la disposition qu'il prétendait lui faire grief.

tements ministériels (S., V, 226). Le pourvoi doit être formé, comme pour les particuliers, dans le délai de trois mois (I , 479), — à partir de la signification par huissier à personne ou domicile (II, 259, III, 46; V, 173; M, II, 60). Une notification administrative suffit lorsqu'elle a été faite à un fonctionnaire qui reconnaît le fait de la notification, ou qui produit, dans ses pièces, la lettre du fonctionnaire compétent qui annonce la décision (S., V, 361 et 363). Le délai passé, on exciperait vainement de ce que la procédure était à la disposition de l'adversaire (IV, 30, 82), et de ce que la décision était interlocutoire, ayant un chef simplement préparatoire (IV, 198); ce qui s'applique aux communes comme aux particuliers (IV, 257). Le délai pour se pourvoir contre une décision de justice ministérielle, en matière mixte (administration et droit privé), court du jour de la notification par lettre ministérielle (IV, 345 et 346). Une décision ministérielle n'est plus attaquable trois mois après la signification faite par un huissier (M, II, 194). Le délai court après la signification d'une contrainte décernée par le ministre des finances (*ibid.*, 195). La notification d'un arrêté administratif est valablement faite lorsque cet arrêté se trouve transcrit dans un arrêt judiciairement signifié par un huissier (S., V, 409). De même, la partie qui se pourvoit en révision prouve par cela même qu'elle a reçu notification de la décision attaquée (S., V, 136). Contre les parties dont l'intérêt est identique, la nullité d'une signification empêche le délai de courir à l'égard de toute partie (III , 204).

Le délai pour se pourvoir contre un arrêté signifié et sur l'exécution duquel il a été accordé un sursis ne commence à courir que du jour de la notification de l'arrêté qui lève le sursis (S., II, 209).

Un arrêté de conseil de préfecture n'est pas sujet à appel quand il sert de base à un arrêt passé en force de chose jugée (S., V, 409). On ne peut exciper, pour faire repousser le pourvoi comme non recevable, du défaut de date dans l'exploit de signification de l'ordonnance de *soit-communiqué*, lorsqu'il résulte de l'instruction que la requête du demandeur a été réellement et intégralement notifiée dans le délai du règlement (D., IV, 2ᵉ série, 739).

L'appel doit être porté directement au conseil d'État, et non par la voie du ministre (S., II 437). Celui qui se pourvoit au conseil d'État doit produire la décision attaquée, à peine de rejet de la requête (II, 440, 498). Les jugements rendus en matière de prises par les commissaires envoyés dans les îles sont soumis au même délai pour l'appel que les jugements rendus par les tribunaux des colonies (I, 158).

Le pourvoi ne profite qu'aux parties *dénommées* dans la requête; il ne profite pas aux *consorts* (D., IV, 2ᵉ série, 509) '.

' La requête est immédiatement rejetée, parce que le recours est intempestif à l'égard, 1ᵒ des arrêtés et des décisions rendus au profit des étrangers qui n'ont point fourni bonne et valable caution (décret du 7 février 1809); 2ᵒ de toutes demandes qui n'ont pas subi le premier degré de juridiction devant l'autorité compétente ; 3ᵒ des décisions du directeur général des ponts-et-chaussées et autres directeurs généraux des diverses parties du service public, lorsqu'il ne résulte pas des pièces qu'elles

Litispendance. D'après le principe de la divisibilité ou division d'action, il n'y a litispendance qu'autant que la connaissance de la même question serait portée deux fois devant la même autorité (S., IV, 243).

Connexité. Lorsque les pourvois sont connexes, il y a lieu de les joindre pour y statuer par une seule et même ordonnance (D., IV, 2ᵉ série, 477; M., XII, 549).

Instruction. Le conseil d'État peut ordonner des enquêtes et vérification de lieux (M., II, 17). Le délai pour signifier l'ordonnance de *soit-communiqué* est de trois mois, à peine de déchéance (S., I, 527; II, 396). La signification doit être faite à toutes les personnes reconnues pour adversaires, et non à quelques-unes seulement (IV, 21). Entre les parties dont l'intérêt est identique, la nullité d'une signification empêche de courir le délai à l'égard de toute partie (III, 201). A défaut de la signification

ont été approuvées par les ministres de leurs départements respectifs, et qu'elles ont pour base une décision ministérielle dont elles ordonnent ou règlent simplement l'exécution. Il y a rejet immédiat aussi lorsque la matière n'est contentieuse, soit parce que la décision ne constitue pas un jugement qui fasse obstacle à l'action ultérieure des parties devant l'autorité compétente, soit parce que la matière ne rentre pas dans le contentieux de l'administration, soit parce que la décision émane d'une autorité qui ne ressortit pas au conseil d'État à cause de sa nature ou de l'interdiction des lois et règlements. L'examen des affaires, sous le rapport du rejet immédiat, est d'une haute importance pour les parties, les maîtres des requêtes et le gouvernement lui-même. Enfin les parties ne doivent pas former des demandes accessoires en dommages-intérêts, restitutions de fruits et autres dont les tribunaux seuls peuvent connaître; elles ne peuvent demander non plus des mesures d'exécution et autres qui n'appartiennent qu'à l'administration active : elles s'exposeraient à des rejets ou à des condamnations partielles de dépens. (*Voyez* CORMENIN, V° PROCÉDURE.)

dans les trois mois, la déchéance éteint non-seulement l'instance, mais encore l'action et le droit : tout nouveau recours serait non recevable, quand même la décision attaquée n'aurait pas été signifiée et qu'aucun délai n'eût couru (II, 526). — Applicable aux communes (III, 536), la signification qui doit être faite au maire peut l'être à l'adjoint (V, 100). Le délai de trois mois n'est pas invocable quand il s'agit d'un couflit négatif, car les parties ne peuvent rester sans juges (V, 147); mais un particulier ne peut arguer d'un changement de domicile quand il n'a pas fait connaître le nouveau (V, 212).

Communication de pièces. Lorsque l'avocat emploie dans sa plaidoirie une pièce qu'il n'a pas communiquée, il y a lieu de surseoir (D., II, 72; III, 687). Lorsque le réclamant produit des pièces qui changent la face de la question à juger, le conseil d'État doit surseoir et ordonner que les pièces seront communiquées à l'adversaire (IV, 2ᵉ série, 854). Lorsque la communication nécessaire pour rendre l'instance contradictoire doit, à raison des distances, entraîner de longs délais et que l'exécution de l'arrêté attaqué peut exposer à des préjudices considérables, la communication doit être faite, toutes choses demeurant en état (D., III, 2ᵉ série, 687).

Désistement. Les parties peuvent se désister dans le cours de la procédure; mais le désistement doit être pur et simple, à peine de rejet (D., IV, 2ᵉ série, 694) [1]. Le désistement emporte la condamna-

---

[1] La partie qui se désistait dans l'espèce se réservait tous ses droits contre l'ancienne liste civile de Charles X.

tion aux dépens (S., V, 24), bien qu'un tiers mis en cause, et contre lequel le demandeur fait réserve d'exercer ses droits, ait donné lieu au procès (*ib.*, 470). On ne peut donner acte d'un désistement lorsque la partie adverse ne veut pas l'accepter (D., III, 2e série, 464).

Intervention. Les créanciers intervenants ne peuvent avoir plus de droit que le demandeur principal, leur débiteur, relativement à un sursis ou à un désistement (*ib.*, 464). L'intervention n'est pas recevable dans une instance qui a cessé par désistement; on ne peut que former une demande nouvelle, d'après les règles de procédure et de compétence (S., I, 537).

Reprise d'instance. Le décès d'une partie ne suspend pas la procédure, et il n'y a pas lieu à reprise d'instance quand il ne s'agit que de statuer sur une question de compétence; si les pièces sont produites, l'affaire est en état (S., III, 217).

Jonction. Lorsque deux pourvois tendent à l'annulation des mêmes arrêtés, il y a lieu de joindre pour y être statué par une seule ordonnance (D., II, 422).

Décision. Lorsqu'elle émane du comité du contentieux, et qu'elle ne contient pas les noms, qualités, conclusions, visa, et ne statue pas sur les dépens, c'est un pur acte administratif; on se pourvoit alors, aux termes de l'art. 40 du règlement du 22 juillet 1806 (S., III, 348). Les motifs d'une décision administrative, comme ceux d'un jugement, n'ont l'effet de la chose jugée qu'autant qu'ils se lient indivisiblement au dispositif. Ainsi, lorsque le conseil de préfecture refuse d'autoriser la régie à se défendre parce que la propriété appartiendrait au demandeur, il n'y a là que refus d'autorisation ; mais si le conseil ordonnait la réintégration de ce dernier, il y aurait décision sur une question de propriété, et dès-lors excès de pouvoir (III, 559). Le conseil d'État, annulant un arrêté de conseil de préfecture, ne peut retenir la cause ; il renvoie devant le même conseil de préfecture (III, 17 ; V, 16). Cependant le conseil d'État évoque quelquefois : par exemple, un préfet prononce sur la validité d'une adjudication, son arrêté est annulé pour excès de pouvoir : le conseil d'État évoque et prononce sur le fond (V, 326) [1].

Dépens. Lorsqu'on a omis de prononcer sur les dépens contre la partie qui a succombé, on peut, sur requête, obtenir la condamnation par voie de disposition additionnelle (S., III, 187 ; V, 261). Lorsque le conseil d'État, saisi d'une affaire contentieuse, renvoie les parties devant les tribunaux pour ensuite juger lui-même les questions administratives subordonnées aux questions de propriété, il doit réserver les dépens (III, 262). La partie qui a introduit un recours fondé contre l'arrêté d'un préfet doit obtenir une condamnation de dépens, bien que l'arrêté ait été rapporté depuis le pourvoi, et que dès-lors le conseil d'État n'ait plus à l'annuler (V, 10). Il n'y a ni loi ni règlement qui autorise le conseil d'État à prononcer des dépens au profit ou à la charge de l'administration publique

---

[1] *Voyez*, quant à l'évocation, le chapitre 1er de ce livre.

dans les instances introduites au conseil d'État, que l'administration procède ou non par le ministère d'avocat (D., IV, 2ᵉ série, 22 et 23).

Péremption. Il n'y a pas lieu à demander la péremption d'instance en matière administrative; le règlement du 22 juillet 1806 ne l'autorise pas (D., II, 1).

CHAPITRE III.

DES VOIES DE RÉFORME.

Nous avons à parler de l'opposition, de la tierce-opposition, de la requête civile et de la révision. L'appel n'est une voie de réforme qu'à l'égard des décisions des conseils de préfecture; mais, quant à l'opposition, la tierce-opposition et la requête civile, ces conseils les admettent s'il y a lieu, et suivent à cet égard la procédure du conseil d'État en ces matières. C'est donc l'analyse de cette procédure, réglementée par le décret précité du 22 juillet 1806, qui va nous occuper ici. Mais d'abord posons en tête de ce chapitre un principe général consacré par la jurisprudence : c'est que, lorsqu'une décision attaquée ne fait que se référer à une première décision que l'on n'a point attaquée dans le délai de droit, le recours n'est pas recevable [1].

§ Ier.

De l'opposition.

Les décisions du conseil d'État, des conseils de préfecture et des ministres, rendues par défaut, sont susceptibles d'opposition. L'opposition doit être formée dans le délai de trois mois à compter du jour de la notification, et elle doit être admise de

[1] D., III, 2e série, 645; IV, 2e série, 71 et 734.

la même manière que le recours exercé contre une décision contradictoire du conseil de préfecture [1]. Elle n'est pas suspensive, à moins qu'il n'en soit autrement ordonné. Elle n'est pas recevable, de la part d'une partie défaillante, à une décision rendue contradictoirement avec une autre partie ayant le même intérêt.

La décision qui admet l'opposition doit être signifiée dans la huitaine à compter du jour de cette décision à l'avocat de l'autre partie [2].

JURISPRUDENCE.

La règle *Dies termini non computatur in termino* n'est pas applicable ici, comme à la Cour de cassation (S., IV, 360). Une ordonnance (arrêt) rendue en conseil d'État contre une partie qui a constitué avocat, mais qui a négligé de produire, est par défaut et non par forclusion, aux termes de l'art. 113 du Code de procédure civile (II, 98). Les arrêtés par défaut des conseils de préfecture sont susceptibles d'opposition jusqu'à exécution (V, 387). L'opposition à une décision rendue sur opposition n'est plus recevable (IV, 114). Le délai d'appel au conseil d'État court pendant la procédure de cette fausse opposition (*ib.*). Si le conseil de préfecture refuse d'admettre l'opposition, c'est contre la seconde décision, et non contre la première, qu'il faut se

---

[1] On conçoit que l'opposition à un arrêté par défaut d'un conseil de préfecture ne peut être formée, quant à l'administration, que par un acte en même forme que la demande ; et, quant à un tiers partie adverse, que par une signification en forme ordinaire.

[2] Inutile en conseil de préfecture, où il n'y a pas d'avocats.

pourvoir par appel (V, 87). Tant que le délai d'opposition n'est point écoulé, l'appel au conseil d'État n'est pas admissible (V, 382, 437). Cependant le conseil d'État admet l'appel d'un arrêté de conseil de préfecture et l'annule par la raison que les appelants n'avaient été entendus ni appelés (IV, 444). L'envoi officiel fait à une commune d'un arrêté contentieux du conseil de préfecture n'équivaut pas à une notification et ne fait pas courir le délai d'opposition (II, 58). L'insertion au *Bulletin des lois* et la publication officielle d'une ordonnance du conseil touchant les intérêts privés d'un grand nombre de personnes équivaut à une signification par huissier et fait courir les délais d'opposition et de tierce-opposition (III, 309).

L'opposition à une ordonnance rendue sur conflit est non recevable, attendu qu'il n'a été statué que sur la compétence, ce qui ne préjudicie point aux droits des parties quant au fond (S., I, 137, 158). Jugé en sens contraire (*ib.*, 550). Une ordonnance préparatoire rendue par le ministre de la justice, aux termes de l'art. 14 du décret du 22 juillet 1806, n'est pas susceptible d'opposition, ni même de discussion (III, 105).

Une ordonnance rendue sur le rapport d'un ministre est susceptible d'opposition, qui doit être formée dans le délai comme si elle était rendue sur le rapport de la commission du contentieux (S., I, 208); mais si l'ordonnance est de pure administration, elle n'est pas susceptible d'opposition; la partie lésée ne peut se pourvoir que conformément à l'article 40 du règlement du 22 juillet 1806 (S., II,

176; V, 181). L'opposition n'est pas recevable contre une ordonnance qui est la suite et l'exécution d'une précédente ordonnance passée en force de chose jugée (III, 522). Une ordonnance royale d'administration et d'ordre public n'est pas susceptible d'opposition (IV, 210; V, 127), non plus qu'une décision ministérielle fondée sur un décret d'administration publique; car si le conseil d'État peut connaître de la juste application du décret, il ne peut réformer la décision qui ne fait qu'en régler l'exécution.

Les noms et les qualités des parties opposantes sont fixés par la requête d'opposition. Peu importe les changements arrivés lors de l'exploit de signification : cet exploit ne peut faire naître la question *judicatum solvi* (S., IV, 293).

Lorsque les parties ont adressé leurs réclamations au directeur des ponts-et-chaussées et qu'il est intervenu une décision au conseil d'État, elles ne sont pas fondées à prétendre qu'elles n'ont point été entendues, que les pièces ne sont pas visées, et qu'elles peuvent former opposition (S., III, 365).

La défense par simple pétition rend l'arrêt du conseil d'État contradictoire (S., III, 470).

§ II.

De la tierce-opposition.

La tierce-opposition est soumise aux règles tracées par le Code de procédure civile sur cette matière. Ainsi les parties qui veulent s'opposer aux décisions lors desquelles ni elles ni ceux qu'elles représentent n'ont été appelés peuvent y former opposition par une requête en la forme ordinaire. Il est procédé ensuite conformément aux règles relatives à l'introduction et à l'instruction des affaires en conseil d'État. Elle n'est pas suspensive.

Si la tierce-opposition n'est formée qu'un an après la décision, la communication sera faite à la partie, à personne ou domicile. Si elle est formée dans le courant de l'année, la communication peut être faite à l'avocat de la partie.

La partie qui succombe sur sa tierce-opposition est condamnée à 150 fr. d'amende, sans préjudice de dommages-intérêts, s'il y a lieu.

JURISPRUDENCE.

Une ordonnance royale est susceptible de tierce-opposition par la voie contentieuse lorsqu'elle froisse les droits d'un particulier non entendu ni appelé. Cette voie n'est pas soumise aux délais de la simple opposition (S., V, 431, 585). Ainsi, lorsque l'administration autorise l'établissement d'une usine qui pourrait léser un tiers dans l'exercice de ses droits, elle peut être attaquée par tierce-opposition contentieusement. Mais, pour faire courir le délai contre ce tiers, l'ordonnance doit lui être légalement signifiée (M., II, 16). La tierce-opposition peut être déclarée non recevable lorsqu'il est constant que la partie intéressée ne s'est pas pourvue dans le délai de trois mois à dater du jour où elle a eu connaissance de la décision et intérêt à se pourvoir (S., III, 340) [1]. Des tiers intéressés peuvent se pour-

____
[1] Cependant une ordonnance rendue au conseil d'État le 28 mars 1821

voir contre une ordonnance ou arrêt du conseil s'il s'est écoulé trois mois depuis que l'ordonnance a été exécutée notoirement (III, 503). Une décision ministérielle est susceptible de tierce-opposition (III, 519).

On ne peut former tierce-opposition à un règlement d'administration publique, quelque lésés que soient les intérêts privés : il faut d'abord s'adresser au ministre, sauf recours au conseil d'État (S., IV, 153). Les ministres peuvent former tierce-opposition à un arrêté de conseil de préfecture auquel ils n'ont point été parties et qui lèse les intérêts qui leur sont confiés (V., 561).

§ III.

De la requête civile ou rétractation.

Ce moyen de réforme est admis, 1° si la décision a été rendue sur pièces fausses, 2° si la partie a été condamnée faute de représenter une pièce décisive qui était retenue par son adversaire [1].

Ce recours est formé dans le même délai et admis de la même manière que l'opposition à une décision par défaut. S'il est admis dans l'année de la décision, la communication est faite au défendeur,

déclare que les délais de l'opposition ordinaire ne sont pas applicables à la tierce-opposition. C'est le dernier état de la jurisprudence, dit M. DE CORMENIN ; et il donne de bonnes raisons pour le justifier.

[1] Le dol personnel, dit M. DE CORMENIN, comme il vicie radicalement tous les actes, est un troisième moyen de requête civile que la jurisprudence du conseil ne repousse pas lorsque le fait de dol est matériellement prouvé. (Sans doute que le dol devrait être préalablement prouvé par les voies de la justice ordinaire.)

ou au domicile de son avocat, qui est tenu d'occuper pour lui. Après l'année on procède comme il vient d'être dit pour la tierce-opposition.

JURISPRUDENCE.

La requête civile n'est pas recevable si elle est fondée sur des pièces nouvellement recouvrées, mais non retenues, ou sur une pièce fausse visée dans l'ordonnance, si cette ordonnance est appuyée sur d'autres pièces décisives (S., I, 139).

Les conseils de préfecture, n'étant pas juges en dernier ressort, ne doivent pas se rétracter par la voie de la requête civile : il y a la voie d'appel (S., V, 471). Mais si le délai d'appel est expiré, la voie de la requête civile est ouverte devant le conseil de préfecture dans les mêmes cas qu'elle l'est devant les tribunaux (II, 177).

Cette voie est ouverte contre une ordonnance royale rendue contradictoirement (S., V, 453) et contre les arrêtés du gouvernement (III, 162). Des *allégations* et des *faits faux* ne peuvent motiver le recours fondé sur des pièces fausses (II, 466 ; III, 161).

Deux recours ne sont pas admissibles contre une ordonnance contradictoire, lors même que le second serait fondé sur des pièces retenues par le fait de l'adversaire (D., IV, 2ᵉ série, 47) ¹.

---

¹ Cette décision consacre une doctrine un peu en dehors de notre énoncé. Voici les faits : le ministre de la guerre avait repoussé la demande d'un fournisseur ; celui-ci se pourvut au conseil d'État, qui, vu le défaut de pièces, maintint la décision du ministre. Le demandeur s'étant procuré un certificat constatant l'existence des pièces en Espagne, s'adressa de nouveau au ministre, soutenant que le conseil d'État n'avait repoussé sa

§ IV.

De la révision.

On vient de voir que la tierce-opposition et la requête civile sont deux voies ouvertes contre les décisions contradictoires : une fois que l'on a échoué
dans l'une ou dans l'autre, un second recours de
même nature n'est plus recevable ; l'avocat même
qui présenterait la requête introductive pourrait,
suivant les circonstances, être suspendu ou destitué.

La voie d'interprétation est admise aussi par la
juridiction administrative comme par les tribunaux ; elle n'est pas susceptible d'une déchéance de
rigueur, ce qui serait contraire à sa nature ; seulement, elle est non recevable quand elle tend à faire
déclarer non avenus des jugements ou des arrêts
de l'autorité judiciaire [1]. Nous parlerons plus amplement de l'*interprétation* dans le livre suivant.

La *révision*, dont nous allons parler, nous a
paru une voie à part. Elle ne peut être employée

demande que *quant à présent*, pour défaut de justification. Le ministre
répondit que la décision était un rejet définitif. Recours au conseil d'État
contre cette décision du ministre. Le conseil d'État rejette ce recours, attendu que sa première décision ne pouvait être attaquée que par requête
civile. Le demandeur prit donc cette voie contre la première décision du
conseil d'État. Il était constant que les pièces avaient été retenues par le
fait du ministre ou de ses agents. Le ministre n'a rien opposé à l'admissibilité de la requête civile ; seulement il a soutenu qu'elle était mal
fondée. Le conseil d'État, sans examiner les pièces, a rejeté la requête civile comme contenant un second recours. Il est évident qu'il n'y avait
qu'un recours contre la première décision du conseil d'État et qu'il n'y
avait second recours que relativement à la seconde décision ministérielle,
ce qui n'est pas la même chose.

[1] M., VII, 447.

que très-rarement il est vrai, mais nous ne croyons pas moins devoir en constater l'existence. Nous ne pouvons même, après y avoir réfléchi, la négliger comme une anomalie parce qu'il aurait été jugé qu'aucune révision n'est admise que conformément à l'art. 32 du règlement du 22 juillet 1806 [1]. Il nous semble que le conseil d'État même n'a pas fondé sa décision sur une règle sans exception. Nous invoquerions à l'appui de l'opinion contraire la décision qu'il a rendue le 26 août 1848 [2], décision par laquelle il révise et rétracte une décision antérieure fondée sur des règlements de police qui, dans la réalité, étaient abrogés par décrets et n'existaient plus. Sans nul doute on ne pourrait dire, à dessein de maintenir l'application exclusive du principe consacré par l'art. 32 précité, que les *règlements abrogés* dont il s'agit fussent des *pièces fausses* : le faux ne peut être entendu en ce sens. Le véritable état de choses, le point légal de la question, c'est que la décision attaquée était fondée sur une *erreur de fait et de droit*. Tel est, selon nous, le principe fondamental de la voie de révision. On ne peut y recourir contre une décision ministérielle devant le ministre lui-même : il faut se pourvoir au conseil d'État [3]. Du reste, les demandes en révision pour erreurs matérielles sont toujours recevables en matière de comptes et de liquidations [4].

[1] S., III, 204.
[2] S., IV, 428.
[3] S., V, 136.
[4] D., III, 63.

APPENDICE.

Indépendamment des voies de réforme dont on vient de parler il existe encore :

1° Les demandes en contrariété d'arrêtés,

2° Les demandes en vertu de l'art. 40 du règlement du 22 juillet 1806.

Dans le premier cas, le moyen émane des principes et des causes de requête civile, ainsi qu'ils sont énoncés dans l'art. 480 du Code de procédure civile. Il semble dès-lors que nous aurions dû en parler précédemment au sujet de la requête civile : nous ne l'avons pas fait, et cela par la raison que l'art. 32 du règlement précité n'indique que les deux moyens de requête civile que nous avons rapportés ; il se tait sur le moyen tiré de la contrariété d'arrêtés. Mais évidemment ce moyen a été consacré par la jurisprudence. Nous remarquerons seulement, à cet égard, qu'une demande en réformation pour contrariété d'arrêtés est non recevable lorsqu'elle a pour objet de faire rapporter une ordonnance contradictoire du conseil d'État qui serait passée en force de chose jugée [1].

Quant au recours autorisé par les dispositions de l'art. 40 du même règlement, il a cela de particulier qu'il n'est point soumis, quant à son exercice, au délai ordinaire de trois mois [2]. Ajoutons qu'il ne s'applique pas non plus aux matières contentieuses [3]. Au surplus il importe, à cet égard, de

[1] S., V, 51.
[2] S., IV, 146.
[3] Ibid., 251.

faire une observation. Lorsqu'une question contentieuse a été résolue *positivement* par un tribunal administratif, le recours dont il s'agit n'est pas admissible ; mais si la demande avait été repoussée
par une fin de non-recevoir, la question alors n'ayant
pas reçu de solution positive, le recours, aux termes
de l'art. 40 du règlement du 22 juillet 1806, pourrait être accueilli.

CHAPITRE IV.

DU DÉNI DE JUSTICE ET DE LA PRISE A PARTIE.

L'art. 4 du Code civil et l'art. 506 du Code de procédure, relatifs au déni de justice, sont applicables, comme raison écrite, selon l'expression de M. Macarel, en matière administrative [1]. Les juges administratifs doivent suppléer au silence de la loi : ils ne peuvent s'abstenir de statuer par le motif qu'elle serait obscure ou insuffisante ; mais, du reste, ils ne peuvent pas non plus statuer par voie générale ou réglementaire, ni d'aucune manière usurper le pouvoir législatif. L'équité, l'usage, les règles d'interprétation, de doctrine admises et consacrées par les jurisconsultes et par la jurisprudence doivent également éclairer les juges administratifs dans la recherche et l'application de la justice.

Mais si l'on avait à se plaindre d'un dol, d'une fraude, d'une concussion, soit dans le cours de l'instruction, soit lors du jugement, pourrait-on invoquer contre les juges administratifs les dispositions de l'art. 505 du Code de procédure civile ? La loi se tait. Impossible, dit M. Sirey, d'étendre ces dispositions aux membres du conseil d'État, puisqu'ils ne sont pas juges, puisque le Roi seul rend la justice administrative, puisque le conseil d'État ne fait qu'émettre des avis.

[1] *Des Tribunaux administratifs*, p. 549.

Si cependant il arrivait qu'un rapporteur, par corruption, trahît son ministère, trompât le conseil et induisît le Roi en erreur, si par un tel crime il avait causé la ruine d'un citoyen, et si la preuve du fait existait avec toute certitude, conçoit-on qu'en ce cas il y eût impossibilité d'exercer la prise à partie? Oui, répond M. Macarel; et il se joint à M. Cormenin pour réclamer des garanties contre les juges administratifs. Quoi qu'il en soit de l'opinion de M. Macarel et de M. Cormenin, nous pensons que, si un conseiller d'État rapporteur d'une affaire trahissait son ministère, il serait au moins passible de la responsabilité résultant des dispositions des art. 1382 et 1383 du Code civil.

JURISPRUDENCE.

Un particulier à qui des administrateurs ont occasionné des dommages par des actes administratifs approuvés par le préfet ne peut réclamer du conseil d'État l'autorisation d'exercer contre eux la prise à partie tant qu'il n'a pas fait réformer par le ministre l'acte du préfet (S., IV, 19). Il résulte implicitement de cette décision que l'on peut, avec l'autorisation du conseil d'État, prendre à partie un administrateur subalterne [1].

[1] « Considérant, quant aux poursuites dirigées personnellement contre le maire de Preissac, que ce maire, ayant exercé les *fonctions du ministère public* auprès du tribunal de simple police qui a statué sur le litige dont il s'agit, ne peut être poursuivie à raison de ces fonctions ni *pris à partie* sans la permission du *tribunal nanti* de la contestation ; — que, dans aucun cas, notre autorisation (le Roi en conseil d'État) n'est nécessaire pour exercer l'une des deux actions contre lui. » Arrêt du conseil du 21 mai 1823 (M., V, 367). *Voyez* à cet égard l'art. 510 du Code de procédure civile.

Il peut arriver que l'on statue sur une question de manière à la distraire du contentieux. Par exemple, on a considéré comme mesure de simple administration un décret rendu par la section de la guerre sur l'entreprise de la fourniture des lits militaires et sur le mode de paiement des entrepreneurs : comment ceux-ci peuvent-ils se pourvoir contre cette décision, qui peut être rendue même en leur absence et sans les entendre? Le recours, aux termes de l'art. 40 du règlement du 22 juillet 1806, est le seul moyen de parer un déni de justice (S., III, 463).

CHAPITRE V.

DU CARACTÈRE ET DE L'EXÉCUTION DES DÉCISIONS.

Les décisions administratives ont le caractère et les effets des jugements des tribunaux civils; les arrêtés des conseils de préfecture emportent hypothèque et contrainte par corps.

M. Macarel établit parfaitement que les arrêtés des conseils de préfecture n'ont besoin d'aucun mandement ni *exequatur* du préfet; que la doctrine contraire est une erreur accréditée par un article du Répertoire de M. Merlin rédigé par un ancien préfet. Il établit également que le conseil de préfecture ne peut renvoyer devant les tribunaux pour obtenir jugement *exécutoire*; et, à l'appui de son opinion, il cite un décret du 5 mars 1814 qui porte que les conseils de préfecture sont de véritables juges dont les actes doivent produire les mêmes effets et obtenir la même exécution que ceux des tribunaux ordinaires [1]. La meilleure raison, ajoute-t-il, que l'on puisse donner qu'il n'est pas besoin de se pourvoir devant les tribunaux pour obtenir l'exécution des jugements administratifs, c'est le décret du 25 thermidor an XII, qui porte que, si ces actes étaient l'objet d'aucun litige devant les tribunaux, l'indépendance de l'autorité administrative, garantie par les Constitutions, serait troublée [2].

[1] *Voyez S., II, 525.*

[2] *Des Tribunaux administratifs,* p. 559.

En général il n'est pas nécessaire de demander au conseil d'État la confirmation d'arrêtés qui ne sont pas attaqués. Cependant rien n'empêche, dit M. Cormenin, de demander au ministre la confirmation d'un arrêté préfectoral si la loi ne considère cet arrêté que comme préparatoire, ou si les parties veulent, par la sanction du ministre, se donner plus de garantie. Il en est de même, dit-il encore, des arrêtés de conseils de préfecture pris en certaines matières et portant réserve, expresse au tacite, qu'ils n'auront de force ou ne recevront leur exécution qu'après avoir été soumis à l'approbation du ministre compétent [1].

L'exécution des décisions administratives n'appartient aux juges administratifs que par exception, c'est-à-dire lorsqu'elle est conférée par une loi. Les arrêtés des conseils de préfecture rendus en matière de contributions indirectes, de grande voirie, de restitutions et d'amendes sont dans ce cas ; l'exécution peut en être poursuivie par voie de garnisaires et de saisies [2].

Mais si l'exécution n'est pas réglée administrativement et qu'elle rencontre des obstacles, il faut s'adresser aux tribunaux civils : seuls ils ont droit de territoire, partie intégrante de l'autorité judiciaire ; seuls ils peuvent ordonner et défendre les actes nécessaires à l'exécution des jugements administratifs ou judiciaires. Il serait à désirer que la juridiction administrative, régulièrement organisée, pût elle-même pourvoir à l'exécution de ses propres décisions,

[1] *Voyez* le décret du 4e jour complémentaire an XIII.
[2] Arrêté du 16 thermidor an VIII, loi du 29 floréal an X.

et par là prévenir des collisions et des conflits qui troublent l'indépendance réciproque des deux juridictions.

Il n'est pas nécessaire que les décisions administratives portent, comme les décisions judiciaires, l'intitulé et le mandement au nom du Roi. Ainsi l'ont décidé, quant aux arrêtés des conseils de préfecture, les comités réunis du contentieux et de l'intérieur par une délibération du 5 février 1826. M. Macarel réclame au contraire l'unité de formes ; et, à cet égard, il justifie son opinion tout aussi rationnellement qu'il combat la doctrine du conseil d'État. Quelques conseils de préfecture ont admis l'opinion de M. Macarel et revêtu leurs arrêtés de la formule exécutoire [1]. Selon M. Proudhon, c'est au préfet, en matière de contributions indirectes, de grande voirie, de restitution et d'amende, de prendre une expédition en forme de l'arrêté du conseil de préfecture, afin de le faire mettre à exécution. Cette expédition intitulée *au nom du Roi* doit être terminée par la formule exécutoire semblable à celle qui est au bas des lois, formule apposée, dit encore M. Proudhon, et signée par le préfet lui-même [2].

Quant aux arrêtés d'administration active, préfectoraux ou ministériels, portant condamnation et contrainte dans les cas et pour les matières de leur compétence, ils sont exécutoires sans l'intervention des tribunaux [3].

[1] M., II, 107.

[2] *Traité du Domaine public*, t. I, p. 219.

[3] *Voyez* avis du conseil d'État des 25 thermidor an xii, 19 octobre 1811 et 24 mars 1812. *Voyez* aussi D., III, 2e série, 159.

JURISPRUDENCE.

Bien que les comptables du gouvernement ne soient justiciables que de l'administration quant à la prononciation de la contrainte par corps, c'est l'autorité judiciaire qui juge si l'*exécution* a été faite conformément à la loi (S., I, 82). Les arrêtés des conseils de préfecture doivent obtenir la même exécution que les jugements des tribunaux, par voie de saisie ou autrement (II, 524), même lorsqu'ils condamnent un adjudicataire de bien national à délaisser un chemin et à le rétablir dans son ancien état (III, 218). Lorsqu'un règlement relatif à un déversoir et à un canal de décharge a été définitivement arrêté par une ordonnance, toute contestation relative à l'exécution de ce règlement est dévolue à l'autorité judiciaire, et non au préfet (III, 520)'. Les préfets n'ont pas attribution pour ordonner l'exécution de ces actes administratifs en ce qui touche les droits privés : cela n'appartient qu'aux tribunaux (IV, 382). Une décision du ministre de la marine qui constitue en débet un comptable ne doit pas, pour son exécution, être renvoyée aux tribunaux, mais bien au ministre des finances, qui procède par voie de contrainte (V, 560). Les contestations qui peuvent s'élever quant à l'exécution des jugements en matière de prises sont de la compétence des tribunaux (III, 277). Un particulier, dans un intérêt tout privé, peut requérir l'exécution d'un ar-

---

' Mais s'il survenait des circonstances réclamant l'emploi des mesures administratives combinées avec l'exécution du règlement? Alors divisibilité d'action.

rêté du conseil de préfecture qui ordonne la destruction d'ouvrages construits sans autorisation (M.,
II , 97).

Dans le cours de ce livre nous n'avons mentionné
nulle part le *référé*, voie d'exécution tracée par les
art. 806 et suivants du Code de procédure civile;
mais, en matière administrative, peut-il y avoir lieu
à référé? Non sans doute. D'abord, en matière d'administration active, tout est urgent et décidé comme
tel; en second lieu, il ne peut, en matière contentieuse, se présenter de référé devant les tribunaux
administratifs; car, s'il naissait une difficulté sur
l'exécution, elle serait portée devant les tribunaux
civils.

Cependant (et c'est ce qui motive notre observation) nous trouvons dans Sirey que *la voie de référé est autorisée en conseil d'État* [1]. Nous examinons
l'espèce, nous cherchons quel rapport il y a entre
elle et le réfère, et, grâce à notre ignorance peut-
être, nous n'en trouvons aucun. Nous voyons qu'il
s'agissait de statuer, sur une question de servitude,
un droit de propriété; que l'autorité judiciaire, seule
compétente en ce cas, avait de plus ordonné qu'une
vanne située sur un cours d'eau serait levée, tandis
que l'administration, par mesure d'utilité publique,
décidait qu'elle serait fermée; que dès-lors le tribunal avait empiété sur l'administration, et violé
par là les règles de la compétence. Un conflit fut
élevé; il fut instruit selon les règles ordinaires et
accueilli : voilà toute l'affaire.

Quel est donc le sens du mot *référé* employé par

[1] S., V, 428, arrêt du 28 juillet 1820.

l'Arrétiste, et même dans le visa de pièces de l'arrêt précité? Le voici. Un premier jugement avait statué sur le droit de servitude réclamé, et rejeté les prétentions des réclamants Ternaux et fils. A son tour le défendeur, la veuve Lemaître, forma demande contre eux afin que la vanne établie sur le cours d'eau fût levée à toute sa hauteur. Le tribunal saisi de la contestation prescrivit, par des motifs d'utilité publique, de tenir cette vanne levée. Alors conflit, comme nous venons de le dire, est élevé par le préfet. La veuve Lemaître s'adressa de suite au conseil d'État; elle pressa le rejet du conflit, elle introduisit dès-lors un débat analogue au référé. Cette procédure fut accueillie; mais, au fond, la demanderesse en référé perdit et devait perdre son procès, qui, du reste, fut instruit et jugé comme toute contestation soumise au conseil d'État.

LIVRE III.

—

Quelques notions des administrations spéciales et collectives et des conseils spéciaux et techniques sont l'objet des deux premiers chapitres de ce livre.

Dans un troisième et dernier chapitre nous tracerons les principes qui régissent certaines questions de droit administratif. Nous classerons ces diverses questions, également usuelles, dans un ordre alphabétique.

Ce n'est point confondre des matières différentes, du moins nous le croyons ; toutes ces matières se résolvent, en dernière analyse, à des espèces de nature diverses sur lesquelles l'administration en général exerce son action.

CHAPITRE IER.

DES ADMINISTRATIONS SPÉCIALES.

Nous traiterons de l'administration des fabriques, des établissements de charité et des intendances sanitaires.

§ Ier.

Des fabriques.

Les fabriques sont des établissements chargés de veiller à l'entretien et à la conservation des temples, ainsi qu'à l'administration des aumônes [1].

La composition et l'administration des fabriques sont réglées par un décret du 30 décembre 1809 ; il porte que chaque fabrique se composera d'un bureau de marguilliers et d'un conseil dont il règle les fonctions. Ce même décret traite ensuite des revenus et des charges des biens des fabriques.

Les marguilliers ne peuvent procéder en justice, soit en demandant, soit en défendant, qu'après y avoir été autorisés par le conseil de préfecture, auquel doit être adressée la délibération prise à ce sujet par le conseil et le bureau de fabrique réunis.

Un arrêté du 7 thermidor an xi rend aux églises les biens et les rentes des anciennes fabriques dont l'État se trouvait encore en possession et dont il avait été investi par les lois de la Révolution. Au surplus, il résulte de ce même arrêté que les biens des

---

[1] Lois organiques du 18 germinal an x.

fabriques continueront d'être régis au nom de l'État, quoique les revenus soient employés aux besoins de l'église, et qu'ils seront ainsi rendus à leur destination première sans changer de nature, sans cesser d'être nationaux. Un décret du 15 ventôse an XIII étendit les mêmes dispositions aux biens et aux rentes non aliénés des anciennes métropoles.

JURISPRUDENCE.

Les fabriques ne peuvent être autorisées à plaider sans l'autorisation du conseil municipal, en ce que les frais pourraient tomber à la charge de la commune. Il en serait autrement si les fabriciens prenaient un engagement personnel (S., IV, 259). Le receveur d'une fabrique peut poursuivre devant les tribunaux le débiteur d'une rente; le défaut d'autorisation préalable ne donnerait pas à l'administration le droit de revendiquer la contestation (I, 172).

Les dettes des fabriques ne pouvant être acquittées que sur les fonds assignés à cet effet par l'autorité administrative, les tribunaux ne peuvent prononcer la validité d'une saisie-arrêt des revenus d'une fabrique : il appartient au préfet seul de régler le mode de paiement de ces dettes (I, 167). Mais le créancier dont la créance a été reconnue, la liqiudation faite, le paiement ordonné et les fonds du paiement assignés, en un mot, le mandat de l'administration consommé, le créancier peut former une saisie-arrêt sur le trésorier de la fabrique, et le tribunal connaître de la validité de la saisie (IV, 205).

Les biens des fabriques sont soumis à la même

forme d'administration que les biens communaux,
et les contestations que peuvent occasionner les dépenses du culte sont dévolues à l'administration (S.,
I, 381); de même que toutes les dépenses à la charge
de la fabrique, par exemple, le salaire d'un instituteur (I, 364).

Cependant l'obligation des administrateurs d'une
fabrique est du ressort de l'autorité judiciaire. On
ne peut invoquer les décrets des 7 thermidor an xi,
9 vendémiaire an xiii et 12 août 1807, relatifs aux
dettes des communes et aux délais accordés pour
leur acquittement (S., I, 221).

§ II.

Des établissements charitables.

Hospices. L'administration est confiée à des commissions gratuites instituées par le Roi, ou par les
préfets, suivant les localités. Elle comprend, indépendamment de la gestion économique, l'autorité
nécessaire pour leur bon régime moral [1].

Les délibérations prises doivent, suivant leur objet, être soumises à l'approbation du Roi, du ministre ou du préfet. Cette approbation doit même
être précédée de l'avis des conseils municipaux lorsqu'il s'agit d'emprunts, d'acquisitions, d'échanges,
ventes ou règlements de budgets, lorsque les communes donnent des subventions sur une branche de
leurs revenus.

La formalité d'autorisation pour intenter une action

---

[1] *Voyez* lois des 16 vendémiaire an v et 16 messidor an vii, arrêté du
7 germinal an xiii, ordonnances des 6 février 1818 et 31 octobre 1821.

contre les hospices ou leurs commissions administratives est la même que pour actionner une commune [1]. De plus, les actions juridiques que les commissions administratives croiront devoir intenter seront préalablement soumises à l'examen d'un comité consultatif qui est formé dans chaque arrondissement communal et composé de trois membres choisis par le sous-préfet parmi les jurisconsultes les plus éclairés de l'arrondissement [2].

Bureaux de bienfaisance. Ils sont chargés de pourvoir à la distribution des secours à domicile : leurs membres sont nommés par le ministre de l'intérieur [3]. Les commissions gratuites sont assistées par des conseils de charité [4]. Les délibérations prises sont sujettes à la même approbation que celles relatives aux hospices. Nous venons d'en parler.

Les monts-de-piété. Ils sont régis par des conseils d'administration dont les membres sont pris dans les commissions administratives des hospices ; partie aussi parmi les actionnaires lorsque les fonds de ces établissements sont formés par des actions [5].

JURISPRUDENCE.

Hospices. Le conseil de préfecture ne peut refuser l'autorisation de poursuivre à un créancier qui veut

[1] Arrêtés consulaires des 17 vendémiaire et 9 ventôse an x.

[2] *Voyez* arrêté du 7 messidor an ix. — Cet arrêté est relatif à l'administration des biens des hospices et à l'autorisation de plaider que tous les établissements de charité et de bienfaisance doivent demander au conseil de préfecture.

[3] Loi du 7 frimaire an v, ordonnance du 31 octobre 1821.

[4] Même ordonnance, art. 8.

[5] Décret du 24 messidor an xii.

obtenir un titre judiciaire ; seulement il n'appartient qu'à l'autorité administrative d'aviser au mode de paiement (S., III, 487). Les actions en paiement d'arrérages de rentes intentées par des particuliers contre les hospices, lorsque la légitimité et la quotité des arrérages ne sont pas contestées, sont du ressort de l'autorité administrative (I, 140). Les règlements de mémoires de fournitures sont de la compétence des tribunaux (II, 428). Il en est de même des contestations élevées par l'hospice sur les questions de charge de propriété et de validité de saisie-arrêt par suite d'un droit réel de l'hospice (III, 19). La délibération d'une commission administrative contenant un projet de cession des droits de l'hospice à un particulier, si elle n'est approuvée par l'autorité supérieure, ne confère ni qualité ni droit au prétendu cessionnaire (IV, 374). Les arrêtés des administrations des hospices, en matière de comptabilité, ne peuvent être déférés au conseil d'État qu'après avoir été soumis au conseil de préfecture (III, 318). Lorsqu'un individu indigent a été interdit par jugement pour cause de fureur et qu'il a été mis à la disposition de l'autorité administrative, on ne peut mettre à la charge d'un hospice les frais de traitement et d'entretien : c'est une mesure de police à laquelle l'administration doit pourvoir (D., IV, 2ᵉ série, 347).

Bureaux de bienfaisance. C'est aux tribunaux et non à l'autorité administrative de prononcer sur les oppositions aux poursuites en paiement de fermages dirigées par les administrateurs contre les fermiers de ces établissements (S., I, 277).

Monts-de-piété. C'est aux tribunaux et non à l'administration à statuer sur une demande formée par des commissaires-priseurs contre les appréciateurs [1] d'un mont-de-piété en ce qu'ils se seraient immiscés dans des fonctions réservées aux commissaires-priseurs (S., IV, 254). Les contestations qui s'élèvent entre l'administration d'un mont-de-piété et l'appréciateur membre de la compagnie des commissaires-priseurs (tous obligés solidairement au sujet de répétitions relatives à la prisée des objets vendus, sont du ressort des tribunaux (D., II, 2e série, 127) [2].

[1] En principe, l'appréciateur est garant envers l'établissement des appréciations par lui faites. Cette disposition est générale et commune à tous les monts-de-piété; elle est toujours insérée dans le règlement qui est joint à l'ordonnance d'autorisation de l'établissement d'un mont-de-piété.

[2] L'arrêt que nous annotons, relatif au mont-de-piété de Strasbourg, est contraire à celui du 23 avril 1823 (M., V, 300), relatif au mont-de-piété de Nantes. Par ce dernier arrêté, en effet, la compétence de l'autorité administrative fut admise par le conseil d'État. Y a-t-il là changement de jurisprudence? Non, sans doute; le règlement du mont-de-piété de Strasbourg résulte d'une ordonnance royale du 26 décembre 1826. L'art. 132 de cette ordonnance porte que les contestations dont il s'agissait alors seraient portées devant le conseil de préfecture, sauf recours au conseil d'État. Mais, devant le conseil d'État, s'éleva la question de savoir si, par sa nature, la contestation n'était pas de la compétence des tribunaux civils, et si, en cas d'affirmative, une ordonnance avait pu changer l'ordre légal des juridictions. Le conseil d'État a jugé qu'*aucune loi* n'attribuait à l'administration le jugement de la contestation dont il s'agissait; il reconnaissait implicitement, dès-lors, qu'une ordonnance n'avait pu donner attribution de juridiction, et par-là changer l'ordre légal (arrêt du 29 mars 1832). Dans l'espèce du mont-de-piété de Nantes, au contraire, le règlement avait été fait par un décret du 3 décembre 1813, inséré au *Bulletin des lois.* Ce décret, rendu dans les formes constitutionnelles d'alors, avait force de loi : l'attribution de juridiction qu'il faisait à l'administration était donc légale et son exécution obligatoire.

§ III.

Des intendances sanitaires.

Les mesures sanitaires sont un objet important de l'administration. L'exécution de ces mesures est confiée, dans les lazarets et autres lieux, à des autorités qui remplissent les fonctions d'officiers de police judiciaire et connaissent des contraventions de police sans appel ni recours en cassation. Ils remplissent aussi les fonctions d'officiers de l'état civil [1].

La police sanitaire locale est exercée, sous la surveillance des préfets, par des intendances et par des commissions. Les intendances font les règlements locaux qui doivent être soumis au préfet et approuvés par le ministre de l'intérieur. Les commissions exercent la police sanitaire sous la direction des intendances. Les intendances et les commissions, le président semainier et le vice-président ont le droit de requérir la force publique.

Les jugements sont rendus par le président semainier, assisté de deux de ses collègues les plus âgés : le ministère public est rempli par le capitaine du lazaret, et ailleurs par le plus jeune membre de l'intendance ou de la commission [2].

[1] *Voyez* la loi du 3 mai 1822.

[2] Ordonnance du 7 août 1822. Elle règle la formation et la composition des intendances et des commissions.

CHAPITRE II.

DES CONSEILS ADMINISTRATIFS SPÉCIAUX.

Il s'agit ici 1° du conseil général des ponts-et-chaussées, 2° du conseil général des mines, 3° de la commission mixte des travaux publics, 4° des conseils locaux pour l'entretien des routes, 5° des conseils d'administration de l'armée de terre, 6° des conseils d'administration de la marine et des ports, 7° de la commission du sceau.

§ 1er.

Ponts-et-chaussées.

Ce conseil a été institué par la loi du 19 janvier 1791. Une loi du 18 août suivant place cette administration sous la responsabilité du ministre de l'intérieur ; elle porte, de plus, qu'il y aura un ingénieur en chef par département.

L'organisation du corps des ponts-et-chaussées est réglée par le décret du 7 fructidor an XII. Les articles 11 et 15 de ce décret déterminent ses attributions, qui ont en général pour objet les routes, les canaux de navigation, les rivières navigables, les cours d'eau à usine, les chemins de hallage, les mines et le dessèchement des marais.

Le conseil général examine les plans, projets, mémoires, la comptabilité tenue par les ingénieurs en chef, le contentieux relatif à l'établissement,

réglement et police des usines à eau, les questions
sur le contentieux des routes, de la navigation, des
ports maritimes et toutes les affaires qui lui sont
renvoyées par le directeur général. Enfin, ce conseil doit être nécessairement consulté sur toutes les
questions contentieuses qui devront être portées au
conseil d'État ou décidées par le ministre [1].

Quant au détail des attributions du conseil général des ponts-et-chaussées, il faut consulter *attenti-
vement* le décret du 16 décembre 1811, relatif aux
routes, et surtout l'ordonnance du 8 juin 1832, qui
place ce conseil dans les attributions du ministre
du commerce et des travaux publics.

JURISPRUDENCE.

L'administration des ponts-et-chaussées n'est re-
vêtue d'aucune autorité juridictionnelle; seulement
elle fournit au gouvernement les instructions nécessaires pour décider. Les avis des ingénieurs ne sont
en quelque sorte que des pièces d'instructions. Les
ingénieurs sont en général les agents de la grande
voirie; ils peuvent constater les contraventions par
des procès-verbaux qui font foi jusqu'à *preuve contraire* seulement (D., IV, 206).

Il appartient au conseil des ponts-et-chaussées, sous
la direction du directeur général et du ministre, de
décider jusqu'à quel point l'entrepreneur de l'entretien d'une route est, après la résiliation de son bail,
responsable des dépenses nécessaires pour rétablir
la route dans son bon état; le conseil de préfecture

[1] Décret du 7 fructidor an XII.

n'est pas compétent. L'entrepreneur est à l'abri de toute recherche lorsque ses travaux ont été acceptés et qu'il a été payé sans réclamation (S., III, 36). Lorsque la direction des ponts-et-chaussées a fait, pour cause d'utilité publique, démolir un pont servant à l'usage d'un moulin, le propriétaire de ce pont est fondé à réclamer des dommages-intérêts et à porter son action devant le conseil de préfecture (IV, 203). Toute discussion sur les comptes d'un entrepreneur des ponts-et-chaussées est soumise d'abord au conseil des ponts-et-chaussées et ensuite au ministre, sauf recours au conseil d'État (IV, 140). Le directeur général des ponts-et-chaussées n'est qu'un agent ministériel; ses décisions doivent être d'abord déférées au ministre de l'intérieur (aujourd'hui des travaux publics (III, 65; V, 366). Ce directeur général ne peut réformer les arrêtés des conseils de préfecture (I, 424). Le procès-verbal d'un conducteur des ponts-et-chaussées constatant un délit en matière de roulage est valable (V, 425). Un ingénieur des ponts-et-chaussées est un agent du gouvernement; il ne peut être actionné sans autorisation pour l'acquittement des dépenses qu'il a ordonnées en sa qualité (IV, 262).

§ II.

Conseil général des mines.

La propriété du sol emporte la propriété du dessus et du *dessous,* sauf les modifications résultant des lois et réglements relatifs aux *mines* [1]. Ces lois et régle-

[1] Code civil, art. 552.

ments disposent, dans l'intérêt public, de la jouissance des mines; ils en règlent même l'exploitation; ils déterminent enfin l'indemnité due au propriétaire du sol, et fixent l'impôt que le concessionnaire doit payer à l'État [1].

La loi du 28 juillet 1791 donnait toujours au propriétaire du sol la préférence sur tout autre demandeur en concession [2]; mais la loi du 21 avril 1810, relative aux mines, minières et carrières, considère avant tout la bonne direction à donner à l'exploitation de ces choses. L'intérêt public a dû être garanti par la capacité personnelle et les ressources pécuniaires du concessionnaire; et, en protégeant l'intérêt privé du propriétaire du sol, le législateur a dû penser qu'il ne lui devait aucune préférence à ce titre : tels sont aussi le texte et l'esprit de la loi.

C'est pour assurer la saine application de cette loi que le conseil général des mines a été institué. Le conseil donne son avis sur les demandes en concessions, sur les travaux d'art auxquels il convient d'assujettir les concessionnaires comme condition de la concession, sur les reprises de travaux, sur l'utilité ou les inconvénients des partages de concessions, sur le perfectionnement des procédés de l'art, et sur tous les autres objets pour lesquels il est jugé utile au service de connaître l'opinion du conseil.

Il doit être nécessairement consulté sur les questions contentieuses qui doivent être décidées par le

---

[1] Décret du 6 mai 1811.

[2] Les art. 11 et 12 de cette loi, relatifs aux publications à faire, sont encore obligatoires.

ministre de l'intérieur ou portées au conseil d'État [1],

JURISPRUDENCE.

C'est au gouvernement qu'il appartient de régler l'exploitation des mines; le préfet ne peut prononcer sur ces questions (D., IV, 2ᵉ série, 688). — Lorsqu'il s'élève des contestations entre des exploitants voisins sur les droits résultant de leurs titres, et, par suite, sur l'état provisoire des concessions non encore définitivement réglées, ces contestations doivent être jugées par les tribunaux (S., III, 530). Le propriétaire du terrain, lorsqu'il n'a pas réclamé pendant les publications, est non recevable à attaquer par tierce-opposition l'ordonnance de concession et à demander la préférence (I, 520). Une concession faite, après instruction contradictoire, par ordonnance du Roi sur le rapport du ministre, ne peut être attaquée par voie d'opposition contentieuse, bien que le réclamant soutienne que la concession embrasse par erreur des mines qui sont sa propriété : il n'y a plus à prendre que la voie ouverte par l'art. 40 du règlement du 22 juillet 1806 (S., IV, 440) [2]. Une concession peut être annulée relativement à une commune dans laquelle le concessionnaire n'a pas fait faire les publications et proclamations prescrites par la loi de 1791 précitée (S., IV,

[1] Décret du 18 novembre 1810, qui, de plus, règle la formation du conseil général.

[2] Nous pensons, avec M. SIREY, que les ordonnances du Roi, qui sont tout à la fois d'administration et de justice, ont un effet divisible : *définitif* quant à la partie administrative, *provisoire* quant à la partie de justice : que dès-lors il y a lieu au recours en conseil d'État.

320). Les propriétaires sont sans qualités pour demander à être substitués au privilége accordé aux concessionnaires sous le prétexte que ceux-ci en seraient déchus pour inexécution de l'ordonnance de concession (I, 184, 262). Le propriétaire d'un terrain dans lequel se trouve une mine est non recevable à demander la division de la concession antérieurement faite; les anciens concessionnaires sont propriétaires incommutables (I, 517).

L'autorité administrative seule peut autoriser les travaux nécessaires à l'exploitation, maintenir ou faire supprimer les ouvrages non autorisés; les tribunaux ne peuvent même ordonner la destruction des chaussées faites par les exploitants sur les propriétés voisines (I, 181).

La connaissance des contestations relatives au réglement d'indemnité élevées par les anciens concessionnaires contre les nouveaux pour raison de travaux qui leur auraient été profitables sont de la compétence des tribunaux (I, 440); — de même la question de savoir si un concessionnaire déchu pour inexécution des clauses de la concession a droit à une indemnité pour raison de non-jouissance (I, 369). Les contestations relatives aux mines et accessoires, comme lavoirs, patouillets, prises d'eau, appartiennent également aux tribunaux (I, 406).

Le décès d'un particulier associé d'une compagnie qui aurait sollicité la concession de mines, bien qu'il précédât le décret de la concession, n'éteindrait pas, à l'égard de ses héritiers, les droits résultant de la concession faite à l'association : c'est une question administrative (II, 277).

Le conseil de préfecture est compétent, comme en matière de contributions directes, pour connaître des réclamations formées par des concessionnaires chargés par leur acte de concession de contribuer à la restauration et à l'entretien d'une route départementale contre un arrêté du préfet qui a fixé leur part contributoire (D., III, 2ᵉ série, 634).

Nota. Cet article avait été écrit avant la loi du 27 avril 1838, relativement à l'asséchement et à l'exploitation des mines. Cette loi a conservé en grande partie la jurisprudence antérieure.

§ III.

Commission mixte des travaux publics.

Nous avons déjà parlé de la commission des travaux publics ' : nous la rappelons ici sous le point de vue pratique de *commission mixte*. Dans cette commission se discutent les travaux mixtes du génie, des ponts-et-chaussées et de la marine, lorsqu'ils ont été concertés sur les lieux entre les directeurs ou ingénieurs en chef des divers services, soumis ensuite avec les procès-verbaux, les plans et les pièces à l'appui au comité de fortifications, au conseil général des ponts-et-chaussées et à l'inspection générale des travaux maritimes '. Le président transmet au ministre de chacun des départements dont le concours aura été réclamé un extrait de la

---

' *Voyez* livre 1ᵉʳ, chapitre XIII, section III, § 1.

' Décrets des 20 février, 20 juin 1810 et 22 décembre 1812, ordonnance du 18 septembre 1816.

délibération. Si l'un des ministres ne croit pas devoir adhérer à la délibération de la commission, il porte l'affaire au Roi en conseil des ministres, pour qu'il y soit statué définitivement [1].

Les présidents et les membres de la commission sont nommés par le Roi sur la présentation des ministres de la guerre, de la marine et des travaux publics.

§ IV.

Des conseils locaux pour les routes.

Ces conseils s'occupent de la répartition des fonds publics affectés aux travaux des routes dans les localités.

La sous-répartition, dans chaque département, des fonds affectés aux travaux d'entretien et de réparations ordinaires pour les routes royales, ponts, etc., est faite et définitivement arrêtée dans un conseil local présidé par le préfet, et composé de l'inspecteur divisionnaire, de l'ingénieur en chef et de deux membres du conseil général du département désignés chaque année par le ministre des travaux publics.

Le compte de ces travaux est présenté chaque année par le préfet au conseil local, et une copie en est transmise, avec le procès-verbal de la délibération dont il a été l'objet, au directeur général des ponts-et-chaussées.

Lorsqu'il s'agit de travaux neufs dont la dépense n'excède pas 15,000 francs, le préfet peut déléguer

[1] Ordonnance du 28 décembre 1828.

au sous-préfet la faculté de passer l'adjudication au chef-lieu de la sous-préfecture [1].

§ V.

Des conseils d'administration de l'armée.

Les fonctions de ces conseils sont étrangères à l'administration civile, mais elles les mettent en rapport avec les simples citoyens; et de là naissent des marchés, des traités, une responsabilité, enfin régis par le droit administratif.

Nous ne dirons rien de la formation des conseils d'administration; nous renvoyons, à cet égard, à l'ordonnance du 19 mars 1823, art. 630 et suiv.

Quant à leur compétence, elle consiste à former des demandes de fonds et les fournitures de toute espèce. Ces conseils passent, sous l'approbation des membres du corps de l'intendance militaire, tous les marchés nécessaires à l'habillement, l'équipement, le harnachement et tout autre objet de dépense éventuelle.

Les membres des conseils d'administration sont personnellement responsables de toutes dépenses, fournitures et paiements faits ou autorisés par eux en contravention aux règlements. Ils sont également responsables des retenues illégales exercées sur la solde s'ils les ont prescrites ou tolérées. Ils sont solidairement responsables de toute somme excédant les besoins courants, qu'ils auraient fait remettre au trésorier ou qu'ils auraient laissé entre

[1] *Voyez* sur tout cela l'ordonnance du 10 mai 1829 et la loi du 10 mai 1838.

ses mains, ainsi que de toutes avances de fonds faites aux officiers fournisseurs ou autres.

Les membres du conseil qui ont protesté sur le registre des délibérations, séance tenante, sont affranchis de toute responsabilité relative à l'objet de leurs protestations [1].

§ VI.

Des conseils d'administration de la marine.

L'observation faite au commencement du paragraphe précédent se représente ici.

Quant à la composition de ces conseils, nous renvoyons aussi à l'ordonnance du 17 décembre 1828.

La compétence de ces conseils est d'examiner :

1° Les projets d'adjudications et de marchés et de les arrêter lorsqu'ils sont conclus : toutefois ces marchés ne sont exécutoires qu'après avoir été revêtus de l'approbation du ministre de la marine.

2° Les plans, projets et devis de constructions navales, hydrauliques ou civiles, de distributions nouvelles dans les édifices des arsenaux, d'ouvrages d'artillerie et de tout autres travaux, ainsi que les tarifs de la main-d'œuvre, avant qu'ils soient adressés au ministre.

3° Les comptes de consommation et d'application de matières et de dépenses en main-d'œuvre qui sont rendus annuellement par les chefs de directions.

Il vérifie les comptes de consommation et de dé-

[1] Voyez l'ordonnance du 19 mars 1823.

penses des bâtiments du Roi, au retour de leurs campagnes. Il détermine le montant des reprises à exercer sur les commandants de bâtiments qui auraient fait exécuter des installations contraires aux règlements ou changé celles constatées avant le départ. Il examine les règlements et les tarifs proposés par l'administration de la marine et les tribunaux de commerce sur le service des pilotes lamaneurs.

§ VII.

Commission du sceau.

Cette commission, présidée par le ministre, n'a plus guère qu'une mission aujourd'hui; c'est celle de statuer sur la régularité, quant à la forme, des actes de *juridiction gracieuse* [1] qui doivent être présentés au sceau sur les oppositions à la délivrance des lettres-patentes et autres objets analogues [2].

[1] *Voyez* livre 1er, chapitre v.
[2] *Voyez*, au surplus, l'ordonnance du 15 juillet 1814.

CHAPITRE III.

Nous allons parcourir dans ce chapitre diverses spécialités de droit administratif et examiner diverses questions dont il contient les éléments de solution. Nous ne donnerons à chacun de ces objets d'autre rang de priorité que son ordre alphabétique.

§ Ier.

Action possessoire.

Il y a deux espèces d'actions possessoirs : *la complainte*, fondée sur l'art. 23 du Code de procédure civile, et *la réintégrande*, consacrée par la jurisprudence en vertu de l'art. 2, tit. XVIII de l'ordonnance de 1667.

La complainte s'exerce, en cas de trouble, pour se faire maintenir dans la possession que l'on a; elle ne peut être intentée que par le possesseur à titre de propriétaire, *animo domini*.

La réintégrande s'exerce contre celui qui s'empare d'un fonds par voie de fait, entreprise ou violence. Elle est fondée sur ce principe que nul ne peut se faire justice à soi-même, et que, par conséquent, celui qui a été dépouillé doit avant tout rentrer dans sa possession. Cette action a donc pour unique résultat de faire cesser *l'effet* de la violence et de remettre les parties au même état qu'auparavant. Ainsi, pour être recevable à former une action en réintégrande, il n'est besoin ni de possession annale ni de possession civile *animo domini* [1]. Elle peut donc être exercée par le fermier et contre lui. Dans la réintégrande, il ne s'agit que du *fait* de posséder ; dans la complainte, il ne s'agit que du *droit* : si l'on succombe en celle-ci on n'a plus que le pétitoire, mais si l'on succombe en celle-là on peut encore actionner par la complainte.

Ces actions, réelles de leur nature, sont toujours de la compétence du juge de paix.

JURISPRUDENCE.

L'action peut être dirigée contre un fermier de l'État, bien qu'il tienne son titre de l'autorité administrative, car un bail est un fait de régie et non un acte administratif; enfin l'objet étant prescriptible, l'action est recevable contre l'État (S., I, 3 ; II, 432).

Elle peut être dirigée aussi contre l'adjudicataire de domaines nationaux (I, 187). Un bail administratif ne peut nuire à la possession annale d'un tiers (IV, 433). Une adjudication même ne peut préjudicier à cette possession (I, 29). Lorsque le préfet rend des *décisions provisoires* par mesure de voirie, le juge de paix peut, nonobstant cette mesure, constater la possession annale de celui qui réclame le chemin comme sa propriété (II, 433). Le juge de paix peut, sans excéder ses pouvoirs, statuer sur la possession entre deux aquéreurs de biens natio-

---

[1] MM. Toullier et Poncet (*Traité des Actions*) prouvent au contraire que la réintégrande ne peut être exercée que par celui qui a la possession annale,

naux en discord sur leurs limites respectives (M.,
IV, 359). S'il s'agit de l'étendue d'un droit d'usage
entre les deux adjudicataires, il peut ordonner la
preuve par témoins de la possession annale du droit
d'usage en question (*ib.*, 147).

§ II.

Agents du gouvernement.

Il y a deux classes d'agents du gouvernement : 1° les
mandataires qui, dans les traités et marchés administratifs, stipulent et promettent au nom et pour le
compte du gouvernement ; 2° les divers fonctionnaires publics dont on peut demander la mise en
jugement pour faits *relatifs à l'exercice de leurs fonc-*
tions.

Dans le premier cas, l'arrêté du gouvernement
du 2 germinal an v porte que les réclamations élevées contre les agents du gouvernement, pour raison
d'engagements contractés en cette qualité, sont dévolus à l'administration [1].

Dans le second cas, les agents du gouvernement
ne peuvent être poursuivis soit par la voie civile,
soit par la voie criminelle, sans l'autorisation préalable du conseil d'État [2]. On a dit que cette formalité
était une garantie sans laquelle les fonctionnaires
les plus éclairés et les plus intègres seraient abandonnés aux attaques les plus irréfléchies. Nous ne
partageons nullement cette opinion.

[1] *Voyez* arrêté du 19 thermidor an ix.
[2] *Voyez* Constitution du 22 frimaire an viii, art. 75, et Code pénal,
art. 127 et 129.

Lorsqu'un administrateur est cité devant les tribunaux sans autorisation préalable, les tribunaux doivent surseoir d'office à toutes poursuites; le défaut de sursis est un moyen de nullité qui peut être invoqué en tout état de cause, même en Cour de cassation [1]. Il résulte aussi de l'arrêt que nous citons que les tribunaux, en adjugeant des dommages-intérêts à la partie lésée, ne peuvent admettre des circonstances atténuantes et doivent appliquer au prévenu les peines établies par la loi [2].

La nécessité de l'autorisation préalable ne fait point obstacle à ce que les magistrats chargés de la poursuite des délits informent et recueillent tous les renseignements relatifs au délit [3]. L'autorisation n'est même point accordée si les faits imputés au fonctionnaire, *dans l'exercice de ses fonctions*, ne sont pas suffisamment justifiés par l'information judiciaire [4]. Elle n'est point accordée non plus si le plaignant ne se constitue pas partie civile; car il est de principe que l'action publique n'appartient qu'aux fonctionnaires auxquels elle est confiée par la loi [5].

La demande en autorisation est adressée au ministre du département auquel appartient le fonctionnaire; elle peut l'être dans tous les cas au ministre de la justice, qui en donne avis au minstre du département de l'agent en question [6].

[1] Arrêt de cassation du 9 février 1809.
[2] Arrêté directorial du 27 nivôse an v.
[3] Décret du 9 août 1806.
[4] Ordonnance du 13 mars 1822 (M., III, 263).
[5] Code d'instruction criminelle, art. 1er.
[6] Décret du 9 août 1806. M. Proudhon, s'appuyant sur l'art. 3 de l'ordonnance du 1er juin 1828 sur les conflits, pense que ce n'est plus au

Pour être agent du gouvernement, il n'est pas nécessaire que la nomination émane du Roi. Ainsi les vérificateurs des poids et mesures, qui sont nommés par le préfet [1], les maires, adjoints, ecclésiastiques, employés des douanes, des octrois, les gardes pêches, gardes champêtres, gendarmes, les directeurs et inspecteurs des postes, etc., sont agents du gouvernement. D'un autre côté, certains fonctionnaires, quoique nommés par le Roi, ne sont point agents du gouvernement; et, à cet égard, voici le principe auquel il faut s'arrêter : c'est que tout officier ministériel, *comme il agit d'après sa propre volonté*, n'est point censé exécuter les ordres du gouvernement [2] : dès-lors l'autorisation préalable n'est pas nécessaire.

Les fonctionnaires destitués [3] ou démissionnaires jouissent de la même sauve-garde lorsqu'ils sont poursuivis pour des faits *concernant l'exercice de leurs fonctions* [4]. Tel est le principe, que ce sont les fonc-

comité du contentieux, mais au comité de l'intérieur, par l'intermédiaire du ministre de la justice ou de l'intérieur, suivant la nature de l'affaire, qu'il faut demander l'autorisation. (*Traité du Domaine public*, p. 245.)

[1] *Voyez* arrêt de cassation du 9 février 1810; *voyez* aussi loi du 4 juillet 1837 et ordonnance du 17 avril 1839.

[2] *Traité du Domaine public*, t. I, p. 99. — Ainsi les membres des conseils municipaux ne sont pas agents du gouvernement (M., IV, 440; V, 356), ni les gardes champêtres (arrêt de cassation; SIREY, IX, part. 1, p. 128), ni les greffiers des tribunaux (arrêt de cassation; SIREY, VII, part. 11, p. 526), ni les huissiers, ni les notaires, etc.

[3] Exception : « Les ex-comptables rétentionnaires de deniers publics peuvent être traduits devant les tribunaux criminels sur la simple dénonciation du ministre des finances au ministre de la justice, qui se fait rendre compte de l'instruction. » *Voyez avis du conseil d'État* du 16 mars 1807 sur les comptables destitués.

[4] M., II, 396, 479, 481.

tions et non le fonctionnaire que la loi protége. Aussi l'autorisation est-elle nécessaire même pour poursuivre les *héritiers* du fonctionnaire quand on les poursuit relativement à un fait imputable à ce dernier [1].

Par suite du même principe, l'autorisation ne concerne que les faits pour lesquels on l'a demandée et obtenue; il faut une nouvelle autorisation pour des faits nouveaux ou des faits omis [2].

Dans tous les cas, on ne peut demander incidemment à une contestation dont le conseil d'État est saisi l'autorisation de poursuivre un agent du gouvernement. L'instruction préalable qu'une pareille demande exige ne permet pas de la présenter autrement que par action principale [3].

Lorsque la demande en autorisation a été régulièrement formée et que le conseil d'État a les documents nécessaires pour y statuer, il examine si le bien de la justice exige que la poursuite soit autorisée et si *quelque intérêt administratif* ou *politique* ne s'y oppose pas [4].

Si le fait imputé n'a pas le caractère d'un crime ou d'un délit, le conseil d'État peut n'autoriser que la poursuite à fins civiles.

Il est des agents du gouvernement qui jouissent d'une double protection : ce sont les généraux commandant une division, les préfets, les archevêques, les évêques, les présidents de consistoires qui, pour

---

[1] M., V, 45, arrêté du 29 janvier 1823.
[2] M., II, 482, arrêté du 14 novembre 1821.
[3] M., III, 266, arrêté 13 mars 1822.
[4] *Voyez* Répert. de la nouvelle législation ; V° *Mise en jugement.*

faits relatifs à l'exercice de leurs fonctions, ont la garantie de l'art. 75 de la Constitution de l'an VIII, et qui, pour les délits correctionnels commis *dans* ou *hors* l'exercice de leurs fonctions, ne peuvent être jugés que par la Cour royale [1].

Il en est d'autres qui sont fonctionnaires publics à divers titres. Le maire, par exemple, est 1° juge de police municipale, 2° officier de police judiciaire, 3° officier de l'état civil, 4° agent de l'administration générale, 5° représentant de la commune.

Comme juge et officier de police judiciaire, il jouit de la protection accordée à l'ordre judiciaire [2]; comme officier de l'état civil, il peut être poursuivi sans autorisation [3]; mais, comme agent de l'administration générale ou *municipale* [4], il ne peut être poursuivi qu'en vertu d'une autorisation préalable.

Dans aucun cas l'autorité judiciaire n'est compétente pour juger ni *la qualité* de l'agent inculpé ni si quelque intérêt politique ou administratif souffrirait par sa mise en jugement [5]; mais elle est compétente pour reconnaître si le fait qui a provoqué la poursuite est commis hors de l'exercice ou dans l'exercice des fonctions de l'agent inculpé [6].

Les dispositions de l'art. 75 de la Constitution du 22 frimaire an VIII ont été modifiées par divers actes du gouvernement.

---

[1] Loi du 20 avril 1810, art. 10.

[2] *Voyez* les art. 479 et suiv. du Code d'instruction criminelle.

[3] Avis du conseil d'État des 30 nivôse an XII et 28 juin 1806, arrêt de cassation du 11 juin 1807.

[4] Les maires tiennent leur double titre du gouvernement.

[5] Arrêt de cassation du 5 août 1823.

[6] PROUDHON, *Traité du Domaine public*, t. I, p. 243.

1° Trois arrêtés du gouvernement du 9 pluviôse an x autorisent le directeur général de l'enregistrement et des domaines et les administrations de la loterie et de la poste aux lettres à poursuivre les agents qui leur sont subordonnés sans recourir à l'autorisation du conseil d'État.

2° Un arrêté du 10 floréal suivant autorise les préfets, après avoir pris l'avis des sous-préfets, à traduire devant les tribunaux les percepteurs des contributions pour faits relatifs à leurs fonctions.

3° Un arrêté du gouvernement du 28 pluviôse an xi autorise l'administration générale des forêts à poursuivre elle-même ou à donner l'autorisation de poursuivre les agents qui lui sont subordonnés.

4° Le décret du 28 messidor an xiii accordait le même droit au directeur général de la régie des droits-réunis; mais aujourd'hui les lois de finances admettent qu'il est inutile de recourir à l'autorisation préalable pour poursuivre tout individu qui établirait ou percevrait d'autres contributions que celles portées en la loi du budget. Il suffit au juge d'instruction, lorsqu'il a décerné un mandat d'arrêt, d'en informer le directeur des contributions indirectes de l'arrondissement [1].

Mais si un préposé de la régie proférait des injures dans l'exercice de ses fonctions, il ne pourrait être poursuivi qu'après l'autorisation du directeur général [2].

5° D'après l'arrêté des consuls du 29 thermidor an xi, les préposés des douanes et de l'octroi muni-

<hr>

[1] Loi de finances du 28 avril 1816, art. 244.

[2] Arrêt de la Cour de cassation; SIREY, IX, part. 1, p. 237 et 263.

cipal peuvent être mis en jugement, les premiers sur l'autorisation du directeur général, les seconds sur l'autorisation du préfet.

Si les agents supérieurs de ces diverses administrations ne veulent pas poursuivre malgré la demande du procureur général ou de la partie civile, celle-ci peut recourir à l'autorisation du conseil d'État.

JURISPRUDENCE.

Agents mandataires. Les agents du gouvernement ne peuvent, par un compromis, soumettre à un tribunal arbitral une contestation administrative (S., I, 243). Les agents du gouvernement étant justiciables de l'administration quant aux obligations qu'ils contractent en cette qualité, il s'ensuit qu'un tribunal de commerce ne peut connaître d'une lettre de change tirée par un consul pour le service du gouvernement (I, 363). Un fait de spoliation commis par un agent de l'administration ne regarde l'autorité administrative que pour autoriser des poursuites (I, 200).

Le directeur des vivres d'une division militaire, préposé d'un munitionnaire général, lequel a traité à *prix fixe* avec le ministre de la guerre, n'est point agent du gouvernement dans le sens légal. Ce directeur est justiciable des tribunaux ordinaires pour raison des fournitures qu'il a faites et des engagements qu'il a pris (S., IV, 275).

Les agents d'une entreprise pour le service de l'État sont, comme les entrepreneurs mêmes, justiciables des tribunaux à raison des obligations qu'ils ont contractées pour l'entreprise envers des tiers (S., I, 88).

Agents fonctionnaires. Bien que l'autorité administrative soit chargée de renvoyer devant les tribunaux les porteurs de contraintes coupables de délits envers les contribuables, ceux-ci n'ont pas moins le droit de porter directement leurs plaintes devant les tribunaux, sauf l'autorisation lorsqu'il s'agira de poursuivre (S., I, 397). Les fonctionnaires qui constatent les contraventions en matière de police rurale ne remplissent point en cela de fonctions administratives séparées des fonctions judiciaires : ils sont justiciables des tribunaux (I, 267). Ainsi il n'est pas besoin d'autorisation pour poursuivre devant les tribunaux un officier de police judiciaire prévenu d'arrestation arbitraire (Code d'inst. crim., art. 483) (M., II, 394). Cette décision est applicable à un garde général des forêts lorsqu'il résulte des faits qu'il n'a pu agir que comme officier de police judiciaire [1] (*ib.*). Les gardes forestiers du domaine de la couronne (*ib.*, 588) et ceux des forêts qui dépendent de l'apanage d'un prince leur sont assimilés (*ib.,* III, 228).

L'information doit nécessairement précéder la demande en autorisation de poursuites (S., V, 540). Lorsqu'il ne trouve pas les faits exposés suffisants, le conseil d'État refuse l'autorisation de poursuivre

---

[1] C'est au gouvernement qu'il appartient de déterminer, par la voie de l'autorisation, en quelle qualité l'agent qui a plusieurs qualités a agi et de fixer le caractère distinctif de l'acte ou du fait incriminé. — A l'égard des gardes forestiers royaux, ils sont ou agents de police judiciaire ou agents de l'administration. Dans ce cas, ils sont, comme le maire, sous la sauve-garde de l'art. 75 de la Constitution du 22 frimaire an VIII.

à fins criminelles, mais il peut l'accorder à fins civiles (M., II, 9). L'inscription de faux contre un procès-verbal de garde forestier ne peut être suivie qu'après autorisation, mais alors le conseil d'État ne la refuse pas (S., III, 185). L'autorisation est toujours accordée contre les faussaires et leurs complices (M., II, 10 et 13). On la refuse lorsqu'il s'agit de poursuivre par action civile un agent débiteur insolvable d'une commune (S., IV, 449).

Les ordonnances qui interviennent sur les demandes en autorisation ne peuvent être attaquées par la voie contentieuse (D., I, 400).

Ateliers insalubres ou dangereux. Voyez *Manufactures* et *Usines.*

§ III.

Communaux.

Les biens communaux sont ceux à la propriété ou au produit desquels les habitants d'une ou plusieurs communes ont un droit acquis (Code civil, art. 542).

La loi du 10 juin 1793 ordonna le partage de ces biens et voulut qu'il se fît par tête d'habitant domicilié de tout âge et de tout sexe, absent ou présent ';

' « Il est sursis provisoirement à toutes actions et poursuites résultant de l'exécution de la loi du 10 juin 1793; sont provisoirement maintenus dans leur jouissance tous possesseurs actuels desdits terrains. » Loi du 21 prairial an IV. — Cette loi a maintenu la possession provisoire du cultivateur qui, avant la loi de 1793, a défriché une portion de terrain communal (Cour de cassation, 24 messidor an X; *Journal du Palais*, 2ᵉ semestre an X, p. 449). Peut être déclaré valable un partage fait après la loi de l'an IV, lorsqu'il en a été dressé acte et que les co-partageants ont joui sans trouble et de bonne foi depuis vingt ans (S., V, 170). Le contraire avait été décidé par décrets des 28 et 31 mai 1808.

la loi du 9 ventôse an xii maintint les partages lorsqu'il en avait été dressé acte ; s'il n'en avait pas été dressé acte, le possesseur était maintenu, à la charge de faire une déclaration du terrain qu'il possédait et de se soumettre à payer une redevance. Toute contestation relative à l'occupation entre co-partageants, détenteurs ou occupants et les communes est attribuée au conseil de préfecture, et la décision de ce conseil doit toujours être déférée au conseil d'État sur le rapport du ministre de l'intérieur [1].

Cette loi du 9 ventôse an xii resta presque inexécutée ; les obstacles croissaient avec le temps, et chaque jour il devenait plus difficile de constater l'étendue des droits des co-partageants et de faire cesser les usurpations qui s'étaient multipliées. L'ordonnance du 23 juin 1819 vint établir un ordre de choses régulier. Elle charge l'administration locale de s'occuper de la recherche des biens usurpés ; elle veut aussi que tout détenteur fasse, dans le délai de trois mois, la déclaration des biens dont il jouit illégalement ; elle déclare que le possesseur pourra être maintenu dans la possession définitive des biens

---

[1] Quant aux biens communaux dont deux communes sont propriétaires par indivis, un avis du conseil d'État du 20 juillet 1807 porte que le partage doit en être fait en raison du nombre de feux par chaque commune et sans avoir égard à l'étendue de leur territoire (*voyez* aussi S., I, 231). Le droit de statuer sur le mode de partage appartient à l'administration (*ibid*). Ce mode de partage s'applique aux forêts, quoique les communes eussent divisé par égales parts entre elles les produits et les charges (C. cass., 1er février 1814 ; *Journal du Palais*, t. II, de 1814, p. 522). Il en serait autrement s'il existait antérieurement des règlements conventionnels attribuant des droits inégaux à chaque commune (C. cass., 19 juillet 1820 ; *Journal du Palais*, t. I, de 1821, p. 188).

déclarés en s'engageant à payer à la commune propriétaire les quatre cinquièmes de la valeur actuelle, déduction faite de la plus-value résultant des améliorations, ou une redevance annuelle égale au vingtième du prix estimatif.

Au surplus, l'aliénation des biens usurpés n'est consommée qu'en vertu de l'autorisation donnée en la forme prescrite pour les règlements d'administration publique, et, en ce cas même, l'ordonnance est rendue sur le rapport du ministre de l'intérieur, est préparée par le comité de l'intérieur du conseil d'État. Cette forme de procéder a remédié à l'incurie des administrateurs municipaux, qui laissaient impunément commettre des usurpations de terrains, sources et sentiers qu'il importait aux communes de conserver.

L'ordonnance de 1819 attribue à l'administration les contestations élevées entre des particuliers qui invoqueraient également le bénéfice de l'usurpation, et, conséquemment, toutes les questions relatives au *fait* et à *l'étendue* de l'usurpation.

Mais lorsque le détenteur peut exciper d'un acte de partage quelconque, ou seulement d'un projet écrit suivi d'assentiment général et de possession, il n'est plus soumis aux dispositions de cette ordonnance : sa possession, remontant à la loi de 1793, est tellement légale, que toute contestation qui s'élève entre les détenteurs doit être portée devant les tribunaux; car les conseils de préfecture ne peuvent plus reviser ni rectifier de pareils partages. Du reste, lorsqu'il s'agit de l'intérêt de la commune contre des usurpateurs, co-partageantsou non , le conseil de préfecture doit connaitre de la contestation [1].

Dans les communes où la principale occupation des habitants est d'élever des bestiaux , le partage des communaux s'est rarement effectué. Il était difficile de refuser à certaines communes l'avantage qu'elles recueillaient particulièrement des parcours et vaines pâtures [2]. C'est ainsi que le conseil d'État a décidé que le partage fait sur la demande d'un seul particulier était nul lorsque la majorité s'y était opposée [3].

On le voit : bien que la loi de 1793 permit le partage des biens communaux, rien n'empêchait que les habitants ne maintinssent, ne changeassent ou modifiassent l'ancien mode de jouissance ; mais l'ancien mode de jouissance une fois changé ou modifié, un nouveau mode n'a pu intervenir que sur une demande formée devant le conseil de préfecture et soumise de droit, comme toutes les affaires de biens communaux, au conseil d'État [4]. Alors il intervient, sur le rapport du ministre de l'intérieur, une ordonnance royale en forme de règlement d'administration publique [5].

Il est, sans aucun doute, reconnu en principe que lorsque, par mesure de haute administration, plusieurs communes sont réunies en une seule, les habitants de chacune d'elles doivent conserver la

---

[1] Avis du conseil d'État du 18 juin 1809.

[2] *Voyez* loi du 10 juin 1793, sect. IV, art. 1.

[3] S., I, 198.

[4] Avis du conseil d'État du 29 mai 1808.

[5] Les coupes des bois communaux sont soumises aux règles tracées par le Code forestier.

jouissance de leurs communaux : cela est toujours dit en termes formels dans chacune des ordonnances qui prononcent la réunion de plusieurs communes [1].

Nous avons à parler maintenant de l'affouage et des cantonnements.

Il suffit ici de définir *l'affouage* : c'est le droit de prendre dans une forêt le bois de chauffage nécessaire à un usager [2].

Quant au *cantonnement*, c'est un arrangement en vertu duquel des communes ayant usage sur des biens, des bois surtout, dont elles n'étaient point propriétaires, échangent le droit d'exercer cet usage sur la totalité des terrains qui y étaient soumis contre la propriété pure et simple d'une portion de ces biens [3]. Le cantonnement a été introduit dans le but de remédier aux désordres que l'exercice ordinaire des droits d'usage occasionnait dans les bois.

Si les parties intéressées procèdent amiablement et s'il ne s'élève pas de contestation, le cantonnement est une simple opération administrative qui, vu l'état de minorité des communes, est soumis à la sanction du Roi dans la forme des règlements d'administration publique, après que le conseil municipal, le préfet et le ministre ont donné leur avis,

[1] Voyez *Répertoire de nouvelle législation;* V° *Commune,* sect. IV, § V.

[2] *Voyez* lois des 10 juin 1793 et 9 brumaire an XIII, arrêté du 24 germinal an XI et avis du conseil d'État du 29 mai 1808.

[3] La loi du 28 août 1792 porte, art. 5, que les actions du cantonnement continueront d'avoir lieu dans les cas de droit, etc., et l'art. 8 ajoute que les demandes seront portées devant les tribunaux.

après aussi que les plus pauvres habitants, particulièrement intéressés lorsqu'il s'agit de droit d'usage, ont pu consigner leur vœu dans le procès-verbal d'enquête de *commodo* et *incommodo*, — après enfin que trois jurisconsultes ont donné leur opinion, afin d'éviter que le conseil municipal ne fût induit à abandonner trop légèremeni tout ou partie des droits qui appartiennent à la commune [1].

Mais si le cantonnement ne peut s'opérer de concert entre les parties intéressées, si l'une d'elles s'y oppose, si elles contestent sur l'étendue ou la nature des droits respectifs qui doivent servir de base au cantonnement, sur les conditions principales ou accessoires du cantonnement, telles que le paiement de quelque soulte, sur les servitudes dont telle ou telle portion de terrain doit demeurer grevée , alors, comme il s'agit de faire statuer sur des points de droit civil, sur des questions de propriété, sur les conditions auxquelles la commune ou son adversaire doivent devenir propriétaires d'une portion de biens soumis à usage, les tribunaux seuls sont compétents [2].

JURISPRUDENCE.

Communal. Lorsqu'un bien est reconnu communal chaque habitant a un droit et une action personnels à sa jouissance [3]; mais s'il s'agit de la revendication, l'action n'appartient qu'au représentant de la com-

[1] Avis du conseil d'État du 7 octobre 1809.
[2] Décret du 7 février 1809, sur le rapport du ministre des finances.
[3] Décret du 9 brumaire an XIII.

mune, le maire ¹ (S., III, 45). Les préfets ne sont pas compétents pour connaître des contestations qui s'élèvent entre détenteurs de biens communaux ; ils ne peuvent en ordonner le partage : c'est au conseil de préfecture de statuer (II, 159). La question de savoir si des biens, après partage des communaux, sont propriétés communales ou privées des détenteurs, est dévolue aux tribunaux (I, 262). Il en est de même des questions relatives à la propriété de ceux possédés antérieurement à la loi de 1793 et non partagés depuis (II, 194).

Mode de jouissance. Le conseil de préfecture règle le mode de jouissance entre les habitants lorsque le droit n'est pas contesté. Si les habitants contestent entre eux le fond du droit, c'est une question de propriété dévolue aux tribunaux (S., III, 553). Le mode de jouissance, à l'égard des communautés d'habitants qui, postérieurement à la loi du 10 juin 1793, ont conservé l'ancien usage, ne peut être changé que par une ordonnance rendue sur la proposition du ministre de l'intérieur sur la demande du conseil municipal et l'avis des sous-préfets et des préfets (II, 279). Une commune ne peut réclamer le maintien d'un nouveau mode de jouissance en vertu d'une délibération du conseil municipal non approuvée par l'autorité supérieure (M., I, 586). Le préfet et le conseil de préfecture ne sont pas compétents soit pour annuler la délibération du conseil municipal tendant à obtenir un nouveau mode de jouissance, soit pour régler quel

---

¹ Loi du 29 ventôse an v.

sera le mode à suivre à l'avenir (D., II, 2ᵉ série, 140).

Usage. Un arrêté administratif statuant sur un droit d'usage ne fait qu'en régler l'exercice entre les ayants-droit; il ne touche pas le fond du droit, qui peut dépendre d'une question de propriété du ressort des tribunaux (S., I, 67).

Il en est de même lorsque les communes réclament un *droit d'usage* dans les forêts nationales : c'est une question de propriété (I, 524; V, 343). Les tribunaux prononcent sur la validité des titres en vertu desquels une commune réclame un droit d'usage, pacage (I, 461). La question de savoir si c'est un droit d'usage ou de propriété qui appartient à la commune est dévolue aux tribunaux (V, 406, 408). Des particuliers ne peuvent réclamer un droit d'usage comme appartenant à leur commune; ils doivent faire intervenir celle-ci par son véritable représentant, le maire (II, 54).

Partag. Il est suffisamment constaté, bien qu'il n'ait pas été rédigé par écrit, s'il est constant qu'il a été délibéré et que trois experts ont fait des lots (S., I, 6,). Celui fait en exécution de la loi de 1793 n'est valable qu'autant qu'il en a été dressé acte; des apparences d'exécution, des mutations diverses, une longue possession ne peuvent y suppléer (II, 425). De même de celui antérieur à la loi de 1793 lorsqu'il existe un acte quelconque; le conseil de préfecture ne peut en ordonner la révision sous aucun prétexte (II, 427). Le conseil d'État a annulé un partage fait antérieurement à la

loi de 1793 * et contrairement au mode qu'elle prescrit (I, 215).

Est nul le partage prétendu fait en vertu de la loi
de 1793 après celle du 21 prairial an IV; est valable celui fait de bonne foi antérieurement, surtout
s'il en reste quelque trace écrite, bien que l'acte
même ne se retrouve pas (S., I, 165, 171), même
s'il est vicieux en la forme (I, 174, 191, 220). Lorsqu'il y a eu entre les habitants d'une commune partage de biens réputés communaux, s'il survient un
tiers qui réclame ces biens comme propriétaire en vertu
de titre antérieur au partage, il y a question de propriété dévolue aux tribunaux (I, 135). De même,
si la réclamation fondée sur titre antérieur est élevée
par une section de commune (I, 335). L'application des lois sur le partage entre deux communes
appartient aux préfets; mais la question de la proportion des droits que l'une et l'autre commune
peuvent fonder sur leurs titres et sur leurs posses-
sions appartient aux tribunaux (I, 338).

Le principe qui maintient le partage en cas d'existence d'un acte même irrégulier, s'il y a exécution,
s'applique au cas où l'acte est une copie informe
d'un rapport d'experts (S., III, 232). Le partage
consommé, les contestations entre co-partageants
sont du ressort des tribunaux (III, 39).

Vente. Une vente de communaux faite sans l'autorisation préalable du préfet est nulle; si le conseil de préfecture la ratifie, le conseil d'État annule la vente et la ratification (S., IV, 375). Le

---

* Cette loi, art. 6, sect. IV, déclare nul tout partage antérieur, et l'art. 7
excepte les partages faits en vertu du tit. 1er du décret du 20 avril 1791.

conseil de préfecture statue sur la validité de la vente ; les tribunaux connaissent de l'action en revendication des particuliers (IV, 87). Le détenteur actuel, ayant acheté de prétendus portionnaires, peut être dépossédé par la commune s'il ne justifie pas d'un acte de partage, lors même qu'il justifierait d'une délibération à ce sujet (IV, 175). Les adjudications des biens communaux cédés à la caisse d'amortissement [1], faites dans les formes prescrites pour les biens nationaux, doivent être régies, à l'égard des tiers, par les règles du droit commun (D., IV, 2ᵉ série, 509).

Usurpations. L'avis du conseil d'État du 18 juin 1809 sur la compétence en fait d'usurpation des communaux ne s'applique qu'à des usurpations de terrain dont la qualité communale n'est pas contestée : il est inapplicable s'il y a titre ou possession privée : la question est alors dévolue aux tribunaux (S., III, 225). Ce n'est pas au préfet, c'est au conseil de préfecture de décider si celui qui est en possession de biens *défrichés* et qui est troublé dans sa possession par une cotisation au rôle des biens communaux est fondé dans sa demande en distraction (I, 44).

[1] La loi du 20 mars 1813 portait que différentes propriétés **communales** seraient cédées à la caisse d'amortissement, et que les communes recevraient en échange des inscriptions de rente cinq pour cent. Une lettre du ministre des finances du 29 août 1814, pour distinguer les biens ainsi cédés des *biens communaux*, les nomme *propriétés de la commune*. Il désigne par cette expression les biens loués, cédés pour des redevances ou sous diverses conditions à des individus quelconques : tandis que les biens communaux proprement dits, au contraire, sont ceux qui font partie d'une jouissance commune ou qui sont affectés à un service public. La loi du 20 mars 1813 a été abrogée par la loi du 28 avril 1816.

Revendication. Les questions de revendication élevées par un particulier contre la vente administrative d'un bien réputé communal cédé à la caisse d'amortissement doivent être soumises aux tribunaux, bien qu'il n'y ait pas eu opposition avant l'adjudication. L'adjudication, quoique faite et jugée dans les formes prescrites pour les biens nationaux, doit être régie, à l'égard des tiers, par les règles du droit commun [1] (S., IV, 74). Un contrat d'adjudication à titre de bail fait au nom et dans l'intérêt de la caisse d'amortissement d'un immeuble appartenant à une commune a peu être querellé par la commune, malgré la loi du 20 mars 1813, et la commune a surtout qualité depuis l'abrogation de cette loi (III, 355).

Affouage. Le conseil de préfecture est chargé de dresser les rôles de répartitions entre les habitants des communes pour leur droit d'affouage dans les bois communaux : il juge les réclamations que ces rôles font naître (S., I, 505). Un règlement d'affouage fait par un préfet et confirmé par le ministre ne peut plus être déféré au conseil d'État s'il a été exécuté pendant quelques années : il y a acquiescement (IV, 235). Le droit d'affouage est commun à tous les habitants d'une commune, lors même qu'elle est composée de deux anciennes communes qui avaient leurs bois particuliers (I, 223). Les affouages qui ont été la propriété particulière d'une commune ne peuvent devenir la propriété d'une autre par le fait de leur réunion : il n'y a pas même de prescription possible (III, 294). Un nouveau mode d'af-

---

[1] Décret du 17 janvier 1814.

fouage ne peut être ordonné par le conseil de préfecture avant qu'il n'ait été soumis au conseil d'État [1] (II, 148).

Une question d'affouage est du ressort des tribunaux, quand bien même le fond à raison duquel le réclamant prétend exercer son droit serait du domaine national (S., I, 311). Il en serait de même des contestations relatives au partage et à l'affouage des bois dont la propriété est indivise entre des communes (I, 389).

Cantonnement. L'opération du cantonnement affranchit chaque part et portion de tout droit d'usage ou servitude et n'est point un obstacle à la demande d'un nouvel aménagement (S., I, 516). Le préfet n'a pas le droit d'ordonner un cantonnement au profit d'une commune pour lui tenir lieu de son droit d'usage ou de pâturage dans les bois d'une autre commune lorsque celle-ci conteste le droit : il faut renvoyer devant les tribunaux pour statuer sur la question d'usage ou de servitude (II, 195).

§ IV.

Communes.

La division de la France en communes remonte à la loi du 14 décembre 1789, mais son institution ne date que la loi constitutionnelle du 14 septembre 1791. La division territoriale a été de nouveau fixée par la loi du 28 pluviôse an VIII, qui porte que l'on ne peut changer la circonscription d'un arron-

---

[1] Voyez la loi du 9 brumaire an XII, et avis du conseil d'État du 29 mai 1808.

dissement communal que par une loi, et celle des communes que par un acte de haute administration (une ordonnance) lorsqu'il y a avantage certain [1].

Nous avons parlé dans notre premier livre des attributions des corps municipaux; nous considérons ici la commune comme un *être moral* réputé mineur. Sous ce point de vue les municipalités ont deux espèces de fonctions :

1° Celles propres au *pouvoir municipal* [2],

2° Celles propres à l'administration générale de l'État [3].

Dans le premier cas, le maire agit au nom de la commune, qu'il représente; l'autorisation du conseil municipal lui suffit; l'administration supérieure n'a qu'un droit de surveillance et d'inspection.

Dans le second cas, le maire agit seul comme officier de l'administration, dont il tient ses pouvoirs et dont il ne fait qu'exécuter les ordres.

En se pénétrant bien de ces observations, on conçoit aisément que le maire, qui agit pour la commune, n'a d'autres pouvoirs que ceux d'un gérant ou d'un mandataire, et que le conseil municipal ne donne que des avis qui doivent être soumis à *l'approbation* d'une autorité supérieure.

Souvent les préfets ont usurpé le pouvoir sur les

[1] La réunion de deux communes voisines n'a pas pour effet de rendre les terres vaines et vagues situées sur le territoire de l'une d'elles la copropriété de l'autre (C. cass. du 18 avril 1815; Sirey, t. XV, part. I, p. 273). — Lorsqu'une loi nouvelle vient changer les limites d'un département ou d'un arrondissement communal, devant quels juges doivent être poursuivis les délits qui ont été commis avant ces changements?

[2] Loi du 14 décembre 1789, art. 50.

[3] *Id.*, art. 51. — *Voyez* surtout loi du 18 juillet 1837 sur l'administration municipale.

corps municipaux en faisant eux-mêmes les règlements de police; le gouvernement les a approuvés et imités; la Cour de cassation n'a pas réprimé cette usurpation d'un pouvoir spécial approprié aux mœurs locales, nonobstant les principes établis par le président Henrion de Pansey sur la nature du pouvoir municipal. Du droit d'approuver et de réformer, on a conclu le droit de statuer directement, sans consulter les autorités municipales; ce qui nous paraît contraire à l'esprit comme au texte de la loi, et ce qui tient au système envahissant de l'Empire, et au système de la Restauration, opposé aux influences démocratiques et électives.

Du reste, les arrêtés pris par le maire en matière de police et dans le cercle de ses attributions sont obligatoires pour les habitants de la commune, sans approbation supérieure [1].

La commune étant une *personne morale* est capable de contracter et d'agir en justice; mais étant considérée comme mineure elle a besoin d'autorisation, du moins c'est un principe général [2]. Lors-

[1] *Voyez* la loi du 24 août 1790, tit. xi, et celle du 22 juillet 1791. Il arrive souvent que les maires joignent à leurs arrêtés des taxes à titre d'indemnité ou autrement. La chambre civile de cassation a cassé, le 22 février 1825, un jugement qui condamnait à payer une taxe à l'inspection de la viande de boucherie, pour violation du principe constitutionnel établi par la loi du 28 avril 1816, art. 32, et la disposition finale des lois annuelles de finances. Mais la chambre criminelle juge que c'est à l'autorité administrative qu'il faut s'adresser pour obtenir des modifications et que le principal emporte l'accessoire, sans quoi les arrêtés de police seraient illusoires. *Voyez* arrêt du 22 août 1834, sur le pourvoi du commissaire de police de la Croix-Rousse, au sujet de la taxe des vidangeurs, et les arrêts des 27 décembre 1832 et 19 juillet 1833.

[2] Mais faut-il que, pour divers objets d'un modique intérêt, l'administration supérieure soit appelée à examiner les avis des conseils municipaux?

que les formalités prescrites ont été remplies, les
actes des communes ne peuvent être attaqués,
même par l'administration; il n'appartient plus qu'aux
tribunaux de connaître de leur application ou de
leur nullité. Aussi décide-t-on qu'un bail de revenus communaux fait par un maire en la forme des
adjudications et approuvé par le préfet n'est point
un *acte administratif*, mais un acte privé émané du
gérant de la commune, que dès-lors les contestations
relatives au sens et à l'effet de ce bail sont de la
compétence des tribunaux, et qu'ainsi le fermier
d'une halle ne peut être poursuivi comme concus-
sionnaire, dans le sens de l'art. 174 du Code pénal [1].

Nous dirons peu de mots du mode d'aliénation
des biens *immeubles* des communes [2]. Le besoin de
l'aliénation est constaté par le maire et le conseil
municipal; des experts sont nommés, et le conseil
approuve ou non leur évaluation; le maire transmet
les pièces au sous-préfet, avec un exposé de la situation financière de la commune; sur l'avis du sous-
préfet, le préfet nomme un commissaire pour procéder à une enquête de *commodo* et *incommodo*; enfin
le préfet envoie les pièces et son avis au ministre de
l'intérieur, qui transmet le tout de la même manière

C'est un moyen de retarder l'exécution les projets utiles et souvent urgents,
rien de plus.

[1] *Voyez* arrêt de la Cour de cassation du 2 janvier 1817.

[2] On a demandé si un maire ou son adjoint pouvaient procéder à la
vente d'un *mobilier communal* sans l'assistance d'un commissaire-priseur.
L'affirmation ne paraît pas douteuse. *Voyez* les décisions du ministre des
finances des 16 germinal et 17 frimaire an VII, et l'instruction réglementaire du 15 avril 1820, n° 927. Les maires et adjoints peuvent aussi procéder à la vente du mobilier des hospices et fabriques. *Voyez* décision du
13 décembre 1808.

au conseil d'État, sur l'avis duquel intervient une ordonnance du Roi. Cet usage, attesté par M. Cormenin, est contraire à l'avis du conseil d'État du 15 nivôse an XIII, cité par cet auteur. Les lois de 1793 et années antérieures permettaient aux communes de vendre leurs biens sous la seule approbation de l'administration centrale du département. Nous approuvons ce mode.

Il nous reste à parler de la responsabilité des communes à raison des attentats commis sur leur territoire : cette responsabilité est établie par la loi du 10 vend. an IV. La responsabilité dont parle cette loi a été maintenue par la Cour de cassation, ainsi qu'il résulte des arrêts des 17 janvier 1817 et 24 avril 1821. Mais, par deux autres arrêts du 27 juin 1822, la même Cour a décidé que la responsabilité cesse lorsqu'il est constant que dans le moment du désastre les lois étaient sans force dans la commune et les magistrats sans autorité par l'effet de la guerre civile.

Les attentats dont parle la loi de l'an IV sont poursuivis par le ministère public, même dans l'intérêt de la partie civile : celle-ci, du reste, peut intervenir; et si elle assigne le maire de la commune responsable, elle est dispensée de demander préalablement l'autorisation du conseil de préfecture. Lorsque les délits ont été constatés par l'autorité administrative, que des témoins ont été entendus et les dommages évalués, on ne peut tirer une fin de non-recevoir contre l'action de ce que plusieurs années se sont écoulées sans que le tribunal saisi ait statué [1].

[1] Arrêts de la Cour de cassation du 19 novembre 1821 et du 1er juillet

Les ressources des communes pour payer leurs dépenses sont ordinaires ou extraordinaires : les premières proviennent des centimes additionnels et de tous les revenus annuels ; les secondes proviennent de tout ce qui n'est pas *annuel*, comme une aliénation et une contribution particulière. La réclamation d'un individu contre sa cote de contribution extraordinaire doit être soumise à la décision du ministre de l'intérieur, sauf recours au conseil d'État '.

JURISPRUDENCE.

Limites. C'est au préfet qu'il appartient de statuer sur les contestations de limites entre les communes de son département (D., IV, 831).

Questions de propriété entre communes ou sections de communes dévolues aux tribunaux (S., V, 576). Lorsque, entre deux communes, il y a contestation sur leurs limites et que le fond de la contestation repose sur ce que chacune prétend à la propriété que l'autre réclame, c'est aux tribunaux de statuer (I, 449). Sont également du ressort des tribunaux les contestations entre communes sur un droit de parcours (III, 85) et sur l'effet et la validité d'un échange fait avec un particulier (III, 267). La loi du 20 mars 1813, qui charge l'administration de statuer sur les difficultés qui pourraient s'élever à l'occasion de la vente des biens des communes, doit

1822. La responsabilité ne s'étend pas aux dégâts causés par le canon. Voyez *Gazette des Tribunaux* du 30 avril 1834, affaire de Lyon. — Un arrêt de la Cour royale de Metz, de juillet 1833, exclut les étrangers du bénéfice de la loi du 10 vendémiaire an IV.

' Ordonnance du 4 juin 1823.

être restreinte aux difficultés élevées entre les communes et la régie des domaines; elle ne peut s'appliquer aux questions de propriété élevées par des particuliers (III, 77). La transaction faite par une commune est nulle lorsqu'elle n'a pas été précédée de la consultation de trois jurisconsultes désignés par le préfet (II, 224).

La forme de procéder en matière de contestations qui s'élèvent entre des sections de communes relativement à la propriété de leurs communaux est régie par l'arrêté du 24 prairial an XI : tout autre mode est irrégulier; par exemple, un compromis pour arbitrage (S., V, 501). L'ordonnance royale qui autorise une commune à transiger n'est qu'un acte de tutelle administrative qui n'empêche pas la commune d'attaquer la transaction pour cause de dol, fraude et autres moyens de droit civil (D., IV, 741).

Dettes. La loi du 24 août 1793 a mis les dettes des communes à la charge de l'État [1]; ainsi c'est devant l'administration qu'il faut réclamer le paiement d'une dette communale *non contestée* (S., I, 254). Les tribunaux ne connaissent de la demande d'un perticulier que quant à l'existence et au *quantum* de sa créance; l'administration seule règle le mode d'acquittement (arrêté des 12 brumaire an XI et 9 frimaire an XII; I, 239; II, 23; III, 459). La loi de 1793, en déclarant *nationales* les dettes des communes, a opéré une novation dans les titres des créanciers : c'est à ceux-ci de se pourvoir en liqui-

---

[1] L'art. 84 de cette loi excepte les dettes pour lesquelles il a été ou doit être réparti des impositions en sous additionnels.

dation (V, 532); faute de se pourvoir ils sont atteints par la déchéance prononcée par le décret du 25 février 1808 et la loi du 15 janvier 1810 (*ib.*, 544). Les préfets sont compétents pour vérifier et reconnaître les créances réclamées contre les communes et pour dresser le projet de liquidation; mais si la liquidation devient contentieuse, les parties sont renvoyées devant le conseil de préfecture (II, 335). Les créanciers ne peuvent procéder par voie de saisie-arrêt; ils doivent s'adresser au préfet, qui indique les fonds affectés au paiement et qui prend les mesures propres à l'effectuer (V, 184. — *Voyez* avis du conseil d'État des 18 juillet et 12 août 1807). Lorsque le préfet rejette une créance, le créancier peut se pourvoir contre son arrêté devant le ministre (III, 99). Il ne doit pas être statué en la forme contentieuse sur la question de savoir si une commune est restée passible de ses dettes [1], ou bien si cette dette est nationale, et dès-lors liquidable et payable par l'État : c'est une question de pure administration (V, 423). Une commune autorisée à s'imposer extraordinairement pour payer les frais d'un procès qu'elle a perdu contre un de ses habitants ne peut comprendre cet habitant dans la répartition : des intérêts ne peuvent être communs lorsqu'ils sont opposés (V, 193). Les garants de l'adversaire de la commune ne peuvent invoquer le même principe [2] (D., III, 137).

Lorsque des condamnations pécuniaires ont été

[1] *Voyez* la note précédente.

[2] Cette décision paraît fondée sur un principe qui contredit le principe de la décision précédente.

prononcées contre des communes, c'est à l'administration d'en faire la répartition (S., III, 382). L'ordonnance approbative du Roi, si elle nuit à la partie intéressée, est susceptible de tierce-opposition (*ib.*). Les dettes des communes devenues nationales par la loi du 24 août 1793 ne peuvent revivre contre la commune qui aurait payé pendant trente ans même les intérêts au créancier (D., IV, 714).

Actions. Les communes n'ont besoin d'aucune autorisation pour se pourvoir au conseil d'État soit contre des arrêtés de conseil de préfecture, soit contre des décisions ministérielles, soit enfin contre des ordonnances royales : les délais courant contre elles, elles ne peuvent les voir expirer en démarches d'autorisation [1]. Les habitants d'une commune ne sont pas recevables à réclamer *ut singuli* des propriétés, droits ou créances que la commune *ut universi* veut abandonner ou qu'elle ne réclame pas (M., VI, 673). Cependant, lorsqu'il s'agit de surcharge de contributions, ils peuvent agir *ut singuli* (*ib.*, 336). Les particuliers étant non recevables à exercer les droits qui appartiennent aux habitants *ut universi* sont conséquemment non recevables aussi à demander l'autorisation de poursuivre un maire pour avoir détourné les revenus communaux (VII, 274). Lorsqu'une contestation intéressant une commune a été défendue devant l'administration par un maire, il n'appartient pas à quelques habitants de se pourvoir en leur nom personnel devant le conseil d'État (S., I, 449).

[1] *Voyez* M. Cormenin, *Questions de Droit administratif.* V° Communes.

Les communes peuvent, avec l'approbation de l'autorité supérieure, établir des droits de hallage sur les marchandises apportées aux marchés : les règlements à ce sujet, délibérés en conseil municipal, ne doivent pas être confondus avec les règlements faits par les maires pour la police des marchés : l'infraction à ceux-là est punissable par action civile et dommages-intérêts, et non par action publique devant le tribunal de police. (*Arrêts* de cassation des 12 avril 1834, juin 1832, 30 juillet 1829, 7 décembre 1826 et 4 juin 1823.)

Le maire ne peut valablement consentir la radiation ni la limitation d'une inscription hypothécaire prise dans l'intérêt d'une commune; il faut une délibération du conseil municipal et une décision du conseil de préfecture [1].

§ V.

Du conflit.

Ce mot exprime une contestation à l'égard de laquelle plusieurs autorités ne s'accordent pas à reconnaître ou dénier leur compétence.

Le conflit est de *juridiction* ou d'*attribution*.

Il y a conflit de juridiction lorsque plusieurs tribunaux civils veulent, chacun pour soi, retenir la connaissance de la même affaire soit au civil, soit au criminel. Dans ce cas il y a lieu à règlement de juges au civil, conformément à l'art. 363 du Code

[1] Décisions des ministres des finances et de la justice des 26 septembre 1809 et 3 juin 1828.

de procédure civile, et au criminel, conformément à l'art. 525 du Code d'instruction criminelle.

Le conflit d'attribution, le seul dont nous ayons à nous occuper ici, est *positif* ou *négatif*. Il est positif quand l'autorité judiciaire et l'autorité administrative revendiquent la connaissance d'une même cause; il est négatif au contraire lorsque ces deux autorités se déclarent incompétentes.

§ Ier.

Conflit positif.

Des règlements en assez grand nombre [1] ont posé les règles et introduit les modifications qui sont venues successivement régir les conflits. L'ordonnance du 1er juin 1828 est le dernier acte sur cette matière : aussi analyser cette ordonnance, et, autant que possible, expliquer ses dispositions par la jurisprudence et l'opinion des auteurs, telle doit être ici notre tâche.

I. Le conflit ne peut plus être élevé en *matière criminelle;* mais ce principe doit être sainement entendu. Il peut arriver que la culpabilité d'un prévenu soit subordonnée à une question qui doit être résolue par l'administration. Qu'un comptable public, par exemple, poursuivi pour dilapidation de

---

[1] *Voyez* arrêté du 13 brumaire an x, avis du conseil d'État des 12 novembre 1811 et 19 janvier 1813, décrets des 6 novembre 1813 et 6 janvier 1814, ordonnance du 29 juin 1814 (art. 9), arrêt du conseil du 6 février 1815, avis des comités du conseil d'État du 18 janvier 1821, ordonnances des 12 décembre 1821, 6 février 1822 et 18 décembre suivant, qui donnent au préfet de police, à Paris, le droit d'élever le conflit, qu'il n'avait pas encore eu.

sa caisse élève la question de savoir s'il est réellement en débet [1] : voilà une question préjudicielle
du ressort de l'autorité administrative. La partie
intéressée peut et le ministère public doit demander
le renvoi, et les tribunaux le prononcer même d'office à cet égard. Mais qu'arriverait-il si ce renvoi
n'était ni demandé ni prononcé? le conflit pourrait-
il être élevé par le préfet? Non; ce serait à la
Cour de cassation d'annuler pour cause d'incompétence.

II. Le conflit ne peut, en *matière correctionnelle*,
être élevé, 1° que si la répression du délit est attribuée par un texte précis à l'administration, 2° si la
culpabilité du prévenu est subordonnée à une question préjudicielle du ressort de l'administration. Ainsi
la loi du 29 floréal an x donne aux conseils de préfecture le pouvoir de réprimer les contraventions
en matière de grande voirie [2]; ainsi encore le prévenu d'avoir coupé un arbre soutient qu'il est propriétaire en vertu d'un titre administratif qu'il s'agit
d'interpréter [3] : dans ces cas et leurs analogues le
préfet peut élever le conflit, mais sur la question
préjudicielle seulement. Il peut se présenter des
cas où la loi ne soit pas formelle; par exemple,
l'anticipation, la détérioration d'un chemin vicinal
doivent-elles être réprimées par les tribunaux ou
par les conseils de préfecture? Il y a divergence d'o-

---

[1] *Voyez* S., III, 493, V, 114, et arrêt de cass. du 15 juillet 1819, dans
le Recueil de Sirey, t. XIX, part. I, p. 371.

[2] S., I, 82; IV, 93.

[3] S., II, 190. — Les questions de *vicinalité* de chemins, de détermination de leurs limites, de *navigabilité* des rivières, de *défensabilité* des
biens sont des analogues (S., I, 122, 197: III, 476).

pinions; mais, quelle que soit la meilleure, il est
certain qu'il n'y a pas de texte précis; que d'ailleurs
la répression attribuée aux conseils de préfecture
ne consiste qu'à ordonner le rétablissement des lieux,
que l'application de la peine corporelle appartient
aux tribunaux correctionnels, qu'ainsi le préfet ne
peut élever de conflit lorsque le tribunal n'applique
que l'emprisonnement.

III. L'ordonnance précitée de 1828 ne parle pas
du conflit en matière de *police municipale*. Cependant
si un tribunal de simple police était saisi d'une contravention en matière de police de roulage qui, aux
termes de la loi du 29 floréal an x et du décret du
23 juin 1806, doit être réprimée par l'administration, le conflit pourrait être élevé [1]. Le mode de
procéder nous semble ressortir, par analogie, de
l'art. 17 de cette ordonnance.

IV. Le défaut d'autorisation soit de poursuivre
un agent du gouvernement, soit de plaider à l'égard
des communes ou des établissements publics, de
même que le défaut d'accomplissement des formalités [2] à remplir préalablement aux demandes formées contre l'État ou aux demandes en revendication de meubles saisis pour contributions [3], ne donnent pas lieu au conflit, qui ne peut jamais être
élevé que pour revendiquer la juridiction adminis-

[1] S., V, 81.

[2] *Voyez* ci-devant, livre I, chapitre VI, lorsque l'on exerce une action
contre l'État en la personne du préfet.

[3] Avant de procéder devant le tribunal, réclamation préalable doit être
adressée à l'administration. *Voyez* loi du 12 novembre 1808 et ordonnance du 1er novembre 1820.

trative : dans ces cas il n'y aurait que vice et nullité de procédure [1].

V. On ne peut élever de conflit lorsqu'il y a jugement en dernier ressort ou acquiescé expressément ou virtuellement, ni après arrêt définitif, lors même qu'il y aurait ouverture à cassation [2]. Cependant, aux termes de l'art. 454 du Code de procédure, on peut appeler d'un jugement pour cause d'incompétence : alors renaît le litige, et le conflit peut être élevé ou *régularisé* [3], lors même que l'incompétence ne serait pas fondée [4].

Mais aussi toutes les fois qu'il y a eu appel pour motif d'incompétence et que la Cour royale a décidé que l'affaire devait rester dans les attributions de la justice ordinaire, la chose jugée en dernier ressort sur ce point met obstacle à la formation du conflit sur le fond de la cause, faute par le préfet de l'avoir élevé avant l'arrêt rendu sur le fait de la compétence [5].

VI. On ne peut élever le conflit contre des jugements qui ne font qu'ordonner l'*exécution* pure et simple ou le *maintien* d'un jugement passé en force de chose jugée [6]. Cependant, si un jugement posté-

---

[1] M., V, 819; VI, 139; VII, 2.

[2] La Cour de cassation n'est pas un troisième degré de juridiction.

[3] Dans le cas où le préfet n'aurait pas rempli en première instance les formalités requises ou procédé dans le délai voulu.

[4] Une partie ne pourrait-elle pas abuser de la faculté d'appeler pour cause d'incompétence afin de faire élever ou régulariser un conflit?

[5] PROUDHON, *Traité du Domaine public*, t. I, p. 249.

[6] CORMENIN, *Questions de Droit administratif*. — Il en serait de même du conflit qui serait élevé sur l'appel des ordonnances de référé qui ne feraient que régler l'étendue, les effets et le mode d'exécution de jugements irrévocables (*voyez* M., III, 19; VI, 263 et 275).

rieur ordonnait l'exécution de ces jugements et de plus *traçait le mode* d'exécution, le conflit pourrait être élevé à ce sujet si le mode d'exécution appartenait à l'administration, par exemple s'il s'agissait du paiement des condamnations prononcées contre un établissement public [1].

VII. Remarquons, du reste, que si un arrêt définitif contenait quelque chef qui présentât un excès de pouvoir et qui fût un empiétement évident sur les attributions de l'administration, si, par exemple, dans des cas semblables à ceux où les arrêts des Cours royales, après avoir statué sur des questions de leur compétence, en matière de *recrutement* ou d'*élections*, contenait des *ordres* aux agents de l'administration de ne pas comprendre un jeune soldat dans le contingent ou d'inscrire un électeur sur les listes électorales, dans des cas analogues, aujourd'hui même, le conseil d'État, tout en reconnaissant la compétence des Cours sur le fond, maintiendrait encore le conflit élevé quant au chef par lequel l'arrêt donnerait des ordres à l'administration [2].

VIII. La procédure du conflit est simple : si le préfet pense qu'il est fondé, il adresse un mémoire au procureur du Roi près du tribunal où l'affaire est portée, et dans ce mémoire il rapporte la *disposition législative* [3] qui attribue à l'administration la connaissance du litige. Si l'administration était

[1] M., V, 295.

[2] S., V, 517 ; M., VIII, 114 ; IX, 557 et 572.

[3] L'incompétence du tribunal ne peut dépendre que d'une loi et non d'une ordonnance ou d'un règlement (*voyez* PROUDHON, *Traité du Domaine public*, t. I, p. 251).

elle-même en cause, il suffirait sans doute qu'appuyant ses conclusions sur la disposition législative elle proposât le déclinatoire. Dans tous les cas, le procureur du Roi, qui peut d'office même conclure au renvoi (art. 170 du Code de procédure), fait connaître la demande du préfet, lors même qu'elle serait irrégulière en la forme : il n'est pas juge de sa validité; il n'est appelé qu'à donner ses conclusions.

Le tribunal statue sur la demande du préfet; mais le défaut d'énonciation de la disposition législative ou toute autre irrégularité de cette demande n'autoriserait pas le tribunal à la rejeter s'il reconnaissait que la demande est fondée en droit; il est tenu, au contraire, de déclarer d'office son incompétence toutes les fois qu'il la reconnaît.

Si le tribunal rejette le déclinatoire, le préfet, dans la quinzaine de l'envoi que lui fait le procureur du Roi de ses conclusions et du jugement, peut, s'il le croit fondé, élever le conflit. Si le déclinatoire avait été proposé par l'une des parties et rejeté par le tribunal, le préfet ne pourrait le proposer de nouveau sur l'instance du fond; mais, s'il y avait appel du jugement de rejet, le préfet recouvrerait la faculté d'élever le conflit, et il pourrait l'exercer pendant la quinzaine qui suit la signification de l'appel [1], lors même que le tribunal aurait, avant l'expiration de ce délai, passé outre au jugement du fond. Dans ce cas, si le conflit est élevé, l'exé-

---

[1] Alors le préfet devrait adresser un mémoire au procureur général; il ne doit pas élever le conflit *de plano* (D., II, 480; IV, 717).

cution de ce jugement restera suspendue jusqu'à la décision du conflit [1].

IX. L'arrêté par lequel le préfet élève le conflit doit viser le jugement intervenu, et même l'acte d'appel, si le conflit est élevé sur appel; la disposition législative qui attribue la connaissance du *point litigieux* [2] à l'administration y sera textuellement insérée. L'oubli de cette formalité entraînerait la nullité du conflit; mais cette nullité qui la prononcera? Sur cette question comme sur toutes celles qui consistent à examiner si le conflit est élevé dans les *cas,* dans les *délais* et dans les *formes* prescrits par l'ordonnance, nous pensons que l'autorité judiciaire est compétente; mais, quant à la question de compétence en elle-même, à la question de savoir si les dispositions législatives invoquées par le préfet sont régulièrement applicables à l'espèce, nous pensons, au contraire, que les tribunaux doivent surseoir et attendre la décision du conseil d'État.

X. Lorsqu'il y a conflit élevé, le procureur du Roi en prévient de suite les parties ou leurs avoués, qui peuvent prendre communication du dossier et remettre au parquet [3] leurs observations sur la question de compétence avec les documents à l'appui. Le tout est transmis au garde des sceaux, qui le

[1] M., V, 550; VI, 30.

[2] Le conflit et la revendication de l'affaire peuvent porter sur toute l'affaire ou seulement sur un de ses chefs.

[3] Les parties peuvent aussi adresser leurs observations directement au secrétariat du conseil d'État; mais, de part et d'autre, elles doivent être remises à temps ; la décision du conseil d'État en est indépendante, et l'ordonnance qui la consacre n'est susceptible ni d'opposition ni de révision. *Voyez* ordonnance du 12 décembre 1821, art. 4 et 6 (D., II, 568).

fait parvenir au secrétariat du conseil d'État; et, dans quarante jours ou deux mois au plus, le conseil d'État doit statuer sur le conflit, sinon l'arrêté qui l'a élevé est considéré comme non avenu.

§ II.

Conflit négatif.

Lorsque l'autorité judiciaire et l'autorité administrative se sont déclarées incompétentes, il y a lieu à se pourvoir en règlement de juges devant le chef de l'État [1]. Il s'agit encore, de même qu'en matière de conflit positif, de prononcer entre ces deux autorités. Tel est le point de similitude du *conflit positif* et du *conflit négatif*. La différence est en ce que, dans ce dernier, il n'y a pas de délai fatal pour le former, et en ce que c'est à la partie intéressée à se pourvoir, et non à l'administration.

JURISPRUDENCE.

Conflit positif. Un préfet ne peut élever de conflit avant d'avoir proposé le déclinatoire (D., III, 556). Il doit indiquer la loi sur laquelle il s'appuie [2] (IV, 703).

[1] Décret du 14 octobre 1790, Constitution de l'an VIII, art. 52 (S., I, 61).

[2] L'indication de la loi n'est pas toujours bien facile. Exemple : la loi du 30 avril 1826 créa la commission de liquidation de l'indemnité des colons de Saint-Domingue; cette loi distingue les attributions de cette commission de celles qu'elle laisse aux tribunaux. Intervient la loi du 21 avril 1832, qui déclare cette commission dissoute et ne prévoit rien pour les contestations à venir. Une réclamation est élevée; le ministre des finances est assigné devant les tribunaux; le préfet propose le déclinatoire. et, sur le rejet, il élève le conflit. Ce conflit, à défaut d'indication de la loi

Lorsque, sur un conflit, une affaire est renvoyée à l'administration, il est entendu qu'elle jugera seulement les questions administratives; s'il s'élève d'autres questions, elles doivent être portées devant les tribunaux (S., III, 300). Lorsqu'une décision judiciaire ne dispose que sur une matière de sa compétence, l'inopportunité de ses motifs n'est pas une cause suffisante d'élever le conflit (V, 274). Un arrêt de cassation même qui, en prononçant sur une voie *d'exécution*, décide quand et comment un paiement sera fait par le Trésor, peut motiver le conflit (I, 169)*. Il y a lieu à conflit sur demandes qui, portées devant les tribunaux, tendraient à remettre en discussion des questions décidées compétemment par l'administration (M., I, 565). La décision supérieure qui approuve le conflit ne fait que renvoyer devant le conseil de préfecture; il n'en résulte pas que si les actes soumis à ce conseil sont insuffisants il n'y ait plus lieu à renvoyer devant les tribunaux (S., V, 333). Lorsqu'un conseil de préfecture se déclare incompétent pour prononcer après conflit et renvoie devant les tribunaux, si le préfet pense que la matière soit administrative, il ne peut alors élever le conflit; il doit, par l'intermédiaire du ministre de l'intérieur, appeler au con-

---

qui le justifie, est argué de nullité. Le conseil d'État cependant l'admet, parce que la loi de 1832 n'a pas attribué aux tribunaux les fonctions dont celle de 1826 les avait investis. Quelle était la loi *spéciale* que le préfet devait invoquer ?

* Il n'y aurait pas lieu à conflit, ce nous semble, mais l'arrêt serait inexécutable; il pourrait même être annulé par le chef de l'État s'il était anti-constitutionnel et contraire à l'administration générale établie par les lois de l'État.

seil d'État (*ib.*, 467) [1]. Lorsqu'il n'a été élevé aucun conflit, l'annulation d'un jugement qui ordonne l'exécution d'une décision administrative, même incompétemment rendue, ne peut être demandée que devant l'autorité judiciaire supérieure (D., IV, 526). Le conflit peut être élevé après l'arrêt définitif lorsqu'il statue simultanément sur l'incompétence proposée par le préfet et sur le fond (*ib.*, 793). Le préfet excède ses pouvoirs lorsqu'en élevant le conflit il déclare qu'il est sursis à toutes poursuites judiciaires (D., III, 518). Le conflit ne peut être élevé devant les tribunaux de commerce; il ne peut être élevé que sur l'instance d'appel (D., II, 113) [2]. C'est au greffe de la juridiction qui a statué sur le déclinatoire d'un préfet que l'arrêté qui lève le conflit doit être déposé (D., IV, 351).

Conflit négatif. Lorsqu'à tort un tribunal refuse de prononcer sur le renvoi de l'administration, le conseil d'État annule le jugement et renvoie la cause au même tribunal (S., V, 19). Lorsque, dans une matière judiciaire, le conseil d'État annule un ar-

---

[1] Il n'y a pas lieu à conflit sur un débat entre le préfet et le conseil de préfecture (D., II, 91).

[2] Le motif de cette décision est que devant les tribunaux de commerce il n'y a pas de ministère public : ce qui s'applique aux justices de paix. Telle est, du reste, la jurisprudence (*voyez* D., II, 113). Cependant l'*Arrétiste* (*loco citato*, p. 110) s'élève dans une note contre cette jurisprudence : il soutient que le préfet peut élever le conflit devant ces juridictions; qu'il doit, à cet égard, adresser son mémoire tendant au déclinatoire au président du tribunal ou tout autre intermédiaire. Il soutient aussi que, bien que l'administration, le Trésor par exemple, soit en cause, le préfet doit lui-même proposer le déclinatoire et élever le conflit, « parce qu'une ordonnance du 8 juin 1831 a jugé qu'en matière de conflit l'exception d'incompétence proposée par les parties (y compris l'État) ne peut suppléer le déclinatoire du préfet. »

rêt de Cour royale qui s'est déclarée incompétente et un arrêté du conseil de préfecture qui a jugé incompétemment, il renvoie devant la Cour royale qui aurait dû prononcer (*ib.*, 34).

§ VI.

Contributions.

Elles sont directes ou indirectes.

Les contributions *directes* sont : 1° la contribution foncière, 2° la contribution mobilière, 3° la contribution personnelle, 4° la contribution des portes et fenêtres, 5° celle des patentes. On y assimile les redevances fixes et proportionnelles auxquelles les mines et minières sont assujetties et les rétributions pour la vérification des poids et mesures.

Les contributions *indirectes* sont tous les impôts assis sur la fabrication, la vente, le transport et l'introduction de plusieurs objets de commerce et de consommation [1], impôts dont le produit, ordinairement avancé par le fabricant, le marchand ou le voiturier, est supporté et indirectement payé par le consommateur.

Les contributions directes et les contributions indirectes ont cela de commun, qu'elles ne peuvent être établies que par une loi et que le recouvrement peut en être poursuivi par la voie de contrainte. Elles diffèrent en ce que les contestations relatives aux premières sont du ressort de l'admi-

---

[1] *Voyez* la loi, en forme d'instruction, du 8 janvier 1790.

nistration [1], tandis que celles relatives aux secondes sont de la compétence des tribunaux de première instance, qui les jugent en dernier ressort [2].

La contribution foncière diffère des autres contributions directes ou indirectes en ce que le redevable qui acquitte celle-ci ne peut en aucun cas s'en faire tenir compte par son créancier, tandis que le redevable qui acquitte celle-là a le droit d'en retenir le montant sur les rentes, intérêts et prestations annuelles dont il est grevé [3].

Si l'on considère que les contributions directes atteignent les revenus fonciers, mobiliers, commerciaux et industriels, qu'elles servent de bases aux droits d'enregistrement et à l'exercice des droits politiques, on reconnaîtra que l'on est généralement intéressé à s'instruire de leur nature, de leur mode de fixation et de recouvrement, et des changements et modifications qu'elles peuvent éprouver.

§ 1er.

Contributions directes.

Ces contributions sont des impôts de répartition ou de quotité : de *répartition* quand le gouvernement demande à chaque département une somme fixe déterminée par la loi et répartie ensuite entre les arrondissements, les communes et les contri-

---

[1] *Voyez* loi du 28 pluviôse an VIII.

[2] Par la raison, dit fort bien M. PROUDHON, qu'il faut d'abord judiciairement établir les faits qui doivent donner lieu à la perception du droit et prononcer sur la validité ou l'irrégularité des procès-verbaux. (*Traité du Domaine public*, t. I, p. 108.)

[3] *Voyez* loi du 3 frimaire an VII, art. 147.

buables; de *quotité* lorsque les contingents ne sont pas déterminés d'avance, que dès-lors les agents de l'administration seuls sont appelés à constater la matière imposable et à s'adresser aux individus.

Impôts de répartition : foncier, personnel, mobilier et des portes et fenêtres [1]; *impôts de quotité* : patentes, redevances des mines et rétributions pour la vérification des poids et mesures.

Quant à la répartition *communale* [2] des impôts de répartition, elle est faite par un conseil composé de sept membres : le maire, président, un adjoint, et cinq contribuables fonciers, dont deux au moins non domiciliés dans la commune. Ces cinq contribuables, nommés *répartiteurs*, sont désignés par le préfet sur la présentation du maire, adressée au sous-préfet [3].

Le contribuable qui réclame contre la répartition doit adresser au préfet ou au sous-préfet, dans les trois premiers mois de l'émission du rôle, sa demande en décharge ou réduction. S'il s'agit d'une note moindre de 30 francs, la pétition peut être sur papier libre. Il faut y joindre les quittances des termes échus, sauf à réclamer en cas de décharge ou de réduction. Si le directeur des contributions est d'avis qu'il y a lieu d'admettre la demande, il fait son rapport, et le conseil de préfecture statue. Dans le cas contraire, le réclamant peut demander une

---

[1] La loi du 26 mars 1831 avait déclaré l'impôt personnel et des portes et fenêtres impôt de quotité ; celle du 21 avril 1832 les a déclarés impôt de répartition.

[2] Pour celle des arrondissements, *voyez* la loi du 3 frimaire an vii.

[3] *Voyez* la même loi et celle du 15 floréal an x.

expertise [1]. Si le conseil de préfecture juge l'affaire mal instruite, il est fait une contre-vérification [2].

Le recours contre les arrêtés du conseil de préfecture n'est soumis qu'au droit de timbre. Il peut être transmis au gouvernement par l'intermédiaire du préfet, sans frais [3].

Les frais sont à la charge de la commune lorsque la réclamation est reconnue juste, et ils sont imposés comme charge locale sur les rôles de l'année suivante. Le montant des ordonnances de décharge et de réduction est réimposé sur la masse des contribuables [4].

Un seul rôle, par chaque commune, présente distinctement la somme due par chaque contribuable et pour chacune des contributions. Ce rôle est dressé par le directeur, rendu exécutoire par le préfet, et publié par le maire, qui le remet au percepteur du 1er au 5 janvier chaque année [5].

Les contribuables sont tenus de payer chaque mois un douzième de leur cote [6], et le percepteur ne peut le refuser, quelque minime qu'il soit [7]. Le percepteur peut faire des poursuites pour le recouvrement du douzième échu ; cependant il n'a jamais le droit de poursuivre sans autorisation, car il ne peut en faire que par le ministère d'un porteur

---

[1] *Voyez* la loi du 21 avril 1832, art. 28 et suiv., et l'arrêté du gouvernement du 24 floréal an VIII.

[2] Instruction ministérielle du 24 prairial an VIII.

[3] Loi du 21 avril 1832, art. 30.

[4] Arrêté du 24 floréal an VIII.

[7] Instruction ministérielle du 15 décembre 1826.

[6] Loi du 2 messidor an VII.

[7] Instruction du 15 décembre 1826.

de contrainte, qui ne peut se transporter dans une commune qu'en vertu d'une contrainte décernée par le receveur particulier et visée par le sous-préfet. Le maire est d'ailleurs chargé de vérifier les pouvoirs de cet agent et de surveiller les opérations. Mais, avant toute poursuite, le percepteur doit toujours faire une sommation sans frais [1]. A défaut de paiement, le percepteur peut établir garnison individuelle ou collective s'il y a plusieurs contribuables en retard [2]. Trois jours après l'emploi de ce moyen, les contribuables ne peuvent être poursuivis qu'en vertu d'une autre contrainte qui les désigne, et qui est délivrée et visée par les mêmes autorités que la première : alors commandement est fait, et, trois jours après, le percepteur peut faire procéder à la saisie des meubles et des fruits [3].

Les contribuables peuvent opposer la prescription au percepteur après trois ans à partir de la publication du rôle [4].

Voyons ce qui concerne particulièrement chacune des contributions directes.

I. *Contributions foncière.* Le mode, l'assiette et tout ce qui concerne les différents degrés de répartition, la confection des matrices et des rôles sont réglés par les lois du 1er décembre 1790 et 3 frimaire

---

[1] Règlement du 26 août 1824.

[2] A ce sujet, *voyez* le règlement précité et l'arrêté du 16 thermidor an viii.

[3] Règlement du 26 août 1824.

[4] Loi du 3 frimaire an vii, art. 149. Les contribuables ne peuvent opposer cette prescription aux tiers qui ont payé pour eux, selon un arrêt de la Cour de cassation du 22 janvier 1828.

an VII. Ces lois assujettissent à cette contribution les usines, bains, bacs et bateaux qui ne sont point fixés sur piliers et qui sont considérés comme meubles par l'art. 531 du Code civil [1].

La contribution foncière est une charge non du fond mais des *fruits* [2], une charge sur l'utilité de la jouissance [3].

Les édifices nouvellement construits ou reconstruits ne sont assujettis à cette contribution que la troisième année après leur construction [4].

Le cadastre (registre public contenant en détail la quantité, la qualité et la nature des terres de chaque commune) est la base de la répartition. Le directeur des contributions rédige le rôle cadastral, les matrices du rôle et les états de sections ; le préfet les arrête et les adresse aux communes ; tout propriétaire peut en prendre connaissance et est admis à réclamer contre le classement de ses fonds pendant les six mois qui suivent la mise en recouvrement : après ce délai nulle réclamation n'est admise qu'autant qu'elle porte sur des causes postérieures et étrangères au classement [5].

---

[1] Les propriétaires ne voulaient payer qu'une taxe municipale pour droit d'attache. Le conseil d'État a repoussé cette prétention. Pour les immeubles non sujets à cette contribution, *voyez* la loi du 3 frimaire an VII, art. 106 et suiv.

[2] *Voyez* Répertoire de Favard et Langlade ; V° *Contribtion directe*, n° 5, et *Traité de l'Usufruit*, par M. Proudhon, n° 3730.

[3] *Voyez* Code civil, art. 608, et loi du 6 août 1791, art. 10.

[4] Loi du 3 frimaire an VII, art. 88 ; ordonnance du 24 décembre 1818.

[5] *Voyez* l'ordonnance du 3 octobre 1821. — Le mode de réclamation est tracé par cette ordonnance et par l'arrêté du gouvernement du 24 floréal an VIII. Il n'est pas besoin de papier timbré. *Voyez* instruction générale du 7 juillet 1808.

Lorsqu'il a été fait une matrice de rôle, s'il y a inégalité dans l'évaluation des revenus imposables soit entre les diverses cotes par comparaison de la totalité d'un ou de plusieurs autres articles, soit entre tous les fonds de terre de la commune d'une part, et toutes les maisons et usines de l'autre, le contribuable qui sera lésé par cette inégalité pourra demander le *rappel à l'égalité proportionnelle*. La demande est formée par un simple mémoire adressé à la municipalité [1].

Il est d'autres décharges et réductions que des accidents de force majeure, grêle, incendie, inondation, peuvent justifier. Les pertes sont constatées par des commissaires en présence du maire et du contrôleur qui dresse procès-verbal. Ce document est adressé au sous-préfet, qui le transmet au préfet avec son avis.

L'opération qui détermine la somme à payer à raison du revenu porté au cadastre se nomme *allivrement*. Le paiement est fait, à partir du premier jour de chaque année, par avance sur les fruits qui sont à récolter [2].

Le percepteur ne peut ni ne doit refuser de s'adresser aux fermiers ou locataires lorsque les propriétaires lui ont remis, signé d'eux, l'état de leurs fermiers avec les renseignements nécessaires pour le diriger dans sa perception [3]. Le percepteur doit

[1] *Voyez* la loi du 2 messidor an vii, art. 96.

[2] Un arrêt de cassation du 18 août 1813, contrairement à la décision du ministre des finances de l'an x, déclare que la contribution est due sur les produits de l'année courante.

[3] Le percepteur n'est pas tenu de discuter le fermier; sur le refus de celui-ci, il peut agir contre le propriétaire.

indiquer dans ses poursuites que tel propriétaire est représenté par tel fermier, mais il ne peut être obligé de *partager* la eote du propriétaire entre les divers fermiers ou locataires de la propriété qu'elle concerne.

II. *Personnelle et mobilière.* Le mode de cette contribution est fixé par la loi du 3 nivose an vii et par celle du 21 avril 1832. La taxe personnelle se compose de la valeur de trois journées de travail. On fixe tous les ans le prix de la journée de travail; ce prix ne peut être au-dessous de 50 c. ni au-dessus de 1 fr. 50 c. '. Le sixième de la population multiplié par le prix de trois journées de travail donne pour chaque arrondissement et chaque commune le montant des taxes personnelles. Le surplus du contingent assigné se répartit au centime le franc des loyers d'habitation.

La contribution personnelle et mobilière est due par chaque habitant de tout sexe, français ou étranger, jouissant de ses droits et non réputé indigent. Au surplus, nous devons nous borner à renvoyer aux lois que nous venons de citer.

III. *Portes et fenêtres.* Cette contribution a été établie par la loi du 4 frimaire an vii. Impôt de quotité dans l'origine, cette contribution fut transformée en impôt de répartition par la loi du 13 floréal an x, en impôt de quotité par celle du 26 mars 1831, et enfin en impôt de répartition par celle du 21 avril 1832. Nous renvoyons à l'étude de ces lois pour l'intelligence de la matière.

' Cette fixation est faite par le conseil général sur la proposition du préfet.

Le propriétaire seul ou l'usufruitier sont tenus d'acquitter cette contribution , sauf leurs recours contre leurs locataires. Une maison entièrement inhabitée ne doit par cet impôt.

IV. *Patentes.* Établie en 1791, supprimée en 1793, cette contribution a été définitivement fixée par la loi du 1ᵉʳ brumaire an vii. Selon l'art. 34 de cette loi, les commerces, professions et industries qui ne sont pas expressément désignés dans le tarif ne sont pas moins assujettis à la patente et sont rangés dans la classe qui comprend ceux avec lesquels ils ont le plus d'analogie. Nous renvoyons, au surplus, aux lois des 25 mars 1817 et 15 mai 1818.

Cette contribution consiste en droit fixe et en droit proportionnel, qui se détermine d'après la valeur locative des maisons d'habitation , usines , magasins, ateliers et boutiques : il est du 40ᵉ de ce loyer pour les maîtres d'hôtels garnis, du 30ᵉ pour les meuniers, du 20ᵉ pour les maîtres de paume, et du 10° pour toutes les autres professions.

Il y a lieu à réduction quand on se trouve dans un ou plusieurs des cas spécifiés par l'instruction ministérielle du 30 fructidor an xi : habitation moins chère , diminution de localité , décès , cessation de commerce ou de profession dans le cours de l'année.

V. *Redevances sur les mines.* Elles sont fixes ou proportionnelles. Nous renvoyons à la loi du 21 avril 1810 et au décret du 6 mai 1811.

VI. *Droits pour la vérification des poids et mesures.* Nous devons nous borner à renvoyer à la loi du 29 prairial an ix et à l'instruction du ministre de l'intérieur du 17 thermidor suivant.

§ II.

Contributions indirectes.

Ces contributions varient suivant le besoin du service public; la fixation de leur tarif n'est définitive que pour la durée des lois de finances, qui se renouvellent chaque année. Pour connaître la partie variable de la législation à cet égard il faut consulter les lois y relatives; la loi du 28 avril 1816 surtout semble être le code de la matière; les lois postérieures n'ont fait que s'y référer sous quelques modifications.

Ces contributions portent sur le tabac, les boissons [1], le sel [2], les cartes à jouer [3], les voitures publiques [4], sur le poinçon des matières d'or et d'argent [5] et sur la navigation intérieure [6].

La régie exerce deux espèces d'action : l'une civile, l'autre correctionnelle.

Sous le rapport civil, le tribunal de première instance connaît de la contestation sur le fond du droit [7], c'est-à-dire si le droit réclamé est dû. Il est statué dans la chambre du conseil sur simples mémoires signifiés, mais sans plaidoiries.

La contrainte est la seule voie légale pour poursuivre le recouvrement du droit constaté. Elle est décernée par le directeur ou le receveur de la régie,

[1] Lois des 28 avril 1816, 25 mars 1817 et 24 juin 1824.
[2] Lois des 24 avril 1806, 23 avril 1816 et 10 mars 1819.
[3] Loi du 23 avril 1816, tit. III.
[4] Loi du 25 mars 1817, tit. IV.
[5] Loi du 19 brumaire an VI.
[6] Loi du 30 floréal an X.
[7] Loi du 5 ventôse an XII, art. 88.

visée et déclarée exécutoire sans frais par le juge de paix et notifiée par un employé [1]. On peut y former opposition ; mais il faut d'abord payer, sauf restitution [2] : le juge ne peut ni surseoir ni statuer par voie de référé [3]. On peut, en vertu de la contrainte, faire une saisie-arrêt et suivre la procédure tracée par le Code de procédure civile ; mais la demande en validité doit être formée devant le tribunal du bureau du préposé poursuivant ; et, du reste, la forme de procéder est la même que celle de l'opposition aux contraintes [4].

Sous le rapport correctionnel, l'instruction suit les formes ordinaires : le tribunal correctionnel statue sur toute question en dehors du fond du droit [5], et ne peut renvoyer un contrevenant par des considérations tirées de sa bonne foi [6].

Le délai pour interjeter appel est de huitaine à compter de la signification du jugement [7].

La régie, par son directeur seul, peut transiger sur les procès-verbaux de contravention [8]. Le contrevenant ne peut demander la nullité de la transaction parce qu'il n'y aurait pas mis un *bon* ou *approuvé* de sa main, ou parce qu'elle n'aurait pas encore été approuvée par le directeur général : il

[1] Décret du 1er germinal an XIII, art. 43 et 44.
[2] Loi du 28 avril 1816, art. 239.
[3] Arrêt de cassation du 6 août 1817.
[4] Arrêts de cassation du 14 nivôse an X, 5 mai 1806, 9 février 1814 et 14 décembre 1819.
[5] Arrêt de cassation du 8 juillet 1808.
[6] Arrêt de cassation du 10 décembre 1819.
[7] Voyez le décret du 1er germinal an XIII, art. 32.
[8] Décret du 5 germinal an XII et ordonnance du 2 janvier 1817.

suffit que celui-ci l'approuve [1], n'importe la date.

§ III.

Contributions extraordinaires.

Nous comprenons sous cette dénomination les centimes qui sont *extraordinairement* ajoutés aux contributions directes et que l'on appelle *centimes extraordinaires* ou *contributions locales*. Ce surcroît d'impôt est proposé soit par le conseil municipal pour faire face aux dépenses urgentes de la commune [2], soit par le conseil général pour subvenir aux dépenses des chemins, des canaux et ouvrages d'art [3], soit enfin par les Chambres pour payer des dépenses extraordinaires de l'État [4].

JURISPRUDENCE.

Les tribunaux peuvent connaître des demandes en répétition de contributions directes payées par des particuliers à la décharge d'autres, et des demandes en application, par exemple si un usager, un affouagiste est tenu de payer telles contributions directes (D., III, 521 et 656); mais ils sont incompétents sur toute question d'assiette, de quotité, de perception, d'exécution de rôle, de demandes en dégrèvement et mutation de cote : ils doivent renvoyer à l'administration, et ne peuvent même se réserver

---

[1] Arrêt de cassation du 26 juin 1811, section civile.

[2] *Voyez* la loi du 15 mai 1818, art. 39, 41 et 43.

[3] *Voyez* la loi du 14 floréal an xi et celle du 17 juillet 1819, art. 26.

[4] La loi budgétaire du mois d'avril 1831 avait ajouté 30 centimes au principal de la contribution foncière.

de statuer sur le fond ou sur les dépens après la décision administrative (*ib.* et S., IV, 90). Lorsqu'il y a réclamation contre une cote et que l'administration est saisie toute poursuite judiciaire contre le réclamant et le tiers saisi est suspendue (S., I, 41). Ce n'est ni au préfet ni aux tribunaux , c'est au conseil de préfecture à statuer sur les contestations relatives à la quotité et au recouvrement des contributions directes (IV,76). Mais toutes fois qu'un contribuable ne se prétend pas *surtaxé* [1], mais qu'il invoque un défaut de location ou de jouissance pour obtenir une remise, il appartient au préfet seul de statuer (arrêté du 24 floréal an VIII, art. 24) (D., III, 337). Le conseil de préfecture connaît des demandes en décharge et des questions de déchéance qui les repoussent (II, 91).

Foncière. C'est aux tribunaux de décider si des communes usagères dans les bois d'un particulier sont assujetties au paiement des contributions; et lorsque, tout en reconnaissant qu'elles doivent l'impôt, ils n'ont pas déterminé en quelle proportion cet impôt doit être porté sur le rôle au nom seul du propriétaire (D., IV, 177). De même si les communes sont usagères de prés appartenant à divers particuliers (III, 82).

Lorsque le propriétaire a vendu une partie de sa propriété et que le rôle de la contribution ne le décharge pas, il doit, s'il paie pour les portions vendues, s'adresser à l'administration pour obtenir le

---

[1] S'il y a *surtaxe*, il faut se pourvoir conformément a la loi du 2 messidor an VII et à l'arrêté du gouvernement du 24 floréal an VIII (D., IV, 308).

remboursement (S., IV, 252). La question de savoir si un contribuable qui a payé ses contributions pour une habitation qu'il a quittée peut être tenu de payer aussi une portion de son habitation nouvelle est du ressort du conseil de préfecture (I, 368). Les propriétaires ne sont admis à réclamer, après les six mois qui suivent la mise en recouvrement du rôle, contre la classification de leurs fonds que lorsque la diminution du revenu imposable provient d'événements imprévus et indépendants de la volonté du propriétaire (D., IV, 747). On ne peut, pour fixer la contribution foncière, prendre en considération les produits industriels provenant de l'exploitation de la fabrique et des procédés qu'on y emploie (D., IV, 359).

Un maire n'a pas le droit de se pourvoir devant le conseil d'État, par la voie contentieuse, contre les tarifs des évaluations cadastrales arrêtées par le préfet en conseil de préfecture (D., IV, 759). Un maire agissant dans l'intérêt collectif des habitants d'une commune ne peut attaquer devant le conseil d'État un arrêté du conseil de préfecture qui accorde une réduction à un contribuable qu'autant qu'il est autorisé par le conseil municipal (*ib.*, 807). L'adhésion d'un plus ou moins grand nombre de conseillers municipaux ne suffirait pas (*ib.*, 830).

Personnelle et mobilière. Cette contribution est due pour toute habitation meublée située soit dans la commune du domicile réel, soit dans toute autre commune (D., IV, 55 et 220). La contribution personnelle ne peut être assise que sur l'habitant qui réside depuis six mois dans la commune [1]. Il en est autrement de la contribution mobilière (*ib.*, 97). Bien que la loi de 1832 permette l'emploi des éléments de nature à amener une juste évaluation de la valeur locative, il ne s'ensuit pas que le conseil de préfecture doive prendre pour base de la contribution la fortune présumée du contribuable (D., III, 655; IV, 26). Les répartiteurs peuvent prendre pour base de la contribution l'importance de l'habitation et sa destination (IV, 664). La taxe mobilière est due par le nu-propriétaire pour une maison restée meublée et à sa disposition après le décès de l'usufruitier (*ib.*, 553). La taxe personnelle n'est due que dans la commune du domicile réel (*ib.*, 720). Les officiers de ligne avec troupe et sans résidence fixe sont exempts de contributions personnelle et mobilière, à moins qu'ils n'aient des habitations particulières soit pour eux, soit pour leur famille. On ne peut considérer comme habitation particulière le logement occupé par l'officier lorsqu'il n'est pas établi que ce logement excède l'importance de celui qui lui aurait été accordé dans les pavillons de l'État s'il en eût existé dans la ville (*ib.*, 792). Les compagnies de vétérans sont assimilées aux troupes de ligne (*ib.*). Le contribuable qui n'a pas fait connaître son changement de domicile doit être maintenu sur le rôle de la contribution (D., III, 357). Le fils qui habite avec son père et sa mère, mais

[1] Ainsi la personne qui quitte une commune après le 1er juillet 1835 ne peut être imposée dans la commune de sa nouvelle habitation au 1er janvier 1836. Il en est autrement de la contribution mobilière, parce que celle-ci frappe l'habitation et non la personne.

qui a un établissement distinct (avocat), est soumis à la contribution personnelle (*ib.*, 458). On ne peut être personnellement imposé dans deux communes (*ib.*, 483).

Portes et fenêtres. Les portes des marchands en gros, commissionnaires et courtiers sont assimilées aux portes cochères (D., IV, 140 et 520). Les pavillons dans les jardins sont soumis à cette contribution (*ib.*, 540). Une boulangerie ne peut être assimilée à une manufacture, et comme telle déchargée de cette contribution (*ib.*, 142). Les officiers et gardes du génie logés dans les bâtiments de l'État ne sont pas compris dans l'exemption exprimée dans l'art. 15 de la loi du 21 avril 1832 (*ib.*, 122). Les chantiers de bois doivent être considérés comme des magasins dont les portes sont assujetties à l'impôt (III, 425). Les portes charretières sont assimilées aux portes cochères dans les campagnes comme dans les villes (*ib.*, 443). Les bains sont soumis à cette contribution pour les portes et ouvertures des cabinets à baignoire (*ib.*, 462).

Patentes. Le droit proportionnel ' est dû pour tous les locaux servant à l'habitation ou au commerce (D., IV, 312). Lorsque dans une maison de commerce il y a plusieurs associés résidant dans la même commune, le principal associé doit payer le droit fixe entier, et les autres le demi-droit seulement; et s'ils ont plusieurs établissements dans di-

---

' Le droit proportionnel est du 10ᵉ du loyer d'habitation ; il ne faut pas y impliquer la valeur des produits industriels (D., IV, 331), soit donc un établissement loué 20,000 francs à cause du produit, tandis que les bâtiments d'habitation et d'exploitation n'auraient qu'une valeur de 200 francs, cette valeur est seule passible du droit proportionnel.

verses communes, le droit fixe doit être payé dans le lieu seulement où il est le plus élevé, et le droit proportionnel autant de fois qu'il y a d'établissements dans des communes diverses (*ib.*, 537). Les marchands de vin de Paris doivent payer autant de droits fixes qu'ils possèdent d'établissements en ville (*ib.*, 76). Celui qui prête et escompte doit être porté à la première classe du tarif, par assimilation de son industrie à celle d'un directeur de bureau d'affaires (*ib.*, 208). Lorsqu'un particulier n'a pas exercé une profession pendant le cours d'un exercice, il ne doit pas être maintenu au rôle (*ib.*, 221). Les sources d'eau salée, susceptibles, comme les mines de sel, de concession, sont patentables (*ib.*, 232). Des prêts faits par des négociants et l'escompte à domicile des billets payables dans le même lieu ne constituent par le commerce de banque (S., IV, 232). L'ouvrier tailleur travaillant chez lui à façon est patentable de septième classe (D., IV, 473). De même la couturière qui occupe des ouvrières chez elle (*ib.*, 518). Lorsqu'un patentable, au milieu de l'année, agrandit son exploitation, il doit être repris dans un rôle supplémentaire et cotisé pour la fin de l'année au droit de la classe plus élevée où il est placé (*ib.*, 434). La profession de laitier, non désignée au tarif de la loi du 1er brumaire an VII, est assimilée [1], par

---

[1] L'assimilation doit être faite par le préfet ; mais ce n'est pas une raison pour que le conseil de préfecture, lorsqu'il est saisi d'une demande ou décharge, admette cette demande attendu que le préfet n'a pas encore pris un arrêté d'assimilation. Le conseil de préfecture, compétent pour statuer sur toute demande en décharge en matière de contributions directes, l'est également pour statuer sur les demandes en descente de classe de patentables (D., IV, 100) et pour décider en quel lieu un marchand doit prendre sa patente (S., III, 108).

analogie, à celle du crémier (*ib.*, 558). Les agents d'affaires sont patentables de première classe, et il n'y a pas lieu à descente de classe à leur égard (D., III, 417). En général, la descente de classe fondée sur la modicité des bénéfices est inadmissible (*ib.*, 540).

Un failli ou le syndic auquel on a commis le soin de vendre les marchandises restant au magasin pour pouvoir opérer la liquidation n'est point assimilable au commerçant ni patentable (D., IV, 670). N'est pas patentable le propriétaire qui vend les bois de sa forêt (*ib.*, 859), ni l'agriculteur et fabricant de sucre indigène qui ne manipule que les produits de ses récoltes (D., II, 494). Aucune disposition de loi n'a étendu aux artistes vétérinaires l'exemption de la patente (III, 577). Les patentes sont prises dans les trois premiers mois de l'année pour l'année entière; elles ne sont bornées à une partie de l'année que pour cause du décès du patentable (IV, 763). Toute réclamation formée plus de trois mois après la publication du rôle est frappée de déchéance (III, 410). Le père n'a pas qualité pour réclamer au nom de sa fille majeure (*ib.*, 411). Le négociant qui a payé d'avance pour toute l'année n'est pas recevable à réclamer restitution de moitié à cause de cessation de commerce (S., IV, 86).

Action en recouvrement. Le paiement des frais faits pour le recouvrement doit être poursuivi par les mêmes voies que le principal, administrativement (S., I, 27 et 354). La contestation entre un percepteur et un huissier, quant aux frais dus à celui-ci par celui-là, est de la compétence administrative (*ib.*, 66).

Il en est de même des frais de gardien à saisie (II, 229). Les tribunaux ne sont compétents que pour juger sommairement et sans frais la validité des poursuites; mais ils ne peuvent ordonner de les suspendre et condamner le percepteur aux dépens (I, 153). Ils sont compétents pour statuer si la collocation du percepteur a été faite dans le délai légal [1] (*ib.*, 179). Le percepteur ne peut poursuivre le paiement de la contribution foncière que contre l'individu dont le nom est porté sur le rôle, sauf le recours de ce dernier contre qui de droit et la faculté de faire ultérieurement régler par les tribunaux dans quelle proportion chacun doit contribuer (V, 303). Le percepteur qui acquitte de ses deniers la cote d'un contribuable ne conserve contre celui-ci qu'une action en remboursement devant les tribunaux (I, 5). L'autorité administrative est seule compétente pour statuer sur l'action intentée par un percepteur contre un contribuable pour arriéré (II, 489). Cependant si, dans ce cas, le contribuable ne contestait ni la légalité, ni la répartition, ni la qualité du demandeur, il n'y aurait plus rien d'administratif et l'autorité judiciaire devrait prononcer (I, 416). Lorsque la perception d'un arriéré donne lieu à des difficultés du ressort des tribunaux, l'action de ceux-ci ne peut commencer qu'après que l'administration a consommé la sienne en fixant le *quantum* de la

[1] Le privilége du Trésor, en matière de contributions (loi du 12 novembre 1808), ne porte jamais sur les immeubles. Si le percepteur fait opérer une saisie-arrêt entre les mains de l'adjudicatoire et que celui-ci paie sous l'engagement pris par le percepteur de se faire colloquer à l'ordre, la contestation qui peut naître entre eux est toute judiciaire (S., V, 154).

somme à recouvrer (III, 169). Le percepteur créancier d'un propriétaire exproprié vient à l'ordre seulement comme les créanciers ordinaires, à moins qu'il n'ait fait des poursuites réelles sur les fruits, loyers et fermages (III, 118 et 281). Lorsque le percepteur réclame une somme avancée par lui en l'acquit d'une commune, les tribunaux sont compétents (II, 18), et ils peuvent ordonner l'apport du registre du percepteur : il ne s'agit que de la vérification d'un fait; il n'y a pas immixtion dans la connaissance de la régularité des écritures d'un comptable (I, 279). L'administration est seule compétente pour statuer sur les contestations relatives au remboursement de contributions qu'un contribuable prétend avoir payées pour une propriété appartenant à un tiers (dans le cas, assurément, où ce tiers contesterait le *quantum* et la légalité de l'impôt) (I, 372).

Une revendication de meubles saisis pour contributions est une question de propriété de la compétence des tribunaux (S., I, 4) : cependant la demande doit être préalablement soumise au préfet (I, 303); mais ce préalable ne donne pas le droit de juger le fond (III, 436); seulement l'inobservation de cette formalité entraînerait l'annulation de la procédure (IV, 281; V, 58).

Les frais d'une enquête pour établir la preuve d'un fait de force majeure qui peut justifier une demande en décharge ou réduction sont à la charge du demandeur (S., V, 195).

§ VII.

Domaines engagés.

On appelle *domaines engagés* les biens dépendant du domaine de l'État qui ont été anciennement concédés par les rois à titre d'engagement ou d'échange.

L'ordonnance de 1566 ne permettait l'aliénation du domaine de la couronne que pour l'apanage des fils puînés du roi et pour les besoins de la guerre.

Les lois des 22 septembre 1790 et 6 août 1791 révoquent les apanages faits antérieurement et les interdisent pour l'avenir. Ces biens purent, comme domaines nationaux, être vendus au profit de l'État. La loi du 1er décembre 1790 et celle du 10 frimaire an II apportèrent quelques changements à la loi de septembre; elles firent naître beaucoup de difficultés entre le gouvernement et les engagistes. Le gouvernement, en effet, s'était mis en possession des biens qui avaient été concédés, et, en dépossédant les échangistes, il ne leur avait pas restitué les biens qu'il en avait reçus. La loi du 9 nivôse an V intervint et consacra deux principes développés par les lois postérieures : le premier, que les détenteurs de domaines nationaux dont l'aliénation avait été révoquée par les lois de 1790 et de 1792 pouvaient les soumissionner en vertu de la loi du 28 ventôse an IV; le second, que les échangistes dépossédés depuis la loi du 10 frimaire an II devaient être réintégrés, sauf à l'État à exercer ensuite ses droits ainsi qu'il appartiendrait.

Enfin la loi du 14 ventôse an VII statua définitivement sur les domaines concédés par l'ancien gouvernement; elle peut être considérée comme une sorte de transaction entre l'État, les engagistes et les échangistes.

Cette loi fait trois classes d'*engagistes* : 1° ceux dont les titres antérieurs à l'ordonnance de 1566 n'expriment aucune clause de retour : ils sont maintenus ; 2° ceux dont les titres sont postérieurs, contenant ou non des clauses de retour, et non spécialement confirmés par les assemblées nationales : ils sont révoqués ; 3° ceux dont les titres postérieurs aussi, n'étant ni frauduleux ni simulés, ont été maintenus par ces assemblées : ils sont confirmés.

Quant aux *échangistes,* ils sont tenus de remplir les formalités prescrites pour consommer l'échange, qui, du reste, demeure toujours révocable s'il y a fraude ou simulation.

Pour faire cesser les craintes des engagistes et des échangistes qui seraient menacés de révocation, la loi du 14 ventôse an VII leur laisse l'option [1] ou de recevoir le montant de leurs finances et de leurs améliorations, ou de devenir propriétaires incommutables en faisant la soumission de payer le quart de la valeur actuelle des biens, et en renonçant soit à leurs finances, soit aux améliorations. Par ce moyen les engagistes et les échangistes révo-

---

[1] L'art. 15 de cette loi porte que cette faculté ne s'applique pas aux concessions de forêts au-dessus de 150 hectares. La loi du 11 pluviôse an XII statue sur ce point particulier ; mais cette loi, repoussée par le Tribunat et votée par le Corps législatif, parut si injuste que Bonaparte n'osa pas la faire exécuter.

cables sont assimilés aux acquéreurs de domaines nationaux. Tel est, d'ailleurs, le sens exprès et formel
de l'avis du conseil d'État du 9 septembre 1805.

Toutes les contestations qui peuvent s'élever entre le domaine et les particuliers soit sur la doma-
nialité des biens qu'ils possèdent, soit sur la question de savoir s'ils se trouvent ou non compris dans
les exceptions de l'art. 2 de la loi du 14 ventôse
an VII, doivent être portées devant les tribunaux [1].

Le gouvernement de la Restauration devait s'occuper de cette branche d'administration : il s'en
occupa. D'abord la loi du 5 décembre 1814 ordonna
la restitution aux émigrés de leurs biens invendus ;
son art. 2 faisait une exception temporaire quant aux
biens cédés à la caisse d'amortissement. Mais la loi
du 28 avril 1816, art. 116, rapporta l'art. 15 de la
loi du 14 ventôse an VII et la loi du 11 pluviôse an
XII : dès-lors les engagistes des forêts de toute étendue purent devenir propriétaires irrévocables en
payant le quart de la valeur des objets concédés.

La loi du 15 mars 1818 étendit les dispositions
de celle de 1816 aux échangistes.

Enfin est intervenue, le 12 mars 1820, la loi qui
mit un terme aux recherches qui pouvaient troubler
les acquéreurs de domaines nationaux et les détenteurs des domaines engagés et échangés. La principale disposition de cette loi, quant à ces derniers,
c'est qu'à l'expiration de trente années à compter de
la publication de la loi du 14 ventôse an VII (4 mars
1799) les engagistes ou échangistes contre lesquels,
dans l'intervalle, il n'aurait pas été exercé de pour-

[1] Voyez arrêt de la Cour de cassation du 5 novembre 1822.

suites demeurent propriétaires incommutables des biens dont ils sont détenteurs, sans qu'ils puissent être exposés à aucune recherche de la part du domaine.

JURISPRUDENCE.

Un particulier auquel des bois auraient été concédés ne peut être considéré comme engagiste si les lettres-patentes portant concession n'ont point été enregistrées et s'il n'a jamais été mis en possession des bois concédés. Ses héritiers ne sont pas fondés à demander le maintien de la concession, sous la condition même de se conformer aux lois de l'an vii et de 1816 : n'étant ni détenteurs ni dépossédés, ils ne sont dans aucun des cas prévus par l'art. 14 de la loi de l'an vii. Ces questions sont administratives (S., V, 508). C'est aux tribunaux qu'il appartient de prononcer sur les contestations relatives aux exceptions portées en l'art. 5 de la loi du 14 ventôse an vii. L'autorité administrative, qui doit émettre un simple avis sur l'intérêt du domaine à soutenir une action, excède ses pouvoirs si elle décide que l'engagiste est propriétaire incommutable (*ib.*, 494). C'est aux tribunaux de statuer sur les moyens proposés par le possesseur actuel du domaine inféodé à l'effet d'être dispensé du paiement du quart auquel il est obligé par la loi du 14 ventôse an vii (III, 211). L'autorité administrative est seule compétente pour statuer sur la nature et les effets de la soumission de l'engagiste (D., III, 464).

Le ministre des finances saisi pas de prétendus

engagistes de leur demande en soumission est compétent pour vérifier leur qualité d'engagistes (D., II, 350).

§ VIII.

Interprétation.

Interpréter, c'est expliquer. Un acte d'administration ne se compose pas toujours d'énonciations tellement explicites que l'exécution ne fasse naître aucune difficulté. Aussi est-on souvent obligé de recourir à l'interprétation de l'acte.

En matière d'administration active il n'y a guère que les actes de haute administration qui donnent lieu à une interprétation régulière. Les actes des autorités inférieures, d'un préfet, d'un maire par exemple, ne sont pas, à la rigueur, susceptibles d'interprétation, car rien n'empêche ces fonctionnaires de suppléer par un second arrêté à l'inefficacité du premier.

Mais les actes de haute administration, les ordonnances royales, ont un caractère de généralité et de fixité administrative qui ne permet pas d'y déroger.

I. L'interprétation des ordonnances royales est soumise au chef de l'État, qui statue en conseil d'État. La demande doit en être adressée au ministre compétent. Elle ne peut être accueillie s'il n'est encore intervenu aucun acte d'exécution de cette ordonnance [1]. Il en est de même lorsqu'il s'agit d'apprécier le sens et les effets de deux décrets ou

1 S., V. 265.

ordonnances relatifs à un échange d'immeubles entre une commune et le domaine de l'État [1].

Cependant, si le conseil d'État déclarait qu'on ne peut se décider que par l'appréciation des actes et qu'il faut recourir à l'application du droit commun, les tribunaux seuls seraient compétents.

II. Une ordonnance ou arrêt du conseil, en matière contentieuse, est soumis, quant à l'interprétation, au tribunal qui l'a rendu, au conseil d'État. Si cet arrêt porte sur une question de compétence il ne doit pas être entendu en un sens qui préjuge le fond; s'il y a de l'ambiguïté, il faut se pourvoir par interprétation [2].

III. L'interprétation des actes d'adjudication des biens de l'État appartient aux conseils de préfecture. Ces conseils sont seuls compétents pour décider si le terrain en litige a fait partie de la vente [3]. Ils peuvent s'appuyer sur les actes qui ont préparé et consommé l'adjudication [4], mais ils ne peuvent s'aider d'actes civils dont l'appréciation n'appartient qu'aux tribunaux [5]. Les tribunaux sont même compétents pour faire l'application des actes administratifs lorsqu'il s'agit entre adjudicataires de contestations étrangères à l'administration [6]. Cependant, lorsqu'une question de délimitation entre adjudicataires ne peut être résolue que par l'interprétation des deux actes d'adjudication, le conseil

[1] D., IV, 195.
[2] S., I, 147.
[3] D., II, 3.
[4] S., V, 142.
[5] S., I, 214.
[6] S., I, 382.

de préfecture est seul compétent [1], car seul il est toujours compétent pour statuer sur les contestations dont la décision dépend de l'interprétation d'actes administratifs [2] et quoiqu'il ne puisse s'immiscer dans l'appréciation des actes de propriétés antérieurs à l'adjudication [3]. Cependant il peut déclarer qu'une servitude établie pour un titre ancien a été supprimée depuis que le bien appartient à l'État [4].

Si les biens sont adjugés tels qu'*en jouissaient les fermiers,* il y a là question d'application de titre et non d'interprétation : c'est aux tribunaux de statuer [5]. Il y a une décision qui contrarie ce principe [6].

Le conseil de préfecture peut interpréter un acte d'adjudication d'après les époques, les circonstances et la manière dont elle a été exécutée ; mais il ne peut invoquer les usages locaux [7], les baux même administratifs [8], à moins que l'acte de vente ne se réfère au bail pour la description des objets vendus [9]. Dans ce cas le conseil de préfecture peut puiser ses moyens dans le bail [10]. Lorsqu'il résulte des actes qui ont préparé et consommé l'adjudication qu'on a entendu vendre seulement ce qui était loué, l'acquéreur ne peut réclamer ce qui n'est pas compris dans le bail, quoiqu'il soit inclus dans les limites

[1] S., IV, 11.
[2] S., II, 146.
[3] S., II, 193.
[4] S., II, 198.
[5] S., V, 27.
[6] S., V, 329.
[7] S., II, 115.
[8] S., II, 321 et 338.
[9] D., IV, 95.
[10] *Ibid.*, 698.

exprimées par l'acte de vente [1]. Lorsqu'il y a contestation sur la question de savoir si les biens ont été compris ou non dans le bail, le conseil de préfecture doit se borner à faire la déclaration des objets vendus, sauf aux parties à se retirer devant les tribunaux pour faire juger la question [2].

Le conseil de préfecture peut employer, comme moyen auxiliaire d'interprétation, les expertises, les enquêtes, etc. [3]; mais il excède sa compétence en tirant ses moyens d'interprétation de plans dressés postérieurement à la vente, d'états de sections, de maximes de droit civil, et de tous moyens étrangers aux actes qui ont préparé et consommé la vente; il doit se borner à déclarer, d'après l'acte de vente, les limites assignées, sauf aux tribunaux à procéder au bornage conformément à cette déclaration [4]. Lorsque le texte du procès-verbal est obscur et incomplet, on doit, dans le doute, décider la question de propriété par la possession et par la manière dont le procès-verbal a été exécuté [5]. Lorsque le procès-verbal d'adjudication ne contient aucune clause relative à la contestation, il ne peut y avoir lieu à interprétation; la contestation, alors soumise à l'influence des faits et à l'application du droit, est de la compétence des tribunaux [6]. Dans la détermination de l'étendue d'un acte d'adjudication il ne faut point avoir égard à une addition de clause

[1] D., IV, 95.
[2] D., II, 524.
[3] M., III, 381.
[4] M., IX, 102.
[5] S., II, 108.
[6] Ibid., 272.

faite dans les procès-verbaux d'affiches et de vente si cette condition n'a pas été faite par le directeur des domaines et approuvée par le préfet [1].

Les ventes de biens de l'État étant faites sans garantie de mesure, la pièce vendue s'étend jusqu'aux limites qui lui ont été données par l'adjudication, sans avoir égard à la contenance [2]. L'acquéreur d'un bien auquel on a donné pour limite une rivière canalisée ne peut prétendre à la propriété de la digue [3]. Une foule de décisions portent que les objets donnés pour limites ne font jamais partie de l'adjudication.

L'administration décide si une adjudication a été faite avec attribution de servitudes actives [4]; mais la question de mitoyenneté devant être résolue surtout par les règles du droit civil est plus judiciaire qu'adminstrative, et doit être jugée par les tribunaux [5].

Après une adjudication, tout ce qui est dans l'immeuble fait partie de la vente lorsque les objets mêmes qui ne sont pas exceptés sont des monuments précieux [6].

On ne peut demander directement au conseil d'État l'interprétation d'un acte d'adjudication. Le conseil de préfecture doit statuer en premier ressort [7].

[1] S., IV, 259.
[2] D., II, 20.
[3] D., IV, 335.
[4] S., II, 138.
[5] S., III, 224.
[6] S., II, 103.
[7] M., I, 515.

IV. Lorsqu'un règlement de police industrielle fait par le préfet et approuvé comme il doit l'être par le ministre exige une interprétation, cette interprétation du préfet est considérée comme un règlement supplémentaire, et dès-lors il doit être également soumis à l'approbation du ministre [1].

V. L'interprétation des marchés passés entre les entrepreneurs et le gouvernement appartient à l'autorité administrative lorsqu'il y a litige entre le gouvernement et les entrepreneurs. Elle appartient aux tribunaux lorsque le litige n'a lieu qu'entre les entrepreneurs et les sous-traitants [2].

VI. Les tribunaux ne peuvent jamais interpréter l'intention des autorités administratives qui ont concouru à une adjudication ou à un marché [3].

§ IX.

Manufactures.

L'établissement et l'existence des manufactures sont réglementés par le décret du 15 octobre 1810 et par l'ordonnance du 15 janvier 1815.

Les manufactures sont divisées en trois classes, selon le degré d'insalubrité. Celles de la première classe ne peuvent être élevées qu'au loin des habitations; il n'est pas rigoureusement nécessaire que celles de la seconde en soient éloignées; et, quant à celles de la troisième, il suffit, pour leur établisse-

[1] S., II, 97.
[2] S., I, 141.
[3] S., I, 391.

ment, de l'autorisation et de la surveillance de la police.

Toute manufacture doit être autorisée, si elle est de première classe, par une ordonnance royale rendue en conseil d'État; si elle est de deuxième classe, par un arrêté du préfet, sur l'avis du sous-préfet; et si elle est de troisième, par une autorisation du sous-préfet, sur l'avis du maire.

JURISPRUDENCE.

La question de savoir si une manufacture sera autorisée n'est pas subordonnée à des raisons de commerce, mais de police seulement (S., II, 181). Bien que les préfets autorisent les manufactures insalubres de seconde classe, ce ne sont pas eux mais bien les conseils de préfecture qui doivent statuer sur les oppositions formées à leur établissement (III, 4 et 538). Le conseil de préfecture appelé à donner son avis sur l'établissement d'une manufacture de première classe n'est pas compétent pour apprécier les motifs d'utilité publique (IV, 399). Les fabriques de salpêtre ne sont pas comprises dans la nomenclature des fabriques dangereuses (III, 41), de même les tuileries (IV, 236). Bien qu'une manufacture soit dénoncée par un hôpital comme insalubre, l'autorisation doit être maintenue lorsqu'il a été pris des précautions légalement suffisantes (V, 86). En cas d'insuffisance, ce n'est pas le cas de supprimer l'établissement, mais d'imposer de nouvelles mesures (V, 102). Le conseil d'État autorise l'établissement d'une usine incommode aux voisins lorsqu'il y a moyen d'imposer au propriétaire de l'usine des conditions préservatrices (V, 167). Contre l'avis du préfet de police et du conseil de préfecture le conseil d'État autorise l'établissement d'un chantier de bois à brûler, à la charge de certaines conditions de sûreté (V, 124). Les chantiers de bois à brûler sont rangés dans la troisième classe d'établissements insalubres. Le conseil de préfecture est compétent pour prononcer sur les réclamations élevées contre l'autorisation du préfet; et si les motifs d'insalubrité ne sont pas suffisamment justifiés, le conseil d'État annule son arrêté (D., IV, 17). L'arrêté d'un préfet qui concerne un atelier insalubre comme ayant existé avant le décret du 15 octobre 1810 est un acte administratif; la partie qui veut l'attaquer doit se pourvoir devant le ministre, et non devant le conseil d'État (S., II, 505).

MARCHÉS.

§ Ier.

Adjudications et traités.

Il s'agit des marchés faits avec le gouvernement par l'intermédiaire de ses agents. L'existence et l'exécution de ces marchés est du ressort de l'administration contentieuse [1].

---

[1] *Voyez,* livre 1er, chapitre v, n° 3, et les lois des 17 mars, 22 juillet 1791 et 28 pluviôse an viii , art. 4.

JURISPRUDENCE.

Entrepreneurs. Le conseil de préfecture est seul compétent pour connaître des contestations qui peuvent s'élever entre les entrepreneurs et les ouvriers et fournisseurs, et, par suite, pour prononcer sur le mérite des saisies-arrêts, et pour classer, sur les sommes dues à l'entrepreneur, les créances qui sont privilégiées (S., II, 300). Il connaît aussi des contestations relatives à l'extraction des matériaux nécessaires à l'entretien des routes (I, 430, 477, 562). Il connaît aussi des contestations relatives aux torts et dommages que les particuliers prétendent avoir éprouvés par le fait des entrepreneurs de travaux publics (II, 417). Le préposé d'un entrepreneur poursuivi pour enlèvement de matériaux sur une propriété particulière doit être préalablement traduit devant le conseil de préfecture, sauf le renvoi devant les tribunaux, conformément à l'art. 114 du décret du 16 décembre 1811, s'il est reconnu qu'il y a délit (II, 494). Un entrepreneur qui a fait déposer des matériaux sur la place publique ne peut être traduit devant un tribunal de police; il ne peut être poursuivi que pour tort et dommage devant le conseil de préfecture (III, 450). L'autorité administrative est seule compétente pour déterminer le mérite et apprécier la valeur des récépissés délivrés à un entrepreneur pour ses fournitures. Aussi les tribunaux ne peuvent-ils statuer sur l'opposition à une contrainte dirigée contre l'entrepreneur qui excipe de ses récépissés qu'après que l'autorité ad-

ministrative a statué sur le mérite de ces récépissés (I, 269).

Les contestations qui s'élèvent entre les entrepreneurs et leurs sous-traitants, fournisseurs ou voitu-
riers, à raison de l'inexécution de leurs marchés particuliers, sont du ressort des tribunaux civils (S., I,
378; II, 230), le sous-traitant fût-il même caution
de l'entrepreneur (V, 457). Il ne pourrait même
être stipulé qu'en ces cas les difficultés seraient jugées administrativement (I, 156, 198, 215). Il en
est ainsi toutes les fois que la contestation est
étrangère au gouvernement et que l'administration
n'est point intervenue dans le traité (III, 121).

Cependant il est deux cas où l'autorité administrative prononce sur les contestations qui naissent
entre les sous-traitants, les ouvriers et d'autres particuliers :

1° Lorsque la contestation est relative à des matériaux pris ou extraits pour le service public (S., I,
126, 437), ne fût-ce que des cailloux (II, 323, 419);
et, si la propriété de ces matériaux est contestée, la
question de propriété est dévolue aux tribunaux
(III, 46);

2° Lorsque, à l'égard d'une contestation qui s'é-
lève entre l'entrepreneur et l'ouvrier quant au prix
de l'ouvrage, il est indispensable de fixer la quantité
de terres fouillées et d'en déterminer la classification. Alors, comme il s'agit d'une mesure commune
à tous les intéressés, l'autorité administrative statue
(I, 149).

L'entrepreneur qui a traité de gré à gré avec le
propriétaire d'une carrière pour en extraire des

matériaux est par-là même justiciable des tribunaux : il ne s'agit plus d'appliquer les règlements relatifs aux fouilles et extractions (S., III, 165). Le créancier de l'entrepreneur d'un pont dont la créance se rattache à l'entreprise, et qui, par suite, se prétend privilégié, doit être renvoyé devant les tribunaux si la réclamation n'intéresse pas l'administration (III, 103).

Les particuliers qui se chargent soit de la construction des travaux de navigation, soit de leur entretien, moyennant un prix déterminé, ont le droit d'y percevoir un péage; ils sont de vrais entrepreneurs de travaux publics, et l'achèvement de leurs travaux ne change pas leur qualité et la compétence du conseil de préfecture à l'égard des dommages qui leur sont imputés (D., IV, 482).

Lorsqu'une adjudication de travaux est faite sous la condition qu'ils seraient terminés dans un délai limité, si le gouvernement cesse de faire les fonds et que dès ce moment l'entrepreneur ne demande pas la résiliation, on considère qu'il veut exécuter le marché; il ne peut plus après demander la résiliation, mais il peut réclamer une indemnité (S., V, 98).

Fournisseurs. Le ministre de la guerre peut résilier, s'il ne l'a point autorisé, un marché passé entre un fournisseur pour nourriture de chevaux de gendarmerie lorsque ce marché n'est pas d'urgence et que le préfet n'est pas autorisé à le consentir définitivement. La réclamation du fournisseur n'est pas contentieuse et ne peut être portée au conseil d'État : le ministre seul est compétent et peut régler l'indemnité (S., IV, 46). Lorsqu'un fournisseur de liquides a traité avec l'administration en se soumettant à payer le droit actuel sur la fabrication du liquide, si plus tard ce droit est augmenté le fournisseur a droit à une indemnité (V, 273). Il n'est pas dû d'intérêts moratoires à un fournisseur si le marché ne stipule aucun terme fixe ou de rigueur (IV, 51). On ne peut non plus lui faire de retenue en vertu de l'ordonnance du 12 décembre 1814 sur le matériel de la guerre lorsque rien n'est stipulé dans l'adjudication ni dans le cahier des charges (IV, 99). Un fournisseur ne peut réclamer d'indemnité pour perte par force majeure que dans les cas prévus par son marché (V, 270, 274). La qualité de fournisseur de pain pour les établissements publics n'emporte pas la prohibition de vendre du même pain aux particuliers, lorsque d'ailleurs le fournisseur est boulanger de son état et muni de patente (I, 356). Les fournisseurs ne peuvent poursuivre le paiement des fournitures qu'ils ont faites aux agents du gouvernement que devant l'administration; ils ne peuvent revendiquer, aux termes de l'art. 2202, n° 4, du Code civil, les fournitures entrées dans les magasins de l'État (I, 467); et ils n'ont le droit de demander leur paiement au gouvernement que dans le cas où celui-ci serait redevable à son agent (II, 112).

Un décret ou une ordonnance qui détermine la liquidation et le mode de paiement d'un entrepreneur et d'un fournisseur est une mesure d'administration contre laquelle la partie qui se croit lésée doit se pourvoir conformément à l'art. 40

du décret du 22 juillet 1806 (S., I, 87 et 104) [1].

§ II.

Marchés, halles, foires.

La création ou l'autorisation de foires et marchés est un acte d'administration publique et d'intérêt général; dès-lors les décisions qui autorisent l'établissement d'un marché, d'une foire ne peuvent être l'objet d'un recours par la voie contentieuse [2].

Les communes peuvent contraindre les propriétaires des halles à leur vendre ces établissements [3], mais la dépossession ne peut avoir lieu qu'après une juste et préalable indemnité. Le conseil de préfecture excède ses pouvoirs s'il ordonne une expertise à l'effet de déterminer la valeur des halles; les tribunaux civils sont seuls compétents pour statuer sur l'indemnité [4]. En général les demandes de cette nature, de même que toute demande provisionnelle faite par le propriétaire dépouillé, sont du ressort des tribunaux [5].

Les communes et les propriétaires ont la faculté d'opter pour la vente ou pour le louage [6]. Si l'on opte pour la vente, le propriétaire et le maire en règlent les conditions, qu'ils soumettent à l'agrément du conseil municipal, et, si l'on ne peut s'entendre, il est procédé à l'expropriation conformément à la

[1] *Voyez*, livre II, chapitre III, Appendice.
[2] D., IV, 43.
[3] Loi du 28 mars 1790 et instruction du 20 août suivant.
[4] S., V, 135.
[5] *Ibid.*, 542.
[6] Loi du 28 mars 1790.

loi du 7 juillet 1833 sur l'expropriation pour cause d'utilité publique. Si l'on opte pour le louage, il est fait bail entre le maire et le propriétaire après que les charges en ont été agréées par une délibération du conseil municipal.

Le préfet ne peut homologuer un procès-verbal d'experts contenant l'estimation des halles et marchés, pour en déterminer la valeur locative, qu'autant que le propriétaire et la commune qui les prend à location seraient d'accord sur les bases de l'évaluation; mais, s'il s'élève un débat, la question devient contentieuse et doit être soumise au conseil de préfecture [1].

Lorsqu'il intervient une vente amiable on se pourvoit en autorisation, et cette autorisation est donnée, s'il y a lieu, par une ordonnance royale rendue sur le rapport du ministre de l'intérieur. A cet effet le préfet lui transmet, avec son avis motivé sur les clauses de la vente, le procès-verbal estimatif des bâtiments, l'acte préparatoire des conventions réglées entre le maire et le propriétaire, la délibération du conseil municipal et l'avis du sous-préfet. Les revenus sont acquis au propriétaire jusqu'au jour de sa dépossession légale [2].

Si la commune avait transigé avec le propriétaire et renoncé à la faculté d'acquérir, la transaction n'enleverait point à la commune le droit d'acquérir tant qu'elle n'aurait reçu que l'approbation provisoire du ministre de l'intérieur [3].

[1] S., II, 464.
[2] S., V, 551.
[3] *Ibid*.

Le sol sur lequel les halles sont construites doit-il entrer dans l'évaluation des indemnités? On soutenait la négative, sur ce que les halles avaient été jadis construites sur des places publiques dont les seigneurs féodaux s'étaient emparés. Mais les halles ont été souvent construites sur des propriétés privées; quelquefois même elles appartiennent à l'État; souvent elles y ont été réunies par les lois sur l'émigration; elles ont été vendues, sans exception du sol, aux particuliers ou cédées à la caisse d'amortissement [1].

Les lois de 1790 ont aboli les droits de pesage, mesurage, aunage; ils n'ont pu être exercés depuis dans les halles que par les préposés de l'administration, et la perception ne peut s'en faire qu'au profit des communes et des hospices [2].

§ II.

Octrois.

L'octroi est la taxe dont on frappe la consommation intérieure d'une localité pour subvenir à ses dépenses communales. Cette taxe porte : 1° sur les boissons et liquides, 2° sur les comestibles, 3° les combustibles, 4° les fourrages, 5° et les matériaux [3].

L'établissement des octrois remonte à 1295. L'Assemblée constituante en décréta la suppression en 1791. L'octroi fut rétabli par la loi du 11 frimaire

[1] *Répertoire de nouvelle législation.* V° *Halles,* n° 10.
[2] S., IV, 149; décret du 7 brumaire an ix et loi du 29 floréal an x.
[3] Décret du 17 mai 1809, art. 16; ordonnance du 9 déc. 1814. art. 11.

an vii, et il intervint un règlement général le 17 mai 1809 sur cette matière [1].

Napoléon incorpora l'octroi dans la régie des droits-réunis [2], mais l'ordonnance royale du 9 décembre 1814 en restitua l'administration aux communes. La loi du 28 avril 1816, titre ii, et l'avis du conseil d'État du 20 août 1818 sont le dernier état de la législation.

§ Ier.

Établissement d'octroi.

Lorsque les dépenses d'une commune exigent l'établissement d'un octroi, le conseil municipal, spontanément ou sur la provocation du préfet, en forme la demande; il indique les objets imposables, le tarif, le mode et les limites de la perception, c'est-à-dire si la perception sera *la régie simple* [3], *la régie intéressée* [4], *le bail à ferme* ou l'abonnement avec la régie des contributions indirectes [5].

Sur le sens et l'étendue de ces différents modes de perception nous renvoyons à l'ordonnance précitée du 9 décembre 1814; seulement nous ferons observer ici que les maires conservent, dans le

[1] *Voyez* loi du 27 frimaire an viii, dont l'art. 2 consacre quelques règles.

[2] Décret du 8 février 1812.

[3] Perception qui s'opère sous l'administration immédiate du maire.

[4] Un régisseur s'engage à payer un prix fixe et à faire participer la commune dans une proportion déterminée aux produits excédant la somme convenue pour le prix principal et les frais.

[5] Traité qui charge la régie de la perception et de la surveillance. *Voyez*, sur l'abonnement, les décisions ministérielles des 22 février 1815 et 10 septembre 1818.

cas d'abonnement, le droit de surveillance sur les préposés, et le droit de transiger sur les contraventions.

La délibération municipale sur l'établissement d'un octroi est adressée par le maire au sous-préfet, soumise au préfet, et transmise au ministre de l'intérieur, qui admet ou rejette la demande, et qui, dans le premier cas, autorise le conseil municipal à délibérer sur le tarif et sur les règlements. Les projets de tarif et de règlements passent par la même filière administrative jusqu'au ministre des finances, sur le rapport duquel l'approbation est accordée, s'il y a lieu, par une ordonnance royale.

Si le conseil municipal refuse ou néglige de délibérer sur l'établissement d'un octroi reconnu nécessaire ou sur les changements à apporter aux tarifs et règlements, il en est rendu compte, dans le premier cas, par le ministre de l'intérieur, et, dans l'autre, par le ministre des finances : il est statué par le Roi sur leur rapport. Toute modification faite au règlement par le conseil municipal est sans autorité si elle n'est pas approuvée en la même forme que le règlement [1].

Lorsque l'octroi peut être supprimé ou remplacé par une autre perception, le maire en fait parvenir la demande au préfet, qui, sur l'autorisation du ministre de l'intérieur, autorise le conseil municipal à délibérer sur cette demande. La délibération est de nouveau soumise aux autorités supérieures dans les formes prescrites par l'ordonnance précitée de 1814.

Les règlements d'octroi ne doivent contenir au-

[1] Arrêt de la Cour de cassation du 2 juin 1820.

cunes dispositions contraires à celles des lois et règlements relatifs aux différents droits imposés au
profit de l'État [1]. Ils doivent déterminer les limites
de la perception, les bureaux où elle doit être opérée,
et les obligations et formalités particulières à remplir
par les redevables ou les employés. Du reste, ces règles particulières ne peuvent déroger aux dispositions de l'ordonnance de 1814.

Les communes soumises à l'octroi que l'on établit dans la banlieue afin de restreindre la fraude
ont le droit de faire admettre les boissons en entrepôt aux mêmes conditions que dans l'intérieur de
la ville [2].

Les droits d'octroi n'ont été perçus en totalité au
profit des communes que jusqu'au 24 frimaire an XI ;
à partir de cette époque le gouvernement préleva 5
pour 100 dans toutes les villes de 4,000 âmes et au-
dessus, à l'effet de fournir du pain blanc pour la
soupe des troupes. La loi du 24 avril 1806 porta le
prélèvement à 10 pour 100, et l'étendit aux villes
de moins de 4,000 âmes qui avaient plus de 20,000 fr.
de revenus. Enfin la loi du 28 avril 1816 y soumit
toutes les communes, quelle que fût leur population [3].

§ II.

Perception.

Tout porteur et conducteur d'objets assujettis à
l'octroi doit faire la déclaration prescrite par l'ar-

[1] Loi du 28 avril 1816, art. 148 et suiv.
[2] Loi du 23 juillet 1820, art. 3.
[3] Lois des 25 mars 1817 (art. 47), 15 mai 1818 (art. 47), 17 août
1822 (art. 16), relatives à quelques modifications.

ticle 11 de la loi du 27 frimaire an viii et par les art: 28 et 29 de l'ordonnance du 9 décembre 1814.

L'omission de la déclaration à faire à des bureaux extérieurs entraîne l'amende, bien que les objets n'aient point encore été introduits dans la ville. On ne saurait invoquer pour excuse que le cheval attelé à la voiture se serait emporté et introduit malgré le conducteur. Les excédents même reconnus en vérifiant après l'acquittement des droits doivent être saisis. On ne peut prétexter non plus du retard des employés; la contravention existerait lors même qu'on aurait laissé une somme plus ou moins considérable sur le bureau du receveur [1].

L'instruction du ministre des finances du 25 septembre 1809 autorise les préposés à poursuivre et saisir dans l'intérieur les objets qu'ils n'ont pas perdu de vue; ils peuvent même, à cet effet, entrer dans les maisons en se faisant assister d'un officier de police.

Le voiturier est passible de la confiscation et de l'amende lorsqu'il décharge chez le destinataire sans payer les droits; et, à défaut de représenter une quittance, il ne pourrait alléguer qu'il a déposé les droits sur le bureau [2].

Le droit n'est pas dû lorsque les objets ne font que traverser et séjournent moins de vingt-quatre heures. Il faut pour cela se munir d'un passe-debout et consigner les droits, qui sont restitués au bureau de sortie. Si le séjour dépasse vingt-quatre heures, le

---

[1] **Arrêts** de cassation des 5 brumaire et 30 messidor an xii, 27 février 1807 et 14 mars 1817.

[2] **Arrêt** de cassation des 4 et 31 janvier 1812.

conducteur doit faire, avant le déchargement, la déclaration de transit, avec indication du lieu où les objets seront déposés.

La durée du transit est illimitée pour les boissons [1]. Quant aux objets assujettis à l'octroi, le ministre des finances a décidé, le 7 novembre 1817, que le délai de trois jours, sauf prolongation, fixé par l'art. 67 du décret du 17 mai 1809, continuerait d'être observé, attendu qu'en principe général tout article non formellement abrogé d'une loi qu'on a modifiée ultérieurement continue d'être obligatoire ou du moins d'être le texte d'une jurisprudence qu'il est raisonnable d'appliquer dans les cas non prévus par la loi nouvelle.

La consignation ou le cautionnement du droit subsiste pendant toute la durée du séjour.

Les objets entrés doivent être présentés en même quantité et espèce [2]; les manquants sont passibles des droits [3]; ils ne pourraient être affranchis sous le prétexte, si c'était des huiles, que le fabricant de tissus de laine avait la faculté d'en recevoir un entrepôt fictif pour sa fabrication [4]; il doit remplir les formalités prescrites pour l'entrepôt des huiles [5].

Lorsque la durée du transit est indéterminée, il y a *entrepôt*. L'entrepôt est *fictif* lorsqu'il est à domicile; il est *réel* lorsque les marchandises sont placées dans un magasin public sous la garde d'un

[1] Loi du 28 avril 1816, art. 14 et 30.

[2] Arrêt de cassation du 30 frimaire an XIII.

[3] Arrêt de cassation du 23 mars 1818.

[4] Arrêt de cassation du 24 janvier 1815.

[5] *Voyez* art. 101 de la loi du 25 mars 1817 et art. 1er de l'ordonnance du 6 mai 1818.

conservateur ou sous la garantie de l'administration de l'octroi [1]. L'entrepôt fictif est interdit à Paris pour les boissons [2], et l'entrepôt réel est régi par des lois particulières [3].

Les formalités à remplir par toute personne qui veut entreposer sont déterminées par l'ordonnance précitée de 1814.

§ III.

Des saisies.

Les formalités du procès-verbal de saisie sont prescrites par l'art. 8 de la loi du 27 frimaire an VIII et les art. 75 et 76 de l'ordonnance du 9 décembre 1814. L'affirmation doit en être faite dans les vingt-quatre heures : ce délai de rigueur ne court qu'à partir de la clôture et non du commencement de la rédaction [4]. Si l'acte d'affirmation est daté du lendemain et que l'heure du procès-verbal ne soit point énoncée, il y a présomption qu'il a été fait dans les vingt-quatre heures [5]. Le défaut d'affirmation et d'enregistrement entraîne nullité [6]. Le procès-verbal régulier fait foi du fait de contravention [7].

[1] *Voyez* ordonnance du 9 décembre 1814, art. 47 à 55.

[2] Loi du 28 avril 1816, art. 39.

[3] *Voyez* décret du 2 janvier 1814, arrêté du préfet du 17 septembre 1816 et ordonnance du 27 octobre 1819.

[4] Arrêt de cassation du 5 janvier 1809 et 29 mai 1818.

[5] Arrêt de cassation du 9 février 1811. — Les trois arrêts précédemment annotés, quoique rendus en matière forestière, sont applicables aux contributions indirectes. *Voyez* FAVARD LANGLADE.

[6] Arrêt de cassation du 31 juillet 1807.

[7] Arrêt de cassation du 30 messidor an XII.

La preuve testimoniale du fait contraire est inadmissible [1].

Les préposés des contributions indirectes sont autorisés à verbaliser en matière d'octroi; et, réciproquement, les préposés de l'octroi constatent les contraventions relatives aux contributions indirectes [2].

Mais, à cet égard, la Cour de cassation a décidé : 1° qu'il faut distinguer, dans un procès-verbal qui constate deux contraventions, l'une en matière de contributions indirectes, l'autre en matière d'octroi, les formalités qui sont prescrites en chaque matière; qu'ainsi il peut être nul pour l'une et valable pour l'autre; 2° qu'un procès-verbal, en matière d'octroi, nul s'il n'est affirmé dans les vingt-quatre heures, est valable, en matière de contributions indirectes, s'il est affirmé dans les trois jours; 3° que la loi ne punit pas *la tentative* d'introduction en matière d'octroi, mais seulement l'introduction en fraude des droits [3].

S'il y a régie simple, les procès-verbaux doivent être dressés à la requête du maire, poursuites et diligences de l'employé supérieur; s'il y a régie intéressée ou bail à ferme, à la requète du même, poursuites et diligences du régisseur et du fermier [4]. Si un procès-verbal est annulé pour vice de forme, la preuve testimoniale est admissible [5].

---

[1] Arrêt de cassation du 28 nivôse an XIII.

[2] Décret du 1er germinal an XIII, art. 53; ordonnance du 9 décembre 1814, art. 92.

[3] Arrêt de cassation du 14 décembre 1821.

[4] FAVARD LANGLADE, *Répertoire.* V° *Octroi.*

[5] Arrêt de cassation du 28 août 1812.

§ IV.

Compétence.

Les contraventions sont de la compétence de la simple police ou du tribunal de police correctionnelle, suivant la quotité de l'amende encourue [1].

Les tribunaux ne peuvent se dispenser d'appliquer les peines encourues, sous prétexte de circonstances atténuantes [2]. Les maires seuls sont autorisés, sauf l'approbation du préfet, à faire des remises, par voie de transaction, de tout ou partie des condamnations. Lorsque la saisie a été faite tout à la fois dans l'intérêt de l'octroi et des droits imposés au profit du Trésor, le droit de transaction n'appartient qu'à la régie des contributions indirectes.

L'action résultant du procès-verbal ne peut, aux termes de l'art. 78 de l'ordonnance de 1814, être paralysée par une question que l'on soulèverait sur le fond du droit afin de renvoi au civil [3]. Ainsi, en matière d'octroi (et non de droits-réunis), celui qui refuse de payer ou de consigner les droits à son entrée, en alléguant que les objets sont vendus francs d'octroi, commet une contravention. Il n'y a pas là contestation sur *l'existence* ou sur *la quotité* du droit d'octroi [4]. Mais dès qu'il y a contestation sur l'existence ou la quotité du droit, en un mot, dès qu'il y

[1] Code d'instruction criminelle, art. 137.

[2] Arrêt de cassation du 2 mai 1822.

[3] Arrêt de cassation du 7 mars 1818.

[4] Les contestations civiles doivent être portées en premier ressort devant le juge de paix. (Arrêt de la Cour de Rouen, SIREY, tome XIX, part. II, 200.) — Ainsi, en formant opposition à une contrainte du receveur, il faut assigner devant le juge de paix; *aliter* en matière de droits-réunis. *Voyez* décret du 1er germinal an XIII; règlement du 17 mai 1809, art. 164.

a contestation sur l'application du tarif, les tribunaux civils sont appelés à prononcer; du reste, pour procéder, il faut d'abord consigner les droits entre les mains du receveur et justifier de la quittance [1].

La régie de l'octroi ne peut appeler d'un jugement rendu contre elle lorsque l'instance a été suivie à la requête du ministère public seul, qui ne déclare pas appel de son côté [2].

Le recouvrement des droits d'octroi s'opère par voie de contrainte et par corps contre les régisseurs, fermiers, receveurs et autres préposés [3].

Observation. L'art. 102 de l'ordonnance du 9 décembre 1814 annonçait un règlement particulier pour l'octroi et l'entrepôt de Paris; ce règlement aboutit à l'art. 17 de l'ordonnance du 23 décembre suivant : il n'y a donc pas de règlement particulier. Les mesures de détail sont réglées par des ordonnances et par des arrêtés du préfet de la Seine et du préfet de police.

JURISPRUDENCE.

Un règlement général d'octroi ne peut être attaqué que par la voie administrative non contentieuse (S., V, 379). L'intérêt de l'octroi ou des communes est un motif suffisant pour englober dans la ligne de l'octroi les habitations les plus distantes du lieu principal (V, 202). Cette décision est fondée sur l'art. 147 de la loi du 28 avril 1816, qui modifie l'art. 26 de l'ordonnance du 9 décembre 1814.

---

[1] *Voyez* ordonnance du 9 décembre 1814, art. 81.
[2] Arrêt de cassation du 13 mars 1806.
[3] Décret du 15 décembre 1810.

Lorsqu'il a été stipulé dans le bail qu'à défaut d'exécution des clauses le maire pourra, sur l'approbation du préfet et après sommation à l'adjudicataire, provoquer une adjudication à la folle enchère, le défaut d'exécution doit être préalablement constaté par un jugement (V, 385). Les contestations relatives aux contraintes effectuées et tendantes à la restitution des sommes payées sont du ressort des tribunaux (D., IV, 86). De même toutes les contestations relatives à l'application des droits (*ib.*, 568). Mais lorsqu'il s'agit d'une question d'entrepôt l'autorité administrative est seule compétente, et le maire et le préfet font une juste application des lois en accordant la faculté d'entrepôt à un fabricant de bouteilles dont l'établissement est situé dans le rayon de l'octroi (*ib.*, 570). Les contestations qui peuvent s'élever entre les communes et les fermiers sur le sens et l'étendue de leurs baux sont de la compétence du conseil de préfecture (D., II , 82).

DE LA PROPRIÉTÉ LITTÉRAIRE ET INDUSTRIELLE [1].

Il est facile de garantir par une loi les droits d'un auteur ou d'un inventeur ; mais ce qui est difficile, c'est de discerner et d'apprécier ces droits : c'est de n'accorder à l'individu rien qui soit nuisible ou seulement inutile à la société ; et, réciproquement aussi, de ne rien faire pour celle-ci, rien qui puisse étouffer ou décourager le plus grand mobile de l'activité

[1] Au moment où nous mettons sous presse (3 juin 1839) une nouvelle loi sur la propriété littéraire est discutée devant la Chambre des pairs ; une autre loi sur les brevets d'invention est promise depuis bien des années.

humaine, *l'intérêt personnel*, et, si l'on veut, la célébrité et la considération, qui n'en sont que le luxe.

La propriété littéraire est régie par des lois déjà nombreuses [1]. Elles accordent à l'auteur pendant sa vie, et à ses héritiers pendant dix ou vingt ans après sa mort, le droit exclusif de vendre ses ouvrages et d'en céder la propriété en tout ou en partie. A l'expiration de ce délai l'ouvrage tombe dans le domaine public et chacun peut l'éditer.

La propriété industrielle, c'est-à-dire le droit qui résulte du fait d'une découverte ou d'une invention utile, est également régie par diverses lois [2]. Mais l'exercice de ce droit est soumis à l'accomplissement préalable de formalités particulières. Il faut adresser à l'administration une description exacte des principes, des moyens et des procédés qui constituent la découverte ou seulement le perfectionnement appliqué à cette découverte; puis, en même temps, demander un brevet d'invention ou de perfectionnement. Le brevet est donné pour cinq, dix ou quinze ans, au choix du preneur; il n'est jamais refusé; mais il ne préjuge rien en faveur de l'impétrant [3]; chacun est toujours admis à prouver que

---

[1] *Voyez* lois des 13-19 janvier 1791 sur les *ouvrages dramatiques*; du 19 juillet 1793, sur les *ouvrages littéraires et d'art*; décrets des 1er septembre 1793 et 1er germinal an xiii, quant aux héritiers et ayants-droit des auteurs; du 7 germinal an xiii, sur les *livres d'église*; du 8 juin 1806, sur les *ouvrages dramatiques*; du 5 février 1810, art. 39 et 40, sur les droits de propriété des auteurs. *Voyez* aussi avis du conseil d'État du 23 août 1811. *Voyez* Code pénal, art. 425 et suiv.

[2] *Voyez* lois des 31 décembre 1790, 7 janvier 1791, la loi explicative des 14-25 mai suivant, et celle du 20 septembre 1792.

[3] *Voyez* arrêté des consuls du 5 vendémiaire an ix.

la découverte qu'il énonce était antérieurement connue et publiée, même à l'étranger [1].

L'auteur et l'inventeur peuvent faire procéder à la saisie des ouvrages et objets contrefaits [2] et traduire les contrefacteurs devant les tribunaux.

En matière littéraire, la contrefaçon est poursuivie correctionnellement, et le contrefacteur est passible des peines portées par les art. 425 et suivants du Code pénal.

En matière industrielle, les actions concernant le brevet d'invention sont portées, depuis la loi du 25 mai 1838, devant les tribunaux civils de première instance; s'il s'agit de nullité ou de déchéance de brevets, etc., devant les tribunaux correctionnels; s'il s'agit de contrefaçon, *voyez* art. 20 de cette loi du 25 mai 1838.

La déchéance du brevet d'invention peut être poursuivie par action principale soit administrativement, soit judiciairement.

Elle est poursuivie administrativement lorsque le breveté n'a pas acquitté la taxe du brevet dans les délais prescrits, ou lorsque, sans avoir justifié des causes de son retard, il n'a pas mis sa découverte en activité dans l'espace de deux années. Dans ces cas la déchéance est prononcée par le ministre de l'intérieur [3].

---

[1] *Voyez* arrêt de cassation du 9 janvier 1828, dans SIREY, t. **XXVIII**, part. I, 94.

[2] Les commissaires de police et les juges de paix sont seuls compétents pour faire ces saisies. (Arrêt de cassation du 9 messidor an XIII. SIREY, t. V, p. 2 et 167.)

[3] *Voyez* Instruction ministérielle de 1814, rapportée dans le 14e vol. des arrêts de SIREY, 2e partie, p. 113. Cette instruction détermine les

La déchéance du brevet est poursuivie judiciairement lorsque le défendeur, quoiqu'il ne conclue pas
directement, oppose que, par l'une des causes de
déchéance ci-dessus énoncées, la demande en trouble
est mal fondée.

JURISPRUDENCE.

Le décret du 7 germinal an XIII, en statuant que
les livres d'église, d'heures et de prières ne pourraient être imprimés ou réimprimés que d'après la
permission donnée par les évêques diocésains, n'a
point entendu donner aux évêques le droit d'accorder un privilége exclusif : c'est une formalité réglementaire dont il appartient aux tribunaux de faire
application (S., I, 292).

—

USINES.

La législation des usines se trouve dans les sections IV et V de la loi du 21 avril 1840. L'établissement d'une usine doit être autorisé par l'administration ; à défaut d'autorisation, les ouvrages peuvent
être détruits [1]. La demande en autorisation est adressée au préfet, enregistrée sur un registre spécial, et
affichée pendant quatre mois dans le chef-lieu du
département, dans celui de l'arrondissement, dans
celui de la commune où doit être situé l'établissement,
et dans le lieu du domicile de l'impétrant.

sommes à payer pour l'obtention du brevet d'invention ou de perfectiou-
nement.

[1] S., I, 260.

Si la sécurité et la salubrité publiques ne sont pas compromises, si, en un mot, l'utilité publique ne s'oppose pas à l'exercice des facultés industrielles d'un individu, l'autorisation doit être accordée, quelque intérêt contraire qu'ait un particulier [1]. Si l'autorisation est subordonnée à l'approbation de l'autorité supérieure, on ne peut, à peine de destruction, construire avant d'avoir obtenu cette autorisation [2].

Il appartient exclusivement au Roi, sur le rapport du ministre de l'intérieur et l'avis du préfet, d'autoriser l'établissement de moulins et usines, même sur les cours d'eau qui ne sont ni navigables ni flottables, et de régler l'emploi des eaux pour le besoin de l'usine. Il n'y a pas lieu, à cet égard, à renvoyer devant les tribunaux [3]; mais il peut arriver que la question d'utilité soit subordonnée, par l'administration supérieure, à la question de propriété : dans ce cas, il faudrait faire statuer par les tribunaux, non sur la simple possession, mais sur la propriété même des eaux [4].

On ne peut sans autorisation faire de réparation à une usine ou moulin sis sur une rivière navigable, à moins qu'il n'y ait urgence pour la conservation de l'usine [5].

Les tiers qui se prétendent lésés par une ordonnance royale qui autorise un établissement peuvent y former opposition par la voie du contentieux. Alors

[1] S., III, 390.
[2] S., I, 324.
[3] S., III, 564; M., I, 597.
[4] S., II, 482.
[5] M., I, 591.

il est indispensable de faire signifier l'ordonnance à
la partie adverse, afin de faire courir le délai d'opposition. Si le conseil d'État n'avait pas de notions
précises sur les faits qui sont l'objet de la plainte de
l'opposant, il peut ordonner une enquête ou vérification du lieu [1]. Lorsque l'usine n'a pas été autorisée
par une ordonnance royale [2], c'est devant le ministre
de l'intérieur qu'il faut porter les moyens d'opposition [3].

La concession accordée à un propriétaire de forges
pour l'établissement d'un canal qui porte les eaux
à son usine ne lui confère ni droit ni privilége au
préjudice des propriétaires voisins. S'il fait des travaux sur leurs terrains par voie de fait ou de son autorité privée, il est passible de toute action devant
les tribunaux [4]; mais si les vannes d'un moulin ont
pu causer un dommage à des propriétés voisines
il entre dans les attributions du préfet d'en ordonner
le changement [5]. Il faut distinguer l'action judiciaire
de l'action administrative.

L'établissement des usines et leurs constructions,
les cours d'eau et leur règlement sont dans les attributions du ministre de l'intérieur. Le ministre de
la guerre ne peut, en raison d'une poudrière, déterminer le rayon dans l'étendue duquel il n'y a pas
lieu à construire [6].

[1] M., II, 16.
[2] Les usines qui doivent être autorisées par ordonnance royale sont
désignées dans les art. 73 et 74 de la loi du 21 avril 1810.
[3] M., II, 223.
[4] S., I, 205.
[5] S., III, 120.
[6] S., III, 12.

JURISPRUDENCE.

Les arrêtés des préfets et les décisions ministérielles relatifs aux règlements des usines ne sont que
les actes préparatoires des ordonnances qui doivent
faire ces règlements et statuer sur les oppositions
(D., IV, 436). Lorsque le réclamant propriétaire
d'une usine a fourni ses observations lors de l'enquête qui a précédé l'ordonnance portant règlement
d'eau, son opposition à cette ordonnance n'est plus
recevable (*ib.*, 334). L'ordonnance qui autorise une
prise d'eau pour des usines sur une rivière qui n'est
ni navigable ni flottable ne constitue qu'une simple
permission de police qui ne peut nuire aux droits des
tiers et dont les tribunaux peuvent connaître (*ib.*,
437). Lorsqu'il ne s'agit pas d'une expropriation
résultant d'une réduction perpétuelle de la force motrice d'un moulin, mais d'un dommage temporaire,
variable et discontinu, l'appréciation du dommage
appartient au conseil de préfecture, qui procède dans
les formes prescrites par la loi du 16 septembre
1807 (*ib.*, 238, 703). Lorsque les travaux qui ont
diminué la force motrice sont postérieurs à la loi
du 8 mars 1810, le règlement de l'indemnité est du
ressort des tribunaux (D., III, 359). La question
de savoir si les propriétaires d'usines sont propriétaires de la force motrice de la rivière est du ressort
des tribunaux (*ib.*). Il y a lieu de surseoir à statuer
sur le chômage jusqu'à ce que les tribunaux aient
prononcé (*ib.*). L'autorisation de construire une usine
avec détermination de la prise d'eau accordée par
un préfet avec approbation même du ministre ne

dispose qu'administrativement ; les droits d'usage et de propriété restent intacts devant les tribunaux (S., III, 2, 230).

—

VOIRIE.

Le mot *voirie*, dans sa plus grande acception, comprend tout ce qui concerne l'établissement, la conservation et la police des chemins, routes et cours d'eau : c'est une branche administrative d'une haute importance. La voirie se divise en *grande voirie*, et en *petite voirie*, qui a des subdivisions.

§ Ier.

Grande voirie.

Elle comprend le classement [1], l'entretien, la plantation, la police et la propriété tant des routes royales et départementales que des canaux et rivières navigables, les bacs et bateaux mis à la charge de l'administration publique, les ports maritimes du commerce, et généralement tout ce qui intéresse les grandes communications par terre et par eau. Par une conséquence naturelle, la grande voirie a dû embrasser les moyens d'exécution et de conservation : de là son application aux acquisitions de terrains, aux extractions de matériaux, aux perceptions de droits d'octroi, de navigation et de péage et à la police du roulage.

[1] Le décret du 16 décembre 1811 divise les grandes routes en routes royales, dont il fait trois classes, et en routes départementales. Il statue aussi sur le mode et les moyens d'ouvrir des routes et de faire face aux frais.

Les contraventions sont constatées conformément aux dispositions de la loi du 29 floréal an x, des décrets des 18 août 1810 et 16 décembre 1811, art. 112, 113 et 114. Mais comme il ne résulte pas de ces textes que les procès-verbaux et rapports des officiers ou agents de police judiciaire chargés de constater les contraventions en fait de grande voirie doivent faire foi jusqu'à inscription de faux (Code d'inst. crim., art. 154), on doit conclure de là que toute preuve légale est admissible pour combattre la foi qui se rattache naturellement mais non pas infailliblement à ces procès-verbaux et à ces rapports [1].

§ II.

Petite voirie.

Toutes les communications qui ne sont pas classées dans la grande voirie appartiennent à la petite. La petite voirie se sous-divise en plusieurs branches : la plus importante est celle des chemins *vicinaux*, puis celle des chemins *non classés*, qui souvent sont très-importants, tels que rues, places, quais, promenades dans les villes et bourgs [2], et enfin celle relative aux chemins de souffrance et d'exploitation. La première branche prend le nom de *voirie vicinale*, la seconde de *voirie urbaine*, et la dernière de *voirie rurale*.

[1] Voyez PROUDHON, *Traité du Domaine public*, t. I, 437. Voyez aussi D., IV, 206.

[2] Toutes les rues, places et quais, à Paris, sont de la grande voirie.

JURISPRUDENCE.

§ Ier.

Grande voirie.

Alignements [1]. Les maires sont incompétents pour donner les alignements nécessaires à l'effet de construire le long des routes départementales ; mais la bonne foi du contrevenant peut l'exempter de la condamnation à l'amende ou de la confiscation des matériaux (M., II, 323). Les étages en attique et en retraite au-dessus de l'entablement des maisons, à Paris, ne peuvent être construits en pierres lorsque la hauteur de la façade en maçonnerie a déjà atteint la hauteur légale : ils doivent être construits en pans de bois et en plâtre (D., IV, 592). Lorsqu'un mur mitoyen devient mur de face par suite de la démolition de la maison voisine, il est soumis aux servitudes qu'imposent les règlements de la voirie : il y a lieu à condamner à l'amende le propriétaire qui le répare sans autorisation ; mais il n'y a pas lieu à ordonner la démolition si les travaux n'augmentent pas la solidité de la maison : il convient même de modérer l'amende (D., IV, 804).

Cours d'eau [2]. Le préfet, comme chargé de la police

[1] *Voyez* loi du 16 septembre 1807, art. 51 et 52. Les maires donnent les alignements dans les villes et bourgs ; en cas de contestation, il est statué en conseil d'État, sur le rapport du ministre de l'intérieur.

[2] Les rivières sont navigables et flottables, ou seulement flottables, ou ni navigables ni flottables. Dans ce dernier cas, lorsqu'elles n'alimentent pas de canaux destinés au service public, elles sont dans le domaine privé. La navigabilité est déclarée par le Roi en conseil d'État ; le préfet décide d'abord, sauf recours au ministre de l'intérieur (S., V, 508). Les récla-

des eaux et des mesures d'utilité publique, peut seul statuer sur leur hauteur et sur les travaux à faire pour la fixer (S., III, 51, 159). Si donc un particulier se plaint qu'une digue faite sur un ruisseau élève le niveau des eaux et lui nuit, il doit s'adresser à ce fonctionnaire (I, 322). Les tribunaux sont incompétents pour statuer sur l'opposition formée par un particulier à l'arrêté d'un maire qui ordonne une démolition d'ouvrages construits sur un cours d'eau parce qu'ils sont cause d'inondation (I, 150). Lorsqu'il s'agit d'une rivière navigable, que dès-lors l'ordre public est intéressé, l'arrêté du préfet qui a fixé la hauteur d'une vanne peut être attaqué devant le ministre (III, 397). Lorsqu'il s'élève une contestation entre particuliers relativement à l'usage d'une rivière qui est déclarée par le préfet n'être ni navigable ni flottable, et qu'il ne s'agit pas de faire un nouveau règlement du cours d'eau, mais de rappeler les parties à l'exécution des anciens titres, règlements et usages, les tribunaux seuls peuvent statuer (V, 191). Lorsqu'un particulier se plaint que le surhaussement d'un déversoir inonde ses prairies, c'est une question de droit privé et toute judiciaire (III, 319). Toutes fois que la contestation n'a pas de rapport à l'ordre public, toutes fois que la police des eaux n'a aucune mesure de voirie à prendre, la difficulté entre les riverains est de la compétence

mations contre l'ordonnance sont, par l'intermédiaire du préfet et du ministre, adressées au Roi, qui statue en conseil d'État, *comité de l'intérieur*. Les rivières navigables sont assimilées aux grandes routes; il n'en est pas de même des flottables. Quant à celles qui ne sont ni navigables ni flottables, les lois des 27 ventôse an VIII et 14 prairial an XI laissent aux tribunaux les contestations dont elles sont l'objet.

des tribunaux (V, 14; III, 394). De même de toute
contestation entre propriétaires d'usines établies depuis longtemps et dont on ne pourrait apprécier
les chargements que d'après la comparaison des titres
avec l'état des lieux (II, 339).

Un ruisseau entretenu aux frais d'une commune
n'a point, par ce fait seul, caractère de ruisseau
public ou communal; les propriétaires riverains ne
peuvent par-là être privés de leur jouissance rive-
raine; et si, ayant l'autorisation administrative, un
riverain y fait une construction qui enlève à un autre
la jouissance des eaux, ce dernier peut alors s'adresser aux tribunaux (S., 1, 129). Les contestations
sur le *droit d'usage* d'un cours d'eau qui n'est pas du
domaine public sont dévolues aux tribunaux : les
motifs d'utilité locale et le droit de l'administration
de fixer, par mesure de police, la hauteur des eaux
des usines ne peuvent changer cette compétence
(I, 325, 497).

Il suffit que des travaux publics soient faits sur
une rivière flottable au profit du commerce ou des
riverains pour que l'administration soit autorisée :
1° à diriger elle-même les travaux, 2° à en faire payer
les frais aux intéressés, 3° à régler la portion contributoire de chacun (S., V, 119). Le curage des canaux et rivières non navigables s'opère d'après les
anciens usages ou règlements; l'administration n'intervient qu'à défaut de règlements ou quand des
changements exigent des dispositions nouvelles (III,
546).

Lorsque l'administration, réglant l'usage des eaux,
s'est déterminée par des considérations d'utilité pu-

blique, sa décision ne peut être attaquée par la voie contentieuse (D., III, 296).

Les conseils de préfecture répriment les contraventions commises sur les rivières navigables et flottables; l'ingénieur même des ponts-et-chaussées du département ne peut, s'il est propriétaire des ouvrages, opposer la prescription; et les particuliers aussi peuvent requérir l'exécution des arrêtés des conseils de préfecture qui ordonnent la destruction de ce qui nuit à la navigation (M., II, 97). Les contraventions de police sur les rivières non navigables ni flottables et autres petits cours d'eau sont portées devant les tribunaux de police municipale ou correctionnelle, et les contraventions qui intéressent les propriétaires devant les tribunaux civils (V, 856).

Les contraventions sur les chemins de hallage sont réprimées par les conseils de préfecture (III, 504). (*Voyez* ordonnance du 8 mai 1822). Il en est de même de tous travaux faits sans autorisation sur les rives d'une rivière navigable (D., IV, 523).

Routes. Les grandes routes, dans les points qui traversent les villes, bourgs et villages, ne sont pas de la grande voirie quant à la commodité, à la sûreté et à la salubrité : ainsi les contraventions qui y sont commises rentrent dans le domaine de la loi du 24 août 1790 et doivent être réprimées par les tribunaux de police [1]. Les dégradations commises sur une grande route qui forme en même temps la rue d'une ville à l'occasion de travaux exécutés par les ponts-et-chaussées ressortissent du conseil de préfecture et non du tribunal de police (M., III,

[1] Arrêt de cassation du 15 avril 1824. (Sirey, 24, I, 334).

204). Les contraventions aux règlements relatifs à l'établissement des barrières de dégel doivent être reconnues, et les amendes prononcées par le conseil de préfecture, sans préjudice de la poursuite ultérieure devant le tribunal de simple police (M., II, 27). On ne peut sans autorisation réparer une maison située sur une route départementale; le conseil de préfecture ordonne la démolition des réparations et condamne à l'amende modérée, eu égard au délit (M., III, 497). On ne peut construire, réparer ou reconstruire le long des grandes routes, dans les villes, bourgs, villages et même en plaine, qu'après avoir obtenu les alignements (S., III, 184). (*Voyez,* au surplus, la distinction établie par M. Proudhon dans son *Traité du Domaine public,* t. I, page 340 et suiv.). Celui qui, en construisant, laisserait *quelque espace* entre son mur et la route ne serait pas en contravention, car la construction alors ne joindrait pas le sol public (M., VI, 86). Un propriétaire qui abat des arbres plantés sur son terrain, le long d'une route, sans y être autorisé par le directeur général des ponts-et-chaussées, encourt une amende triple de leur valeur [1], mais qui peut être remise par le conseil d'État, vu la bonne foi (S., III, 392, 431; M., II, 536). Les propriétaires riverains doivent planter les routes; ils ne peuvent prétexter de leur ignorance de cette obligation (M., III, 207).

L'attribution, en matière de voirie, est uniquement relative aux contraventions qui ont lieu au pré-

---

[1] *Voyez* décrets des 16 septembre 1806 et 16 décembre 1811. Lorsqu'il y a bonne foi, le conseil de préfecture peut condamner à ne payer que la valeur estimative des arbres (D., II, 40).

judice de l'intérêt public. Les tribunaux doivent connaître de toute contravention par laquelle des intérêts particuliers seulement sont compromis (S., V, 178). Il est évident que si un voiturier, par exemple, se portait partie civile et réclamait des dommages-intérêts contre celui qui, ayant détérioré la route, aurait retardé son voyage et lésé ses intérêts, il est évident, disons-nous, que ce voiturier devrait former sa demande devant les tribunaux et non se porter partie civile devant le conseil de préfecture [1].

§ II.

Petite voirie

Vicinalité. Le préfet seul classe les chemins vicinaux, en fixe la largeur et les limites, et, avant cette mesure, le conseil de préfecture ne peut statuer sur les empiétements (S., III, 72; M., I, 571). Les décisions ministérielles rendues sur des contestations relatives aux déclarations de vicinalité émanées des préfets peuvent être déférées au conseil d'État, section du contentieux (D., IV, 113). Toute question de la propriété du sol du chemin est de la compétence judiciaire; mais aussi toute question relative à la jouissance et à la possession vicinale est de la compétence administrative (*ib.*, 137); et lorsque l'identité d'un chemin déclaré vicinal est contestée par le propriétaire riverain, il y a lieu de surseoir jusqu'à ce que le préfet ait déterminé l'emplacement dudit chemin (D., II, 490).

[1] *Voyez* le décret du 16 septembre 1811, art. 114.

Chemins vicinaux. Le conseil de préfecture connaît des anciennes limites (S., I, 122, 441), détermine la largeur et constate les anticipations (II, 127; IV, 126); mais lorsque l'administration a reconnu l'existence du chemin, les tribunaux de police correctionnelle seuls répriment, par des peines et des amendes, le délit d'anticipation (I, 470; II, 73) et de dégradation (II, 38), même par fouille sur les bords, et déplacement de terre qui gênerait la circulation (I, 239). Lorsqu'il s'agit de savoir si un chemin litigieux est vicinal ou privé, c'est au conseil de préfecture de statuer (I, 128); mais la question de savoir s'il est vicinal par force de titre, convention ou usage, est du ressort des tribunaux (III, 62); de même que si un particulier soutient qu'il l'a créé pour sa desserte (II, 399). Les particuliers sur le terrain desquels sont établis des chemins vicinaux ne peuvent les déplacer; le conseil de préfecture, chargé de dire droit et non de commander ou autoriser ce qui est utile, doit ordonner le rétablissement de l'ancien chemin (I, 133). Si le particulier conteste la vicinalité et se prétend propriétaire du sol, l'administration peut maintenir provisoirement le chemin (I, 362), ordonner même que l'obstacle sera détruit (II, 205). Si le chemin est intercepté, le conseil de préfecture en ordonne le rétablissement provisoire (III, 3). Lorsqu'il y a litige sur la propriété du chemin entre une commune et un particulier, le préfet ne peut faire combler, par voie de police, le fossé que le particulier a fait avant le litige (III, 284); et si l'on soutient que c'est un chemin d'exploitation particulière, le conseil de préfecture ne peut ordonner la reconstruction d'un pont démoli (III, 334).

L'usage des chemins vicinaux doit être provisoirement conservé aux communes qui sont en possession, sauf le recours aux tribunaux sur la question de propriété (S., II, 123, 130).

S'il s'agit de remplacer un chemin vicinal, le préfet seul apprécie l'utilité communale; et, s'il reconnaît que le changement est utile, il réserve les droits des tiers à une indemnité préalable. Il ne peut déclarer vicinal le chemin d'un particulier qu'en observant les formes déterminées pour l'expropriation (S., V, 124; M., III, 583).

Le conseil de préfecture est seul compétent pour statuer sur la demande d'un particulier qui prétend que des réparations faites à un chemin vicinal ont causé dommage à sa propriété (S., I, 243).

Les arbres plantés sur les bords des chemins vicinaux sont censés appartenir aux riverains, à moins que les communes ne justifient de leur propriété par titre ou possession (S., I, 249).

Voyez, au surplus, la nouvelle loi sur les chemins vicinaux, en date du 21 mai 1836.

Voirie rurale. La question de savoir si un chemin est vicinal ou s'il est agraire et de pure exploitation particulière est une question de propriété du ressort des tribunaux (S., II, 286). De même s'il s'agit d'un chemin d'aisance destiné au passage des bestiaux et à l'écoulement des eaux (II, 320). Un préfet n'est pas compétent pour décider si un chemin est rural ou vicinal : c'est au conseil de préfecture de statuer (II, 84). Les sentiers sont de simples ser-

vitudes ; les anticipations sont du ressort des tribunaux (I, 323), lors même que le sentier aurait été
établi par un directeur de fortification (III, 430).
Le sentier peut être converti en chemin vicinal en
raison de son utilité ; les riverains qui le craignent
doivent faire des actes conservatoires ; mais dès que
la conversion est faite par l'usage ou par un règlement administratif, toute mesure conservatoire serait une usurpation (IV, 40). Les tribunaux seuls
statuent sur la suppression des sentiers quand il y
a lieu (II, 170).

Voirie urbaine. Les propriétaires qui négligent de
se conformer à l'alignement sont, ainsi que les
entrepreneurs de la construction, passibles de condamnation et d'amende ¹, et l'autorité administrative
peut ordonner la démolition (S., I, 524). La destruction de toute réparation faite sans autorisation
de la police peut être ordonnée en vertu de l'arrêt
du conseil du 27 février 1765, relatif aux demandes
d'alignement (V, 548). Les voisins n'ont pas le droit
de se plaindre d'une anticipation sur la rue si elle
ne nuit point à la voie publique : c'est au maire de
réprimer tout écart de l'alignement ordonné (I, 88).
Les anticipations sur les rues ou places qui ne font
pas partie des routes royales ou départementales
appartiennent à la petite voirie : les alignements sont
donnés par l'autorité municipale, et, en cas de recours, par le préfet ; mais les infractions commises

---

¹ Les contraventions sont de la compétence des tribunaux de simple
police (arrêt de la Cour de cassation du 22 mars 1822). Ces tribunaux
peuvent ordonner la démolition de ce qui a été fait en contravention au
règlement (arrêt de la même Cour du 12 avril suivant).

à ces alignements sont réprimées par les tribunaux (M., IV, 326). Si le particulier qui a construit d'après l'alignement donné est obligé, pour cause d'erreur ou d'utilité, de démolir, il a droit au remboursement de ses dépenses (S., V, 27).

Lorsqu'il y a construction, s'il n'y a pas dommage réel, il peut y avoir dispense de démolir (S., III, 247). L'arrêt du conseil du 27 février 1765, qui ordonne la démolition d'une construction non autorisée sur une rue, ne s'étend pas à l'ancienne partie de l'édifice (III, 423). Lorsque des tiers s'opposent au projet d'ouverture d'une nonvelle rue, il doit y être statué en conseil d'État, sur le rapport du ministre de l'intérieur; le conseil de préfecture est incompétent (IV, 217). Il est statué par le ministre sur l'opposition formée à l'exécution d'un alignement donné par le maire et approuvé par le préfet (D., II, 186).

Pavé. Aux termes de l'avis du conseil d'État du 25 mars 1807, la loi du 11 frimaire an VII, en distingant la partie du pavé des villes à la charge de l'État de celle à la charge des villes, n'a point entendu régler de quelle manière cette dépense serait acquittée dans chaque ville; il faut suivre l'usage établi dans chaque localité, et c'est à l'administration de déclarer l'usage en cette matière (D., IV, 13). Le pavage est à la charge du propriétaire apparent, sauf son recours contre le véritable propriétaire (*ib.*). Lorsque l'entretien du pavé est à la charge d'une ville, le marché qu'elle fait avec un entrepreneur est un contrat ordinaire dont l'exécution ressortit de l'autorité judiciaire (S., IV, 182).

La matière de la voirie, en général, est une des plus usuelles et des plus difficiles du droit administratif. Elle a été traitée, en tout ou en partie, par un grand nombre d'écrivains. Nous nous bornerons à indiquer le *Traité de la Voirie*, de M. Isambert, le *Traité des Chemins*, par M. Garnier, et nous conseillerons aussi l'étude du domaine public, sur cette matière, par M. Proudhon.

FIN.

TABLE.

Abréviations.   IV
Introduction.   V

LIVRE PREMIER.

CHAPITRE I. — De l'administration.   3
§ I. Administration active.   Ib.
§ II. Administration contentieuse.   13

JURISPRUDENCE.

§ I. Compétence judiciaire.   20
§ II. Compétence administrative.   24
CHAPITRE II. — Principes du droit administratif.   26

JURISPRUDENCE.

I. Obligations.   35
II. Compensation.   36
III. Délégation.   Ib.
IV. Subrogation.   37
V. Confusion.   Ib.
VI. Dépôt.   Ib.
VII. Mandat.   Ib.
VIII. Cautionnement.   Ib.
IX. Société.   38
X. Quasi-contrats ou responsabilité.   Ib.
XI. Déchéances.   39

CHAPITRE III. — Des organes de l'administration.   40

CHAPITRE IV. — Du conseil d'État.   47
§ I. Fonctions consultatives.   Ib.

§ II. Fonctions de haute tutelle administrative.   50
§ III. Fonctions contentieuses.   53
§ IV. Fonctions gouvernementales.   55

JURISPRUDENCE.

I. Changement de nom.   59
II. Naturalisation.   *Ib.*
III. Pension.   *Ib.*

CHAPITRE V. — Du ministre.   64

JURISPRUDENCE.

§ I. Ordonnance d'administration publique et de haute
administration.   71
§ II. Décisions ministérielles.   73
I. Administratif.   *Ib.*
II. Contentieux.   74
III. Recours.   75

CHAPITRE VI. — Du préfet.   77
§ I. Compétence du préfet seul.   *Ib.*
§ II. Compétence du préfet en conseil de préfecture.   83

JURISPRUDENCE.

I. Adjudications.   87
II. Alignements.   88
III. Administration.   *Ib.*
IV. Contributions.   90
V. Cours d'eau.   91
VI. Élections.   93
VII. Marchés.   *Ib.*
VIII. Octroi.   94
IX. Voirie.   *Ib.*
X. Procédure.   95

CHAPITRE VII. — Du conseil général.   96

CHAPITRE VIII. — Du conseil de préfecture.   99
I. Travaux publics.   *Ib.*

II. Roulage et grande voirie. 101
III. Contributions directes. 103
IV. Domaine public et administration forestière. 104
V. Administration communale. 105
VI. Matière électorale. *Ib.*

JURISPRUDENCE.

I. Contribution. 107
II. Curage. 108
III. Domaine. *Ib.*
IV. Élections. 110
V. Indemnités et dommages-intérêts. 114
VI. Péage. 117
VII. Théâtres. *Ib.*
VIII. Travaux publics. *Ib.*
IX. Tutelle administrative. 118
X. Usines. 120
XI. Voirie. 121
XII. Procédure. 122

CHAPITRE IX. — Du sous-préfet. 124

JURISPRUDENCE. 127

CHAPITRE X. — Du conseil d'arrondissement. 128

CHAPITRE XI. Du maire. 129
§ I. Délégué de l'administration. *Ib.*
§ II. Délégué immédiat de la loi. 132

JURISPRUDENCE.

CHAPITRE XII. — Du conseil municipal. 140

JURISPRUDENCE.

CHAPITRE XIII. — Des organes spéciaux de l'administration. 145
SECTION I. — Des organes spéciaux permanents. *Ib.*
§ I. — Cour des comptes. *Ib.*

JURISPRUDENCE.

§ II. De l'Université. 150

JURISPRUDENCE.

Section II. — Des organes spéciaux temporaires.   156
§ I. Des tribunaux des prises.   *Ib.*

JURISPRUDENCE.   157

§ II. Des commissions de liquidation.   158

JURISPRUDENCE.

I. Commissions départementales.   161
II. Commission de restitution.   *Ib.*
III. Commission de révision.   *Ib.*
IV. Commission d'indemnité de Saint-Domingue.   162
V. Commission d'indemnité des émigrés.   *Ib.*
§ III. Du conseil de révision.   164
Section III. — Des organes spéciaux accidentels.   165
§ I. Commissions des travaux publics.   *Ib.*
§ II. Des commissions coloniales consulaires.   168

APPENDICE. — De l'administration des colonies.   169
§ I. Des chefs de l'administration.   *Ib.*
§ II. Des conseils de l'administration.   170

JURISPRUDENCE.   171

—

LIVRE DEUXIÈME.

De la procédure.   173

CHAPITRE I. — De la hiérarchie et des degrés de juridiction.   175
JURISPRUDENCE.   182

CHAPITRE II. Des formes de la procédure.   184
Section I. — Procédure administrative.   *Ib.*

JURISPRUDENCE.   186

Section II. — Procédure contentieuse.   188
§ I. Cour des comptes.   *Ib.*

JURISPRUDENCE.
§ II. Université.   190

JURISPRUDENCE.
§ III. Du conseil de préfecture.   193

JURISPRUDENCE.   195
§ IV. Conseil d'État.   198

JURISPRUDENCE.   207

CHAPITRE III. — Des voies de réforme.   215
§ I. — De l'opposition.   Ib.

JURISPRUDENCE.
§ II. De la tierce-opposition.   218

JURISPRUDENCE.   219
§ III. De la requête civile ou rétractation.   220

JURISPRUDENCE.   221
§ IV. De la révision.   222

APPENDICE.   224

CHAPITRE IV. — Du déni de justice et de la prise à
partie   Ib.
JURISPRUDENCE.   227

CHAPITRE V. — Du caractère et de l'exécution des
décisions.   229
JURISPRUDENCE.   232

— — —

LIVRE TROISIÈME.

CHAPITRE I. — Des administrations spéciales.   237
§ I. Des fabriques   237

JURISPRUDENCE.   238

§ II. Des établissements charitables   239

370   TABLE.

JURISPRUDENCE.   240

§ III. Des intendances sanitaires.   243

CHAPITRE II. — Des conseils administratifs spéciaux.   244
§ I. Ponts-et-chaussées.   Ib.

JURISPRUDENCE.   245

§ II. Conseil général des mines.   246

JURISPRUDENCE.   248

§ III. Commission mixte des travaux publics.   250
§ IV. Des conseils locaux pour les routes.   251
§ V. Des conseils d'administration de l'armée.   252
§ VI. Des conseils d'administration de la marine.   253
§ VII. Commission du sceau.   254

CHAPITRE III. — Questions usuelles du droit administratif.   255
§ I. Action possessoire.   Ib.

JURISPRUDENCE.   256

§ II. Agents du gouvernement.   257

JURISPRUDENCE.   263

Ateliers insalubres ou dangereux.   265
§ III. Communaux.   Ib.

JURISPRUDENCE.
I. Commune.   270
II. Mode de jouissance.   271
III. Usage.   272
IV Pacage.   Ib.
V. Vente.   273
VI. Usurpations.   274
VII. Revendication.   275
VIII. Affouage.   Ib.
IX. Cantonnement.   276
§ IV. Communes.   277

JURISPRUDENCE.
I. Limites.   281
II. Questions de propriété.   *Ib.*
III. Dettes.   282
IV. Actions.   284
§ V. Du conflit.   285
I. Conflit positif.   286
II. Conflit négatif.   293

JURISPRUDENCE.
§ VI. Contributions.   296
I. Contributions directes.   297
I. Impôt de quotité.   *Ib.*
II. Impôt de répartition.   298
III. Contributions foncières.   300
IV. Contribution personnelle et mobilière.   303
V. Portes et fenêtres.   *Ib.*
VI. Patentes.   304
VII. Redevances sur les mines.   *Ib.*
VIII. Droits pour la vérification des poids et mesure.   *Ib.*

II. Contributions indirectes.   305
III. Contributions extraordinaires.   307

JURISPRUDENCE.
§ VII. Domaines engagés.   316

JURISPRUDENCE.   319
§ VIII. Interprétation.   320
§ IX. Manufactures.   325

JURISPRUDENCE.   326
§ X. Marchés. I. Adjudications et traités.   327

JURISPRUDENCE.   328
II. Marchés, halles, foires.   332
§ XI. Octrois.   334
I. Établissement d'octroi.   335
II. Perception de l'octroi.   337

III. Des saisies en matière d'octroi.   340
IV. Compétence dans la même matière.   342

JURISPRUDENCE.

§ XII. DE LA PROPRIÉTÉ LITTÉRAIRE ET INDUSTRIELLE.   344

JURISPRUDENCE.   343
§ XIII. USINES.   344
§ XIV. VOIRIE.   351

JURISPRUDENCE.

I. Grande voirie.   350
II. Petite voirie.   352

JURISPRUDENCE.

Grande voirie.   353
I. Alignements.   335
II. Cours d'eau.   *Ib.*
III. Routes.   356

JURISPRUDENCE.

Petite voirie.   358
I. Vicinalité.   *Ib.*
II Chemins vicinaux.   359
III. Voirie rurale.   360
IV. Voirie urbaine.   364
V. Pavé.   362